SELFINFLUENCING

Ruth E. Schwarz ist Diplomvolkswirt. Nach mehreren Jahren in der Wirtschaftsforschung wechselte sie in den Journalismus. Eines ihrer Themen ist die Ökonomie des Glücklichseins. Ihr Mann *Friedhelm Schwarz* hat zwei interdisziplinäre Diplomstudiengänge in Soziologie, Psychologie, Wirtschaftswissenschaften und Recht abgeschlossen. Gemeinsam haben sie als Autoren und Ghostwriter 63 Sachbücher und Ratgeber geschrieben. Ihr Schwerpunkt liegt im Bereich der angewandten Neurowissenschaften und der Verhaltensökonomie.

Ruth E. Schwarz
Friedhelm Schwarz

SELFINFLUENCING

Trainieren Sie Ihre Wahrnehmung
und entscheiden Sie über Ihre Zukunft

Campus Verlag
Frankfurt/New York

ISBN 978-3-593-51385-0 Print
ISBN 978-3-593-44751-3 E-Book (PDF)
ISBN 978-3-593-44750-6 E-Book (EPUB)

Umschlaggestaltung: total italic, Thierry Wijnberg, Amsterdam/Berlin
Umschlagmotiv: © RooM the Agency/Alamy Stock PhotoImage/pchyburrs
Satz: Publikations Atelier, Dreieich
Gesetzt aus: Minion und Myriad
Druck und Bindung: Beltz Grafische Betriebe GmbH, Bad Langensalza
Printed in Germany

www.campus.de

Inhalt

Einleitung:
Wir sind, was uns umgibt

Wir sind untrennbar mit unserer Außenwelt verbunden. Das Denken, was uns so wichtig erscheint und uns erst zu Menschen macht, war nicht zuerst da. Es sind die aktuellen und die im Gedächtnis gespeicherten Wahrnehmungen, aus denen heraus Denken, Entscheiden und Handeln entsteht. Alles, was unser Gehirn weiß, kam und kommt von außen. Nichts hat seinen Ursprung in unserem Inneren, auch wenn wir das gern glauben.

Von Geburt an sind wir Teil unserer Umwelt. Von dort kommen die ersten und alle späteren Eindrücke und Erfahrungen. Wir nehmen mit allen Sinnen wahr, was uns umgibt, und werden von anderen Menschen durch das, was wir tun, wahrgenommen. Wir sind durch unsere Gene soziale Wesen und darauf programmiert, mit anderen Menschen zu interagieren und auf unsere Umgebung zu reagieren.

Die britischen Kognitionsforscher Chris Frith und Karl J. Friston gingen schon 2007 davon aus, dass in unserem Kopf ein Modell der physischen Welt und der Gedankenwelt anderer Menschen existiert. Unser Gehirn vergleicht dieses Modell kontinuierlich in Sekundenbruchteilen mit den eingehenden Sinneseindrücken und konstruiert so unsere subjektive Realität. Wir treffen unbewusst permanent Aussagen, was ist und was sein wird. Stellen sich diese als falsch heraus, wirkt sich das sofort auf unser Fühlen, Denken und Verhalten aus.

Wir konstruieren uns unsere Wirklichkeit also selbst aus dem, was wir wahrnehmen. Unsere Wahrnehmung dient immer einem Zweck, entweder der Orientierung, dem Handeln, der Veränderung oder der Anpassung. Deshalb versuchen wir, Überraschungen zu vermeiden, indem wir das innere Bild der Welt mit den eingehenden Informationen vergleichen und gegebenenfalls korrigieren.

Wohin Ihre persönliche Entwicklung geht, hängt davon ab, durch welche Wahrnehmungen Sie sich beeinflussen lassen. Wählen Sie selbst aus, wer oder was Sie beeinflussen darf und wer oder was nicht. Trainieren Sie Ihre Wahrnehmung und entscheiden Sie selbst über Ihre Zukunft. Selfinfluencer gestalten ihre Umgebung so, dass sie über ihre Wahrnehmungen von außen Entwicklungsprozesse in ihrem Inneren in Gange setzen, um ihre Vorstellungen von der Welt selbst zu modellieren, damit sie den für sie richtigen Weg in eine glückliche Zukunft gehen können.

Sparen Sie sich also ruhig das Geld für teure Vorträge, Seminare und andere Veranstaltungen, in denen Trainer oder Coaches versuchen, Ihnen eine neue Vorstellung von der Welt und ihren Möglichkeiten einzupflanzen, indem sie Sie manipulieren und fremdbestimmen. Gestalten Sie Ihre Zukunft einfach selbst. Wie das funktioniert, erklärt dieses Buch.

Dabei stützt es sich auf aktuelle psychologische und neurowissenschaftliche Theorien, Erkenntnisse und Experimente, die sich alle mit Veränderungen durch Wahrnehmungen und deren kognitiver Verarbeitung befassen. Manches mag spekulativ oder spektakulär sein, aber es folgt der von John Brockman, dem Gründer der Internetseite edge.org und weltweit bekanntesten Agenten für Wissenschaftsliteratur, vorgeschlagenen Denkweise. Er sagt, wir müssen uns mehr auf die Ränder der Erkenntnis konzentrieren, statt dem Mainstream zu folgen. Deshalb finden sich in diesem Buch auch keine anatomischen und physiologischen Abhandlungen über den Aufbau des Gehirns. Was wir damit machen und warum, erscheint uns hilfreicher.

Um wahrnehmen zu können, brauchen Sie Ihre Sinne. Die müssen gut funktionieren und deshalb immer wieder trainiert werden. So können Sie das Bild von der Welt in Ihrem Kopf, Ihr Mindset, verändern und verbessern.

Wir haben im Schlusskapitel eine Reihe von Fragen und Anregungen zusammengestellt, die Ihnen helfen sollen, zu ganz eigenen

Erkenntnissen über sich selbst zu kommen. Daraus können Sie dann Ihren zukünftigen Handlungsbedarf ableiten. Wir wünschen Ihnen viel Erfolg!

Kernaussagen dieses Buches:

- Alles, was wir sind, entsteht durch Wahrnehmungen.

- Alles, was wir wollen, orientiert sich an dem, was uns umgibt.

- Alles, was wir werden, entscheidet sich durch äußere Einflüsse, die wir selbst gestalten sollten, um uns wohlzufühlen.

- Jede neue Wahrnehmung wird mit unseren Erfahrungen, unseren Erinnerungen, dem Erlernten und dem Erlebten verglichen, bewertet und in Erwartungen an die Zukunft umgesetzt.

- Den eigenen Weg in unsere Zukunft finden wir nicht durch den Blick nach innen oder in die Vergangenheit, sondern nur durch die aktive Wahrnehmung der Gegenwart.

- Selfinfluencer gestalten ihre Umgebung so, dass sie über ihre Wahrnehmungen von außen Entwicklungsprozesse in ihrem Inneren in Gang setzen, um den für sie richtigen Weg in eine glückliche Zukunft zu gehen.

Drei gute Gründe für Selfinfluencing

Es gibt drei gute Gründe für Sie, sich mit Selfinfluencing zu befassen:

1. Sie sind mit sich selbst nicht zufrieden.
2. Sie sind mit dem, was Sie umgibt, und der Situation, in der Sie sich befinden, nicht zufrieden.
3. Sie sind mit den Veränderungen, die Sie erleben, nicht zufrieden.

Es geht also sowohl um die beiden eher kurzfristigen Aspekte des Glücklichseins und des Erfolgreichseins als auch um den langfristigen Aspekt der Lebenszufriedenheit. Dabei kommt es entscheidend darauf an, wie Sie sich, andere und die Welt wahrnehmen. Das, was scheinbar nicht zu ändern ist, ist keine dauerhaft konstante Größe im Leben. Konstant sind nur ständige Veränderungen, die immer wieder passieren. Wenn diese von Ihnen selbst ausgehen, ist es gut. Wenn sie von außen auf Sie zukommen, suchen Sie nach einer Möglichkeit, so zu reagieren, dass Sie anschließend das gute Gefühl haben, Ihr Bestes getan zu haben.

Ob sich dann der gewünschte Erfolg Ihres Handelns einstellt, lässt sich nicht mit Sicherheit vorhersagen. Wenn wir versuchen, etwas neu, anders oder besser zu machen, ist es für uns immer vorteilhaft, denn wir haben so die Chance dazuzulernen. Jeder Gewinn von neuen Erkenntnissen wird von unserem Belohnungs- und Motivationssystem positiv registriert und wir werden ermutigt, es einfach noch einmal anders zu versuchen. Wer es einmal geschafft hat, aus seinem inneren Käfig auszubrechen, wird diese Erfahrung nicht vergessen und sie auch in anderen Situationen anwenden.

Es gibt für Sie also die drei folgenden Herausforderungen:

● Sie wollen sich selbst ändern

Wünschen Sie sich, dass Ihr Leben anders verlaufen sollte, als es gerade der Fall ist? Haben Sie das Gefühl, unglücklich zu sein? Möchten Sie etwas ändern oder sich verbessern, um heute und in Zukunft zufriedener zu werden und auch von den Mitmenschen anders wahrgenommen zu werden? Haben Sie schon die Erfahrung gemacht, dass Sie sich nicht aus sich selbst heraus weiterentwickeln oder verändern können, auch wenn Sie tief in sich hineinschauen?

Mit dieser Erfahrung stehen Sie nicht allein da. 85 bis 95 Prozent der Menschen haben laut Meinungsumfragen den Wunsch, Teile ihrer Persönlichkeit zu ändern. Doch die Absicht allein reicht nicht. Sie müssen die gewünschte Veränderung für möglich halten, sie wirklich wollen und dann mit dem Veränderungsprozess durch Selfinfluencing beginnen. Allerdings ist das bei körperlichen Erkrankungen oder psychischen Problemen kein Ersatz für ärztliche oder psychotherapeutische Diagnosen und Therapien. Erwarten Sie aber nicht, dass man Ihnen damit ohne Ihr eigenes Zutun zu einem neuen Leben verhelfen kann. Zweckmäßig und hilfreich ist es deshalb auf jeden Fall, sich aktiv durch Selfinfluencing an der Behandlung der Probleme zu beteiligen und notwendige Veränderungsprozesse zu unterstützen.

● Sie wollen fremde Einflüsse erkennen und entmachten

Haben Sie das Gefühl, dass Ihre Mitmenschen und die Medien Sie ständig beeinflussen wollen und Ihnen vorschreiben, was Sie brauchen, kaufen, tun oder lassen sollen? Und alle, die Ihnen Vorschriften oder Vorschläge machen, erwarten von Ihnen, dass Sie diese Beeinflussungen auch noch dankbar annehmen. Man meint es gut mit Ihnen und verspricht, Ihnen werde Ihr Leben besser gelingen, wenn Sie sich wie vorgegeben verhalten. Macht es Sie glücklich und zufrieden, wenn Sie diesen Einflüsterungen nachgeben? Die meisten Menschen wünschen sich mehr Authentizität und würden lieber den eigenen Mustern und Regeln folgen, statt das Leben anderer zu kopieren und nachzuahmen. Auch dabei hilft Selfinfluencing.

• Sie wollen auf Veränderungen in Ihrer Umwelt erfolgreich reagieren und Ihre Zukunft selbst gestalten

Der ständige Prozess der Interaktion mit dem, was uns umgibt, Menschen, Medien, Situationen und Dinge, ist für uns so selbstverständlich, dass er kaum noch ins Bewusstsein vordringt und beachtet wird. Unsere Umgebung beeinflusst uns ständig, indem sie sich wandelt. Das gilt auch für kleine, sukzessive und sublime Veränderungen. Gerade sie entscheiden, wie wir uns fühlen, denken und verhalten. Ihre Wirkungen entfalten sich für uns unbewusst und wir wissen oft gar nicht, warum wir traurig oder fröhlich, ängstlich oder wütend sind. Es braucht schon Paukenschläge wie die Corona-Pandemie, um uns für Veränderungen wach zu machen und diese direkt wahrzunehmen.

Wir bemerken es oft gar nicht mehr, wenn sich die Welt um uns herum ändert und wir uns auch ändern, weil wir uns an die Gegebenheiten der Außenwelt so schnell anpassen. Aber wäre es nicht besser, wir würden die Welt nach unseren Wünschen und Vorstellungen gestalten?

Wie wir handeln und alles, was wir fühlen, denken und planen, spiegelt unsere äußere Welt wider, wie wir sie zuvor erlebt haben und aktuell erleben. Wahrnehmungen aus der Vergangenheit und aus der Gegenwart sind die Bausteine unserer persönlichen, ganz individuellen Wirklichkeit. Jede neue Wahrnehmung wird mit unseren Erfahrungen, unseren Erinnerungen, dem Erlernten und dem Erlebten verglichen, bewertet und in Erwartungen an die Zukunft umgesetzt. Bewusst oder unbewusst. Doch die Fähigkeit, Sinneseindrücke zu verarbeiten, ist bei vielen Menschen verkümmert. Als Folge fällt es Ihnen schwer, schleichende Veränderungen und sublime Beeinflussungen zu bemerken.

Dabei sind Wahrnehmungen die zentralen Instrumente zur Gestaltung unseres Lebens. Wir sind ständig »under construction«, und es gibt, solange wir leben, keinen Endpunkt für die Weiterentwicklung unseres Selbst. Ohne dass es uns bewusst ist, erfinden wir uns ständig neu, indem wir unsere Vergangenheit anders deuten und andere Erwartungen formulieren.

Wenn wir in unserem Leben etwas ändern wollen, brauchen wir neue Wahrnehmungen. Denn was in unserem Inneren durch äußere Einflüsse entstanden ist, kann auch nur über den Weg von außen geändert werden. Die Steuerung unserer Wahrnehmungen durch Selfinfluencing gibt uns die Chance, unseren unbewussten kontinuierlichen Veränderungsprozess aktiv selbst zu gestalten, anstatt dies anderen zu überlassen. Durch selbstbestimmte Wahrnehmungen entscheiden wir über unsere Zukunft. So können wir die Weichen für ein glückliches, erfülltes und authentisches Leben stellen, auch wenn kollektive Ereignisse eine »neue Normalität« geschaffen haben.

1
Wahrnehmung ist der Schlüssel zur Welt und zu uns selbst

Alles, was uns umgibt, wirkt sich auf unsere Stimmungen, unsere Entscheidungen und unser Verhalten aus. Wahrnehmung ist ein ständiger Lernprozess ohne Lehrer. Jede Information wird, wenn sie uns wichtig erscheint, im Gedächtnis gespeichert. Unwichtiges nehmen wir gar nicht wahr, es wird an der Eingangspforte zum Gehirn sofort aussortiert. Schafft eine Wahrnehmung trotzdem den Weg ins Unbewusste oder sogar ins Bewusstsein, vergessen wir sie bald wieder. Die Information existiert dann zwar noch in unserem Kopf, aber sie ist nur schwach mit anderen Wahrnehmungen verknüpft und deshalb nur schwer zu erinnern.

Embodiment – Body und Mind sind eine Einheit

Embodiment befasst sich mit der Körperlichkeit des Denkens, also dem Zusammenhang zwischen Körper und Geist. Die Theorie des Embodiments der physischen Intelligenz beruht auf der Annahme, dass unsere Entscheidungen und unser Verhalten ebenso wie unser Denken und Fühlen untrennbar mit sinnlich-motorischen Erfahrungen verbunden sind. In der Vergangenheit hat sich die Psychologie fast ausschließlich auf die Betrachtung der kognitiven Prozesse unseres Gehirns beschränkt, um zu erforschen, warum wir bestimmte Entscheidungen treffen oder auch Fehler machen. Dabei konzentrierte man sich auf Ängste, Wünsche, Erinnerungen und Emotionen.

Erst die experimentelle Psychologie hat in zahlreichen Versuchen inzwischen bewiesen, dass unser Denkapparat keineswegs isoliert von der Umwelt funktioniert, sondern die Gefühle und Gedanken, die im Kopf entstehen, abhängig von den Körperwahrnehmungen sind. Bewusste und selbst unbewusste Bewegungen oder Haltungen lenken unsere Empfindungen und Urteile über uns selbst und andere Menschen.

Wie sehr die Umwelt über Erfolg und Misserfolg von Verhalten entscheidet, wurde bis dahin nicht berücksichtigt. Dabei können es schon ganz subliminale Einflüsse sein, die unser Verhalten in eine ganz andere und eventuell weniger erfolgreiche Verhaltensweise lenken. Die menschliche Psyche kann eben nicht losgelöst von der Umwelt betrachtet werden, weil unsere Sinne eine Brücke zwischen der Umwelt und unseren bewussten und unbewussten Denkprozessen schlagen. Die Bandbreite der Situationen, die durch die Verbindung zwischen Körper und Geist verändert werden, ist weitaus größer, als die meisten Menschen wahrscheinlich erwarten.

Unser Körper ist für uns das Tor zur Welt

Der eigene Körper spielt eine ganz entscheidende Rolle bei der Wahrnehmung der Welt. Er vermittelt uns eine Vorstellung davon, was groß oder klein, nah oder fern ist. Aus den eingehenden Informationen konstruieren wir dann unsere Welt. Es ist der Körper, der dafür sorgt, dass wir uns ein Leben lang für ein konstantes Individuum halten.

Allerdings ist das Bild der Welt, das in unserem Kopf entsteht, kein originalgetreues Abbild dessen, was uns umgibt. Es ist weit mehr als die Summe der sensorischen Reize. Das, was wir wahrnehmen und wie wir es interpretieren, wird von sehr unterschiedlichen Faktoren beeinflusst, das sind unter anderem unsere Persönlichkeit, unsere Wünsche, Gefühle, Lebensumstände und Erwartungen. Aus all diesen individuellen Komponenten konstruieren wir dann auch das, was wir als unser Ich wahrnehmen.

Unser Körper steuert unsere Wahrnehmungen

Viele unserer Wahrnehmungen werden ganz eindeutig durch unseren Körper gesteuert. Kleine Menschen erleben die Welt anders als große, ohne dass sie sich darüber bewusst sind. Auch die körperliche Leistungsfähigkeit und unsere Geschicklichkeit beeinflussen uns. Körperlich schwache Menschen oder solche, die unter Schmerzen leiden, die älter oder erschöpft sind, schätzen Entfernungen größer ein und nehmen Hügel als steiler wahr als gesunde Menschen.

Diese Wahrnehmungsverzerrungen sollen uns vor Überlastungen schützen, vermuten die Forscher. Andererseits können Wunschvorstellungen auch ungeahnte Kräfte mobilisieren, sei es beim Bergsteigen oder beim Marathon. Was wir uns wünschen, erscheint uns in der räumlichen Wahrnehmung näher als das, was uns nicht interessiert. Das zeigten Experimente, bei denen Entfernungen geschätzt werden mussten.

Sowohl die Körperhaltung als auch die Mimik beeinflussen, wie wir uns fühlen und wie wir uns selbst sehen. Jemand in aufrechter Körperhaltung strahlt mehr Selbstbewusstsein aus und fühlt sich auch deutlich selbstbewusster als derjenige in gekrümmter Haltung. Menschen können sich besser an positive Ergebnisse erinnern, wenn sie lächeln, aufrecht sitzen, schwungvoll gehen oder ihre Arme nach oben strecken. Eine gekrümmte Haltung oder ein schlurfender Gang führen dagegen dazu, dass Menschen sich eher an negative Dinge erinnern, bei bestimmten Aufgaben schnell aufgeben und bei Erfolgen weniger stolz sind.

Testpersonen, die einen Stift zwischen den Zähnen hielten, der ihre Lachmuskeln aktivierte, fanden dieselben Cartoons deutlich lustiger als diejenigen, die den Stift mit ihren Lippen umstülpen sollten und deshalb nicht lächeln konnten. Psychologen haben aus ihren Experimenten geschlossen, dass Mimik nicht nur Ausdruck von Gefühlen ist, sondern diese auch verstärken oder erst hervorrufen kann. Das heißt, das Aktivieren von Muskeln kann Menschen in bestimmte Stimmungen versetzen und ihre Urteile beeinflussen. So waren Teilnehmer an Experimenten empfänglicher für positive Wörter, wenn sie mit dem Kopf nickten. Wer dagegen den Kopf schüttelte, speicherte eher negative Informationen ab.

Unser Gehirn verknüpft Körperliches und Abstraktes

Menschen, die ihre Arme beugten, um von unten gegen eine Tischplatte zu drücken, erinnerten sich an positivere Dinge als solche, die ihre Arme durchstrecken und von oben auf die Tischplatte drückten. Forscher schließen daraus, dass bestimmte Bewegungen mit positiven oder negativen Stimuli verknüpft werden, mit denen sie bereits gemeinsam aufgetreten sind. So werde das Beugen des Arms assoziativ verbunden mit Dingen, die man an sich heranzieht, weil man sie haben möchte, oder mit der Umarmung eines Menschen. Ein durchgestreckter Arm assoziiert, etwas Unerwünschtes von sich zu drücken.

Auch bei der Bewertung von menschlichen Eigenschaften spielen körperliche Empfindungen eine Rolle. So sieht jemand, der eine Tasse mit warmem Kaffee in der Hand hält, seine Mitmenschen positiver, als wenn er ein Glas mit kalter Milch hält. Es besteht offenbar ein Zusammenhang zwischen der körperlich gefühlten Wärme und dem abstrakten Konzept davon.

Eine Erklärung für die enge Verknüpfung von Körperlichem und Abstraktem könnte sein, dass das Gehirn für die Wahrnehmung der Welt Konzepte und Vorstellungen von konkreten Gegenständen nutzt. Um diese erzeugen zu können, scheint es körperliche Rückmeldungen zu benötigen. Zum Beispiel lernt ein Kleinkind, was eine Tasse ist, dadurch, dass es eine Reihe von Tassen ansieht, anfasst und benutzt. Wenn es später an eine Tasse denkt, werden immer auch die Gebiete im Gehirn aktiv, die für das Greifen zuständig sind. Auch abstrakte Begriffe scheinen sich für das Gehirn aus solchen sensorischen Erfahrungen der frühen Kindheit abzuleiten.

In der Embodiment-Theorie geht man also davon aus, dass sich die Wahrnehmung einer Situation durch den Kontakt mit Gegenständen beeinflussen lässt. Ist das, was wir berühren, weich oder hart, glatt oder rau? Weiche Gegenstände bauen nicht nur bei Kindern Ängste ab und Sicherheit auf, sondern auch bei Erwachsenen. Eine erstaunlich große Bedeutung haben dabei Tiere, die einen Pelz oder ein Fell tragen. Allein das Streicheln von Tieren senkt den Puls und den Blutdruck. Der Mensch entspannt sich und Stress oder Ängste werden abgebaut.

Der Hildesheimer Psychologieprofessor Johannes Michalak erklärt das folgendermaßen: Erinnerungen werden auf verschiedenen Ebenen gespeichert. Emotionale Informationen werden verknüpft mit körperlichen Repräsentationen. So sind bestimmte Bewegungen oder Haltungen mit Gefühlszuständen assoziiert. Wird ein Knoten in diesem Gedächtnisnetzwerk aktiviert, etwa durch die Körperhaltung, dann werden automatisch auch die anderen Knoten aktiviert, wie die emotionale Information.

Das verzerrt die Aufmerksamkeit für neue Informationen. Eine körperliche Veränderung führt dazu, dass unser Informationsverarbeitungssystem anders konfiguriert wird. Bei einer positiven Haltung wird eher das System für die Verarbeitung von positiven Informationen konfiguriert, bei einer negativen Körperhaltung das System zur Verarbeitung von negativen Informationen.

Michalak schließt aus diesen Ergebnissen, dass ein spezielles Bewegungstraining gegen Depressionen helfen könnte. Depressive und auch Menschen, die die Depression schon überwunden haben, gehen langsamer und gebeugter als psychisch gesunde Menschen. Die Patienten müssten daher nicht nur ihre Denkweise verändern, sondern auch lernen, sich anders zu bewegen.

Die Außenwelt beeinflusst ständig unser Erleben

Stellen Sie sich vor, Sie gehen durch einen Garten voll blühender Pflanzen, sehen die unterschiedlichen Farben und Formen, riechen den Duft der Blüten und berühren die Blätter. Wie fühlen Sie sich in diesem Moment? Sind Sie entspannt und heiter?

Jetzt folgen Sie uns in einen Schottergarten. Graue, scharfkantige, spitze Steine liegen auf einer großen monotonen Fläche, dazwischen schnurgerade Gehwege aus Betonplatten. Kein Grün. Nichts wächst hier, nicht einmal Unkraut. Das Leben ist ausgesperrt. Können Sie hier noch fröhlich sein? Wahrscheinlich nicht. Aber ist Ihnen in diesem Moment auch bewusst, was den Stimmungswandel gerade ausgelöst hat?

Es ist die Außenwelt, die permanent unser Erleben beeinflusst. Für die Menge und Vielfalt der alltäglichen Eindrücke spielen die Medien eine zunehmende Rolle, die sich im Laufe der Vergangenheit vom Buchdruck über Fotografie und Filme, Radio, Fernsehen und Internet immer schneller entwickelt haben. Sie alle konzentrieren sich heute im Smartphone, dem Alleskönner und ständigen Begleiter. Nach dem Motto »was auch immer, wo auch immer, wann auch immer« haben wir einen fast unbegrenzten Zugriff auf eine unendlich große Menge an Informationen.

Doch auch das Smartphone entwickelt sich immer noch weiter. Zum Beispiel sind wir durch True-Wireless-In-Ear-Kopfhörer als Zubehör zum Smartphone in der Lage, uns rund um die Uhr mit Musik, Hörbüchern oder Wortbeiträgen berieseln zu lassen. Es wird uns versprochen, dass wir so beim Joggen länger durchhalten und uns der Weg zur Arbeit mehr Spaß macht. Aber stimmt das wirklich? Oder ist das »Mehr-von-demselben« nicht eine Falle, in die wir blind hineintappen, weil die Entwicklung des menschlichen Gehirns wesentlich langsamer erfolgt als der technische Fortschritt?

Immer mehr wirtschaftliche und gesellschaftliche Aktivitäten verlagern sich ins Internet. Das gilt auch für unser Sozialleben. Wir begegnen uns nur noch auf Plattformen, Foren oder in geschriebenen Botschaften. Welche Einflüsse dabei ihre Wirkung entfalten, ist noch längst nicht ausreichend erforscht. Unsere virtuelle Umwelt könnte auch unser körperliches Verhalten verändern. Kinder, die schon sehr früh gelernt haben, mit Tablets umzugehen und darauf Bilder durch Fingerbewegungen zu vergrößern oder zu verkleinern, haben anschließend Probleme, ein Bilderbuch durchzublättern, in dem diese Handbewegungen keine Veränderung bringen.

Wir brauchen eine kritische Sensibilität für die Informationen unserer Sinne durch die neue physische Intelligenz. Nur wenn wir sie trainieren, können wir den unbewussten Einflüssen von Metaphern, Gesten, Oberflächen und anderen Wahrnehmungen entgehen. Achten Sie darauf, wie stark Sie durch Umwelteinflüsse wie Farbe, Temperatur oder Textur beeinflusst werden. Versuchen Sie Ihr Sprachvermögen, Ihre Haltung und Gestik zu verbessern. Denn Sie entscheiden über Ihre Zukunft.

Unser Gehirn braucht ganzheitliches Training

Auch wenn es im Kopf spezielle Verarbeitungszentren für einzelne Wahrnehmungen gibt, ist es wichtig, das ganze Gehirn über alle Sinne zu trainieren, denn sie arbeiten stärker zusammen, als wir oft annehmen. Den beiden Hemisphären des Großhirns werden zum Teil unterschiedliche Eigenschaften zugeschrieben. Im Laufe der Evolution habe sich eine Art Arbeitsteilung entwickelt, die das Organ sehr effizient macht.

Die rechte Hemisphäre steuert die linke Hand und ist eher leise. Sie ist assoziativ, sieht das große Ganze, ist neugierig, erfasst Stimmungen, ist offen für Neues und sieht Dinge, die weit weg sind. Die linke Hirnhälfte steuert die rechte Hand und ist oft dominant. Sie ist akribisch, sieht Details, denkt logisch, erfasst Strukturen, arbeitet schematisch und sieht alles, was nahe dran ist.

Der Hirnforscher Onur Güntürkün an der Universität Bochum sagt: »In den Hemisphären mit ihren unterschiedlichen Komponenten und Fähigkeiten stecken unterschiedliche Persönlichkeitsschwerpunkte. Die Teilung in zwei selbstständige Einheiten ist funktional sinnvoll, weil sie Zeit spart. Wir können beispielsweise Gesichter innerhalb von sechs Millisekunden erkennen, während die Verbindungen zwischen den Gehirnhälften etwa 38 Millisekunden brauchen«.

Obgleich die beiden Hirnhälften zwei selbstständig bewusstseinsbegabte Einheiten sind, haben wir dennoch ein einheitliches Bewusstsein. Von der bestehenden Arbeitsteilung bemerken wir nichts. Warum das so ist, versuchen die Hirnforscher noch herauszufinden.

Alles, was wir sind, entsteht durch Wahrnehmung

Die Wahrnehmung unserer Umgebung beeinflusst uns bereits vor unserer Geburt. Die direkte Umgebung für ein ungeborenes Kind ist der Körper seiner Mutter. Alles, was ihr widerfährt und was sie erlebt, hinterlässt auch Spuren beim Kind. Das ist nicht nur bei einer Drogensucht der werdenden Mutter nachgewiesen. Auch Hungerzeiten, Kriegserfahrungen oder körperliche Gewalt bis hin zum Geldmangel wirken sich nicht nur auf Körper und Psyche der werdenden Mutter aus, sondern hinterlassen auch epigenetische Spuren beim Kind.

Das ungeborene Kind kann tasten, riechen, schmecken und hören und so auf Reize, die von außen kommen, reagieren, sie speichern und verarbeiten. Ab etwa der 20. Lebenswoche im Mutterleib kann es hören und ab der 28. Woche zwischen unterschiedlichen akustischen Reizen unterscheiden und sich diese auch merken. Es kennt die Stimme der Mutter und es fühlt mit, wie sich Musik und andere Geräusche auf die Mutter auswirken. Auch Geschmäcker lernt das ungeborene Kind bereits und entwickelt Präferenzen.

In den ersten vier Lebensjahren werden die Grundlagen für kognitive Prozesse geschaffen

Die meisten Menschen können sich nicht an das erinnern, was sie in den ersten vier Lebensjahren erlebt haben. Man spricht hier von infantiler Amnesie, also dem frühkindlichen Erinnerungsverlust. Es geht dabei allerdings nur um das bewusste Erinnern. Denn die

Fähigkeiten, die in den ersten vier Lebensjahren erworben wurden, nutzen wir unser Leben lang. Wir selbst wissen nur nicht, wie es dazu kam, dass wir uns koordiniert bewegen und aufrecht gehen können oder warum räumliches Sehen oder Hören so selbstverständlich ist. Alles musste nach der Geburt erst erlernt und eingeordnet werden.

Meine eigenen Erinnerungen aus frühen Jahren

Die nachfolgenden Erinnerungen sind für mich Beispiele, dass man sich durchaus an frühe Ereignisse erinnern kann, wenn sie emotional oder körperlich stark genug empfunden wurden.

Ich, Friedhelm Schwarz, bin der Überzeugung, mich an einige Ereignisse aus den ersten fünf Lebensjahren zu erinnern, die nicht durch spätere Erzählungen, sondern durch eigenes Erleben entstanden sind. 1953, als ich zwei Jahre alt war, sind meine Eltern mit mir von einer kleinen Dachgeschoss-Einliegerwohnung in einem Einfamilienhaus in ein Haus mit Garten umgezogen. Ich erinnere mich, dass ich während des Umzugs auf dem Schoß der Vermieterin saß und sie mich mit einem weichgekochten Ei fütterte. Ich weiß nicht, ob ich vorher jemals ein weichgekochtes Ei gegessen habe, aber die Verbindung zwischen weichgekochtem Ei und Umzug ist mir bis heute präsent, wenn ich am Wochenende ein Frühstücksei esse.

Ich meine mich auch noch daran zu erinnern, dass der Möbelwagen ein Anhänger war, der über der Deichsel eine Kabine mit großen Glasfenstern hatte. Ich saß dort allein mit meiner Mutter, weil mein Vater vorne beim Fahrer des Zugwagens saß, und erlebte das erste Mal bewusst, durch die Straßen zu fahren. Alles, was vorher und nachher in Verbindung mit dem Umzug geschehen ist, weiß ich nicht mehr. Aber ich bin der festen Überzeugung, dass diese beiden Erinnerungen, ein weichgekochtes Ei zu essen und dann in der Passagierkabine zu sitzen, nicht aus Erzählungen stammen. Denn für meine Eltern sind diese Ereignisse vollkommen bedeutungslos gewesen, und ich glaube nicht, dass man sie mir so oft immer wieder erzählt hat, dass sie sich tief in meiner Erinnerung eingebrannt haben.

Die nächste Erinnerung muss aus der Zeit vom November bis Dezember 1954 stammen, als ich drei Jahre alt war. Meiner Mutter musste wegen einer schweren Nierenerkrankung eine Niere operativ entfernt werden. Solche Operationen waren damals offensichtlich recht schwierig und mit hohen Risiken verbunden. Ich erinnere mich, allerdings sehr unscharf, dass ich damals von einer Tante meines Vaters versorgt wurde. Was mir allerdings im Gedächtnis bis heute haften geblieben ist, ist ein Gespräch, das diese Tante mit einer anderen Person geführt hat. Diese sagte Folgendes: »Der arme Junge. Wie soll er bloß ohne seine Mutter klarkommen. Wilhelm (das war mein Vater) kann sich allein ja gar nicht um ihn kümmern.« Offensichtlich war die Person, die das sagte, der Meinung, dass meine Mutter die Operation nicht überleben würde.

Ich weiß auch noch, dass ich im Krankenhaus auf dem Bett meiner Mutter saß, die bleich und regungslos dalag. Dann hieß es, wir müssten jetzt gehen. Man zog mir meinen Mantel an und führte mich nach draußen. Auf dem Flur des Krankenhauses bekam ich fürchterliche Angst. Ich wollte zurück zu meiner Mutter und ging zu Boden. Woran ich mich noch erinnere, ist eine große zweiflüglige Schwingtür, durch die wir gegangen waren. Natürlich durfte ich nicht zurück. Meine Mutter überlebte diese Operation nur knapp und erzählte in den späteren Jahren immer wieder davon. Aber die Szenen, an die ich mich erinnere, konnte sie gar nicht kennen, weil ich ihr gegenüber nie davon gesprochen habe und die Tante und mein Vater ihnen wohl kaum eine große Bedeutung beigemessen haben. Deshalb meine ich, dass es wirklich um meine eigenen Erinnerungen handelt.

Als nächstes Ereignis aus dieser Zeit erinnere ich, dass ich kurz vor Weihnachten in der Werkstatt meines Vaters auf einem Schrank ein blaues Dreirad entdeckte, das ich dann zu Weihnachten bekommen habe. Auf jeden Fall bin ich in den folgenden Jahren viel damit gefahren. Einmal ging ich so schnell mit dem Dreirad in die Kurve, dass eine der Hinterachsen abbrach und ich in den Schlackebelag des Weges stürzte. Wie alt ich da war, weiß ich nicht. Aber ich weiß, dass beide Knie ganz erheblich verletzt waren und ich zu Hause im Bett bleiben musste. Jeden Tag kam unser Hausarzt und streute mir ein grünes Pulver aus einer kleinen Aluminiumdose auf meine Wunden. Heute weiß ich, dass es Penicillin war. Ich erinnere mich auch noch an den Satz: »Wenn wir die Entzündung im rechten Knie nicht in den Griff bekommen, werden wir das Bein wohl versteifen müssen.« Das war dann aber zum Glück doch nicht der Fall. Noch heute erinnert mich ein schwarzer Streifen aus Schlacke in meinem Knie an den Unfall.

Es muss wohl im Winter 1956 gewesen sein, als ich schon fünf Jahre alt war, dass ich bei starkem Frost allein von unserem Haus an die Dove-Elbe in Hamburg gelaufen bin. Es war nur ein kurzer Fußweg. Das Wasser war zugefroren und ich wollte das Eis betreten. Ich fand eine leere Kondensmilchdose, die ich mit aller mir zur Verfügung stehenden Kraft auf das Eis warf, um zu prüfen, ob es mich tragen würde. Als der Wurf keine Spuren hinterließ, wagte ich mich vorsichtig auf das Eis. Schon nach wenigen Schritten brach ich ein und versank. Ich kämpfte mich zurück an die Oberfläche und zog mich am Schilf oder an Ästen wieder zum Ufer zurück.

Dabei hörte ich eine Frau auf der anderen Uferseite rufen: »Da drüben ist ein kleiner Junge im Eis eingebrochen.« Ich dachte damals nur, sie soll doch mit dem Rufen aufhören, sonst bekomme ich noch mehr Schwierigkeiten, als ich ohnehin schon hatte. Dann kletterte ich ans Ufer und lief nach Hause. Meine Idee war, noch so lange draußen spazieren zu gehen, bis mein dicker Wollmantel getrocknet war. Als ich meinte, es sei jetzt die richtige Zeit, ins Haus zu gehen, trat ich ein und meine Mutter fragte mich als erstes: »Wieso hast du Entenflott an deiner Pudelmütze?« Ich wurde ausgezogen, abgetrocknet und dann ins Ehebett gesteckt neben meinem Vater, der wegen einer schweren Erkältung Bettruhe brauchte. Ich habe übrigens keine Erkältung bekommen.

Neben diesen Ereignissen gab es sicherlich auch noch andere, an die ich mich nicht mehr oder nur sehr unscharf erinnern kann und die deshalb auch nicht erzählenswert sind. Ich glaube, dass diese Ereignisse meine Wahrnehmungen nicht nur in der Kindheit und Jugend mit beeinflusst haben. Wahrscheinlich waren aber die, an die ich mich nicht erinnere, insgesamt wichtiger. Zumindest betrete ich bis heute nicht gern Eisflächen und habe mich als Jugendlicher um einen Ausbildungsplatz in der Hamburger Gesundheitsbehörde beworben, wo ich acht Jahre gearbeitet habe, bis ich mein Zweitstudium begann.

Das menschliche Gehirn funktioniert zwar nicht wie ein Computer, trotzdem kann man das Gehirn eines neugeborenen Säuglings mit einer leeren Festplatte vergleichen, die zwar formatiert ist, aber auf die dann zunächst ein Betriebssystem aufgespielt werden muss. Erst wenn dieses Betriebssystem funktionsfähig ist, können spezielle Programme folgen.

Ein Säugling kommt mit 100 Milliarden Neuronen auf die Welt. Das ist die gleiche Anzahl, über die ein Mensch später auch als Erwachsener verfügt. Allerdings sind diese Neuronen nur wenig vernetzt. Die Zahl der Verbindungen zwischen den Nervenzellen – der Synapsen – nimmt dann rasant zu. Mit zwei Jahren entspricht die Menge der Verbindungen derjenigen von Erwachsenen, aber mit drei Jahren hat ein Kind bereits doppelt so viele. Die Zahl von 200 Billionen bleibt dann bis zum Ende des ersten Lebensjahrzehnts ziemlich konstant und wird erst im Jugendalter wieder abgebaut.

Die hohe Zahl von Synapsen erklärt auch, wieso das Gehirn eines Dreijährigen mehr als doppelt so aktiv ist wie das eines Erwachsenen. Die Ausbildung von so vielen Synapsen bei einem Kleinkind wird als Grundlage für die extrem große Lern- und Anpassungsfähigkeit des Kindes gesehen. Doch auch wenn es bereits im Mutterleib Sinnesreize wahrgenommen hat, fängt es bei der Geburt praktisch bei null an.

Es muss sich seine Umgebung im wahrsten Sinne des Wortes erarbeiten. Dabei ist es für die unterschiedlichsten Kulturen und Milieus offen. Durch die große Zahl von Synapsen kann es in den ersten Lebensjahren die unterschiedlichsten Verhaltensweisen speichern. Es ist die Umwelt, die Inhalt und Struktur des Gehirns bestimmt.

Schon sehr früh können Babys die Stimmen der Eltern von anderen unterscheiden und die Muttersprache von fremden Sprachen. Alle Grundlagen für ein erfolgreiches Leben haben wir in den ersten vier Lebensjahren erworben und danach vergessen, wie es geschah.

Die richtigen Entscheidungen zu treffen, lernen wir erst später

Bei der erfahrungsgesteuerten Gehirnentwicklung spielen nicht nur die kognitiven Prozesse eine große Rolle, sondern auch die emotionalen Vorgänge, in die sie eingebettet sind. Es ist die Umwelt, die bestimmt, in welche Richtung die funktionelle Reifung und Optimierung des Gehirns und damit auch das Verhalten des heranwachsenden Menschen vollzogen wird.

Viele Gehirnsysteme sind bei der Geburt zwar schon grundsätzlich funktionsfähig, müssen aber noch optimiert werden. Während die Sinnessysteme bereits relativ früh ihre volle Funktionsfähigkeit erreichen, gehört das limbische System, mit dem wir nicht nur unsere Gefühlswelt entwerfen, sondern auch ein ganzes Leben lang Inhalte im Gedächtnis abspeichern und wieder abrufen, zu den Spätentwicklern des Gehirns. Das gleiche gilt für den präfrontalen Cortex. Er beeinflusst Entscheidungsprozesse, analytisches Denken, Problemlösungen und die Emotionskontrolle.

Die Ausreifung dieser Zentren entwickelt sich beim Menschen noch bis zum 20. Lebensjahr oder auch darüber hinaus. Das bedeutet, dass viele Entscheidungen, zum Beispiel die Berufswahl oder Partnerwahl, zu früh getroffen werden müssen und sich eventuell später als falsch erweisen.

Die Neurowissenschaftlerin Dr. Leah H. Somerville von der Harvard University geht sogar davon aus, dass Teile unseres Gehirns erst nach dem dreißigsten Lebensjahr vollständig ausgereift sind. Das wird jedoch bei der juristischen Definition des Erwachsenseins mit Erreichen des 18. Lebensjahres kaum beachtet. Martin Schröder, Soziologe an der Philipps-Universität Marburg, gibt sogar den Tipp

»Heiraten Sie nicht, bevor Sie Anfang 30 sind«. Die meisten Menschen sind den Rest ihres Lebens zufriedener, wenn sie erst später heiraten.

Die langsame Entwicklung des Gehirns hat sowohl Vorteile als auch Nachteile. Der Vorteil liegt darin, dass sich der Mensch an seinen jeweiligen Lebensraum optimal anpassen kann und Verhaltensstrategien entwickelt, die sein Überleben sichern. Der Nachteil der langsamen Entwicklung ist leider der, dass es auch zu Anpassungen an negative Umwelten kommt.

Es ist deshalb wichtig, sich bewusst zu machen, dass sofort nach der Geburt der Dialog mit der Umwelt einsetzt und die neuronale Architektur des Gehirns formt. Dabei spielt die Form der interaktiven Erfahrung eine ganz wesentliche Rolle. Eine passive »Berieselung« durch einen Fernseher als Babysitter verzögert nicht nur die Entwicklung von Sinnesreizen, sondern auch die Entwicklung der Motorik.

Ein Kind sollte so früh wie möglich seine Umwelt erfahren

Dabei gibt es ganz bestimmte kritische oder sensible Entwicklungsphasen, in denen bestimmte Fähigkeiten besonders schnell und nachhaltig erworben werden. Werden diese Phasen verpasst, weil etwa das Sehen und Hören durch physiologische Fehler nicht optimal funktionieren, kann sich auch später kein normales Mustererkennungsvermögen entwickeln oder eine Sprache fehlerfrei erwerben lassen.

Deshalb ist es so wichtig, dass Kinder gleich von Geburt an darauf trainiert werden, menschliche Sprachlaute zu erkennen und einzuordnen. Nur was man hören kann, kann man auch mit dem eigenen Sprachapparat imitieren. Auch Sehfehler sollten so früh wie möglich erkannt und korrigiert werden.

In den frühen Jahren besteht eine erhöhte neuronale Plastizität, die, wenn sie richtig genutzt wird, auch noch im Erwachsenengehirn positive Spuren hinterlässt. Das gilt zum Beispiel auch für das musikalische Lernen. Je mehr Vorerfahrungen in der Kindheit gesammelt werden, desto effizienter kann später auch das erwachsene Gehirn mit Musik umgehen.

Ein wesentlicher Punkt, damit das Kind seine Umwelt kennenlernen und Erfahrungen sammeln kann, ist eine stabile emotionale Bindung zu einer Bezugsperson. Je mehr Schutz und Geborgenheit ein Kind hat, desto angstfreier kann es seine Umwelt erkunden. Je abwechslungsreicher die Umwelt ist, desto besser können sich die verschiedenen Strukturen des kindlichen Gehirns entwickeln und miteinander vernetzen. Wie das genau passiert, ist noch nicht ausreichend bekannt. Es kommt darauf an, dass die kurz nach der Geburt vorhandenen vorläufigen Netzwerke durch von der Umwelt ausgelöste epigenetische Prozesse entsprechend moduliert werden.

Je komplexer die Umwelt ist, desto mehr Anregungen werden verarbeitet und desto stärker wächst die Leistungsfähigkeit. Manche Eltern haben ja die Sorge, dass sie ihr Kind mit zu vielen Eindrücken überfordern. Doch das ist kaum möglich. Kinder lernen von sich aus, sie brauchen keine Anleitung, sondern das Wissen entsteht im Netzwerk des Gehirns von selbst. Es ist eben kein Datenspeicher, sondern ein Datenerzeugungssystem. Wie zum Beispiel Sprache funktioniert, erkennt das Kind von selbst und braucht dazu keinen Lehrer. Aber es braucht Personen, die mit ihm sprechen.

Wenn diese Personen allerdings Sprachfehler haben, wird das Kind auch diese Fehler ganz automatisch übernehmen. So gibt es das Beispiel von zwei kleinen Mädchen, die hauptsächlich von der Großmutter betreut wurden. Diese hatte leider eine lose Zahnprothese, was dazu führte, dass sie nuschelte, wenn sie etwas sagte. Genau diese nuschelige Sprache haben die kleinen Mädchen gelernt und hatten deshalb anfangs Probleme, sich in der Schule verständlich zu machen. Sie brauchten noch eine zusätzliche Sprachschulung, um sich im Unterricht artikulieren zu können.

Eltern müssen die Neugier des Kindes nicht gezielt wecken. Sie ist von Natur aus vorhanden. Wichtig ist, Erfahrungsmöglichkeiten anzubieten, denn die Neugier bringt das Kind von ganz allein dazu, die Erfahrungen, die es braucht und sucht, in seiner Umwelt zu finden. Die durch eine Eigentätigkeit gewonnenen Erkenntnisse von Zusammenhängen führen bei dem Kind zu einem Wohlbefinden. Deshalb wird es immer versuchen, sich mit neuen Lernaufgaben zu konfrontieren, um sich dieses Glücksgefühl immer wieder zu verschaffen.

Alles, was wir wollen, wird durch unsere Wahrnehmung bestimmt

Unser Wollen hat seinen Ursprung immer in äußeren oder inneren Wahrnehmungen. Spüren wir Hunger oder Durst, wollen wir gern etwas essen oder trinken. Aber auch wenn wir gerade eben noch keinen Hunger hatten, kann der Duft von Essbarem, sei es nun aus einer Würstchenbude oder einer Bäckerei, Hunger und damit den Wunsch, etwas zu essen, auslösen. Hier sind Ursache und Wirkung offensichtlich. Im ersten Fall handelt es sich um eine Körperwahrnehmung, im zweiten um eine Umgebungswahrnehmung.

Das Ergebnis ist gleich. Wir beginnen, unsere Wahrnehmung für alles, was mit Essen zu tun hat, zu schärfen. In Experimenten zeigte sich, dass neutrale Bilder eher als Nahrungsmittel gedeutet wurden und Begriffe für Essbares schneller erkannt wurden, wenn der Proband hungrig war.

Weitaus schwieriger wird es, Wünschen auf den Grund zu gehen, die evolutionär in unserer Gesellschaft verankert sind. Die Erfolgsgeschichte der Menschen begann, als sie sich in Gruppen organisierten, kooperierten und miteinander kommunizierten. Die Gruppenmitglieder arbeiteten im Prinzip zum Vorteil aller zusammen, aber es entstanden auch Situationen von Konkurrenz, Wettbewerb und Eigennutz. Die sozialen Strukturen dieser Gruppen waren in den meisten Kulturen wohl schon früh hierarchisch und nie egalitär. Immer wieder traten bei den Gruppenmitgliedern Unterschiede zutage, die auf Können, Wissen, Leistung, sozialer Anerkennung, Besitz, aber auch auf der Ausübung von Macht und Gewalt beruhten.

Wahrscheinlich begann der Mensch deshalb schon sehr früh, sich mit anderen zu vergleichen. Dieses Verhalten ist aber nicht nur auf den Menschen beschränkt, sondern findet sich auch bei Tieren, die in Gruppen zusammenleben. Laboraffen beobachten sehr genau, was andere Affen als Belohnung erhalten, wenn sie eine Aufgabe lösen. Ist diese Belohnung attraktiver, besteht sie zum Beispiel aus Weintrauben statt aus Brotstückchen, verweigern die Affen, die sich benachteiligt sehen, die Zusammenarbeit. Auch wer zwei Katzen gleichzeitig füttert, wird erleben, dass beide erst einmal nachschauen, was die andere in ihrem Napf hat. Vielleicht hat sie ja etwas Besseres erhalten.

In seinem Buch *Vor dem Denken* beschreibt der Psychologe John Bargh, wie jede seiner beiden Töchter, als sie vor dem Fernseher saßen, eine Schale mit Popcorn bekam. Die ältere erhielt eine etwas größere und die jüngere eine etwas kleinere Schale. Es dauerte nur einen Augenblick, bis die kleinere Tochter die Größe der Schalen verglichen hatte und anfing, aus Protest zu schreien. Dabei wusste sie, dass in der Küche noch genügend Nachschub bereitstand. Doch allein der Vergleich der Schüsselgröße führte zu Unzufriedenheit.

Durch Vergleiche finden wir unsere eigene Identität

Sich selbst mit anderen Menschen zu vergleichen, mit dem, was sie sind, können, dürfen oder besitzen, ist eine der wichtigsten Verhaltensweisen, um zu sich selbst zu finden und eine eigene Identität zu entwickeln. Das beginnt schon am Ende des ersten Lebensjahres, wenn Kinder anfangen, andere Kinder zu imitieren. Besonders ausgeprägt ist die Neigung, sich zu vergleichen, in der Adoleszenz, also zwischen dem zwölften und fünfundzwanzigsten Lebensjahr.

Für Jugendliche und junge Erwachsene spielen Gleichaltrige eine zentrale Rolle, um ihre eigene Identität zu finden. Dabei haben Statussymbole und damit auch Markenprodukte eine hohe Bedeutung. Jeder möchte das haben, was der andere auch hat. Tonangebend sind immer die, die die teuersten Turnschuhe, die teuerste Kleidung und das neueste Smartphone, natürlich von einer Premiummarke, besitzen und demonstrativ zur Schau stellen. Deshalb ist es in vielen Ländern auch heute noch üblich, dass Schüler im Unterricht Schuluniformen tragen müssen, die sie dann aber nach der Schule schnell gegen andere Kleidung tauschen.

Zwischen den verschiedenen Peergroups gibt es ganz erhebliche Unterschiede, die vom sozialen Umfeld und Einkommen der Eltern abhängen sowie von dem Stadtviertel, in dem die Familie lebt. Auch die Vorbilder der Jugendlichen und jungen Erwachsenen unterscheiden sich erheblich. Sind es für die einen Gangster-Rapper, können es für die anderen Umweltaktivistinnen wie Greta Thunberg oder Erbinnen von Milliardenvermögen wie Paris Hilton sein.

Die sozialen Medien spielen heute eine immer größere Rolle. Soziale Netzwerke wie Instagram und Twitter bringen die jungen Menschen dazu, sich mit anderen zu vergleichen. Dies hat oft negative Folgen, wie eine britische Studie aus dem Jahr 2018 zeigte. Die im Internet zur Schau gestellten »Idealkörper« sind immer häufiger nur das Ergebnis von Bildbearbeitungsprogrammen und nicht von Sport und einer gesunden Ernährung. Trotzdem wirken sich diese Bilder negativ auf das Selbstwertgefühl der Follower aus.

Junge Mädchen und Frauen Anfang 20, die oft online waren, äußerten in der Studie eine höhere Unzufriedenheit mit ihrem Körper als solche, die kaum oder gar nicht online waren. Der Wunsch, sein Gesicht, seine Haut oder Haare verändern zu lassen, wuchs mit der Nutzungsintensität sozialer Medien. Unter den Intensivnutzerinnen zwischen 18 und 24 Jahren äußerten 70 Prozent den Wunsch, sich einer Schönheitsoperation zu unterziehen. Natürlich spielen auch Influencer, die Produktwerbung betreiben, wofür auch immer, ob Kosmetik, Kleidung, Urlaub oder Luxusuhren, eine herausragende Rolle.

Bei der Berufswahl folgen Jugendliche häufig Vorbildern, die sie bei ihren Eltern, Verwandten oder in ihrem Freundeskreis finden.

Auch aktuelle Trends spielen eine Rolle, weil die Jugendlichen selbst noch nicht über eine ausreichende Selbstwahrnehmung und Lebenserfahrung verfügen. Manche wollen Kraftfahrzeugmechatroniker werden, weil sie hoffen, dann nicht nur bald einen Führerschein, sondern auch ein eigenes Auto zu haben. Andere haben den Berufswunsch Lehrer, weil sie ihre Vorbilder täglich in der Schule sehen. Wieder andere wählen Studienfach und Studienort danach aus, wohin ihre Freundinnen oder Freunde gehen.

Jugendliche in der unteren Mittelschicht sehen in der Berufswahl oft eine Chance zum sozialen Aufstieg, ohne allerdings das gesamte Spektrum möglicher Alternativen zu sehen. Einige wollen »was mit Medien machen«, andere Arzt werden. Nur wenige Jugendliche zieht es in die Selbstständigkeit, es sei denn, sie stammen aus einer Unternehmerfamilie. Viele junge Leute versuchen auch, die Berufsentscheidung so weit wie möglich hinauszuzögern. Sie studieren zum Beispiel Fächer, die die Möglichkeit bieten, entweder Lehrer oder Journalist zu werden. Der Berufswunsch wird dabei stark von der Zugehörigkeit zu bestimmten Sinus-Milieus geprägt. Manchen Jugendlichen reicht es auch nur, möglichst schnell Geld zu verdienen, um dem Elternhaus entfliehen zu können.

Es geht darum, mehr zu sein und mehr zu haben

Doch auch nach der Adoleszenz hört das sich Vergleichen mit anderen und das Nachahmen von Vorbildern nicht auf, sondern hält ein Leben lang an. Dabei steht dann weniger das Gleichsein und die Anpassung an die jeweilige Gruppe im Vordergrund, sondern eher der Wunsch, wenigstens ein wenig besser dazustehen als die anderen Menschen. Aus der Wahrnehmung von Unterschieden entsteht der Wunsch, nicht nur die Lücke zu schließen, sondern sich auch selbst in eine vorteilhaftere Position zu bringen.

Der Wirtschaftsprofessor Robert H. Frank von der Cornell University hat dies in einer Studie untersucht. Die Teilnehmer sollten sich entscheiden, entweder in einer Welt zu leben, in der sie selbst 100 000 Dollar und alle anderen nur 85 000 Dollar im Jahr verdienen oder ob sie lieber ein Einkommen von 110 000 Dollar hätten, während ihre Mitmenschen 200 000 Dollar erhalten. Dabei wurde angenommen, dass die Kaufkraft eines Dollars in beiden Welten exakt gleich bleibt. Der Großteil der Probanden entschied sich ohne zu zögern für die erste Variante, obgleich sie dabei auf ein zusätzliches Einkommen in Höhe von 10 000 Dollar verzichteten. Es ging ihnen einfach darum, einen höheren Rang in der Gesellschaft einzunehmen.

Forscher an der University of Pennsylvania untersuchten die Gründe, weshalb viele verheiratete Frauen auf den Arbeitsmarkt drängten. Ausbildung, Durchschnittslohn und die Chancen, einen Job im eigenen Beruf zu finden, spielten bei der Entscheidung nur eine geringe Rolle. Von großer Bedeutung war allerdings, ob der Ehemann der Schwester mehr verdiente als der eigene Gatte. Bestand die Chance, durch die Erwerbstätigkeit der Frau das eigene Familieneinkommen über das der Familie ihrer Schwester anzuheben, stieg die Wahrscheinlichkeit, dass eine verheiratete Frau ins Arbeitsleben zurückkehrte, um bis zu 25 Prozent.

Die Unzufriedenheit wächst mit dem verfügbaren Einkommen

Dieser Wettbewerb um den höheren Rang, ausgedrückt durch die damit verbundenen Statussymbole, ist besonders ausgeprägt in Familien, in der Verwandtschaft, im Freundeskreis und natürlich auch unter Arbeitskollegen. Die Mittelschicht orientiert sich häufig an dem, was der Nachbar hat, wie groß sein Fernseher oder sein Auto ist. Geht es darum, wer zu Weihnachten den größeren Tannenbaum hat, wird dieser Wettbewerb meist mit Erreichen der Zimmerdecke beendet. Oder es geht darum, wer zu Weihnachten den größten Truthahnbraten servieren kann, hier besteht das Limit in der Größe des Backofens.

Man könnte annehmen, dass dieser Wettbewerb mit zunehmendem Einkommen nachlässt. Doch das ist ein Irrtum. Die Unzufriedenheit wächst praktisch mit dem verfügbaren Einkommen. In der Oberschicht bei den Reichen und Superreichen wachsen die Ausgaben für Statussymbole ins Unermessliche. Landsitze und Luxuswohnungen in den verschiedensten Teilen der Welt, eigene Flugzeuge und natürlich die größten Luxusjachten, die oft nur wenige Tage im Jahr genutzt werden, haben meist keinerlei Bedeutung für die Lebensqualität ihrer Besitzer. Die Mittelschicht wird sich kaum an dem Vermögen von Bill Gates, Jeff Bezos oder Warren Buffett orientieren. Der Unterschied ist einfach zu groß.

Trotzdem geht von den Superreichen eine Wirkung aus, die bis zu den Wurzeln der Gesellschaft reicht. Die Abstufungen zwischen Vorbildern und Nachahmern sind oft recht klein. Dennoch werden über sie Gefühle wie Neid, Gier und Missgunst weitergegeben. Besonders problematisch ist es, wenn Statusunterschiede unter Nachbarn, Verwandten, Freunden oder Arbeitskollegen deutlich gemacht werden und die Beteiligten den Eindruck haben, dass diese Unterschiede gar nicht bestehen dürften.

In einem holländischen Ferienpark wurde das für uns besonders augenfällig. Die Grundstücke waren praktisch gleich groß und die kleinen Häuser entsprachen alle demselben Baustil. Da stellte sich einer der Bewohner einen riesigen Luxusgrill auf seine Terrasse. Der Grill war so groß, dass er ihn im Geräteschuppen gar nicht hätte unterbringen können. Er war so überdimensioniert, dass er fast ein Drittel der Terrassenfläche einnahm.

Ein solches Gerät zu erwerben und aufzustellen, lässt sich wahrscheinlich kaum vernünftig begründen. Trotzdem, nachdem wir zu Beginn der Sommersaison nur einen Monstergrill auf einer Terrasse gesehen hatten, gab es am Ende der Sommersaison ein vergleichbares Gerät auf fast jeder Terrasse in der Nachbarschaft. Gemeinsam hätten die Hauseigentümer Hunderte von Gästen bewirten können, aber die meisten Häuser waren nur von Familien mit zwei Kindern bewohnt.

Was unsere Wünsche auslöst, bleibt meist verborgen

Mit unserem Wollen formulieren wir kurz- oder auch langfristige Ziele, die in Entscheidungen und Verhalten münden. Was unsere Wünsche auslöst, bleibt uns meist verborgen und ist von Situationen abhängig, in denen wir uns aktuell befinden oder an die wir uns erinnern. Wünsche entstehen im Kopf wie Popcorn in einem heißen Topf. Plötzlich tauchen sie aus dem Unbewussten auf und sind einfach da. Und weil wir nicht wissen, was sie ausgelöst hat, erfinden wir plausible Begründungen für unsere Wünsche, um sie für uns selbst und für andere rational nachvollziehbar zu machen. Ein unreflektiertes »ich will es, weil ich es will« erscheint uns kindlich und nicht akzeptabel.

Unser Wollen kann recht unterschiedliche Gründe haben.

Manchmal können Zwergkaninchen einen regelrechten Boom auslösen. Jemand in der Verwandtschaft stellt einen Stall für Zwergkaninchen in den Garten, weil es sich die Kinder so sehr gewünscht haben. Natürlich werden die Cousins und Cousinen nicht ruhen, bis sie ebenfalls Zwergkaninchen halten dürfen, ohne dass sich jemand überlegt hat, dass damit auch Arbeit verbunden ist. Schon bald werden sich die Kinder in der Nachbarschaft dieser Cousins und Cousinen ebenfalls Zwergkaninchen wünschen. Und wer bis dahin keins hatte, beginnt dies als Nachteil zu empfinden.

Natürlich müssen diese Kaninchen versorgt werden, wenn man in Urlaub fahren will. Aber wenn man einen Nachbarn hat, der ebenfalls Zwergkaninchen hält, kann man sich ja über die Urlaubstermine abstimmen, sodass man die Kaninchen gegenseitig versorgen kann. Problematisch wird es nur dann, wenn man sich auch bei seinen Urlaubsterminen und Urlaubszielen an seinen Mitmenschen orientiert und die Nachbarn gleichzeitig in Urlaub gehen. Dann werden die kleinen haarigen Statussymbole meist ohne viel Federlesen wieder abgeschafft. Das gilt übrigens nicht nur für Kaninchen, sondern auch für Fische aus Zierteichen, die dann zur Überraschung von Anglern in öffentlichen Gewässern geangelt werden, wenn sie denn eine Zeitlang überleben.

Das Habenwollen bezieht sich nicht nur auf Besitz und Statussymbole, sondern sogar auch auf die Familienplanung. Das Staatsinstitut für Familienforschung und die Professur für Demografie der Universität Bamberg haben untersucht, wie groß der Einfluss von sozialen Kontakten und Netzwerken auf die Entscheidung ist, ein Kind zu bekommen. Die im Januar 2020 veröffentlichten Ergebnisse zeigten, dass es wahrscheinlicher ist, ein Kind zu bekommen, wenn Geschwister, Kolleginnen oder Kollegen auch eins bekommen.

Dadurch konnten zum ersten Mal sogenannte Spillover-Effekte über Netzwerkgrenzen hinweg nachgewiesen werden. Damit ist eine Art Kettenreaktion gemeint. Menschen werden durch den Kinderwunsch anderer angesteckt und beeinflussen selbst wiederum andere Menschen. Personen im gebärfähigen Alter, die kaum Geburten in ihrem Umfeld miterleben, haben dagegen eine niedrigere Wahrscheinlichkeit, Kinder zu bekommen. Unter dem Strich kann man sagen, Schwangerschaft ist ansteckend.

Eine Umfrage der YouGov Deutschland GmbH im Juni 2020 ergab, dass sich in Deutschland seit Beginn der Corona-Pandemie die Einstellung zu Luxus und zum Konsum verändert hat. Das betrifft vor allem die Gruppe der jungen Erwachsenen. Besitztümer wie Designerkleidung oder Autos haben an Wichtigkeit verloren, ebenso Reisen. Stattdessen sind immaterielle Dinge in den Vordergrund gerückt. Mehr Zeit für Freunde und Familie, Hobbys und ein sicherer Arbeitsplatz stehen jetzt an der Spitze der Wichtigkeit. Viele Menschen haben sich vorgenommen, sparsamer zu werden und sich mehr abzusichern. Offensichtlich wollen sie abwarten, wie sich die Welt jetzt verändert, um dann besser darauf reagieren zu können.

Alles, was wir werden, beruht auf neuen oder veränderten Wahrnehmungen

Der US-amerikanische Politikwissenschaftler Francis Fukuyama veröffentlichte 1992 seinen Weltbestseller mit dem Titel *Das Ende der*

Geschichte. In diesem Buch beschreibt er den Verlauf der geschichtlichen Evolution als eine gesetzmäßige Verkettung von Ereignissen, die in naher Zukunft ihren Abschluss finden. Inspiriert von den Veränderungen in den Staaten des Ostblocks und der Wiedervereinigung Deutschlands kam er zu dem Schluss, dass sich Liberalismus, Demokratie und Marktwirtschaft in allen Staaten der Welt durchsetzen und es keine totalitären Systeme mehr geben werde.

Wir wissen heute, dass das von Fukuyama präferierte Gesellschaftsmodell sich nicht überall verbreitet hat und damit auch die Entwicklung der Geschichte noch keinen Endpunkt erreicht hat. Ausgehend von dieser Tatsache gaben die drei Psychologen Jordi Quoidbach, Daniel T. Gilbert und Timothy D. Wilson ihrem Artikel in der Zeitschrift *Science* (339) vom 4. Januar 2013 den Titel »The End of History Illusion«. Sie kamen darin zu dem Schluss, dass auch die Menschen zu jedem Zeitpunkt in ihrem Leben glauben, den Endpunkt ihrer Entwicklung erreicht zu haben. Sie können für die Zukunft keine wesentlichen Veränderungen bei sich selbst mehr erkennen. Über diese Veröffentlichung der Ergebnisse mehrerer Studien wurde in der internationalen Presse viel berichtet, diskutiert, aber auch Kritik geübt.

Wir unterschätzen die Macht der Zeit und der zukünftigen Veränderungen

Nachdem sich Jordi Quoidbach, der Kopf des Teams, anderen Themen zugewandt hatte, wären die Studien über die Illusion vom Ende der Geschichte fast in Vergessenheit geraten, hätte nicht Daniel Gilbert auf einer TED-Konferenz im Jahr 2014 einen Vortrag mit dem Titel »The Psychology of Your Future Self (Die Psychologie deines zukünftigen Selbst)« gehalten. TED steht für Technology, Entertainment and Design. Diese Innovationskonferenz wurde seit ihrer Gründung im Jahr 1984 immer größeren Themenfeldern geöffnet. Gemäß dem Motto »Ideas Worth Spreading (Ideen, die es wert sind, verbreitet zu werden)« ging man seit dem Frühjahr 2006 dazu über, Vorträge von den TED-Konferenzen auf der TED-Internetseite als TED-Talk zu veröffentlichen.

Mit seinem Vortrag über die Psychologie des zukünftigen Selbst holte Daniel Gilbert die Studie wieder in das breite Bewusstsein der Öffentlichkeit. Bis heute haben über 6,5 Millionen Zuschauer seinen Auftritt im Internet angesehen. Die Kernaussagen seines Vortrags sind, dass wir zu jedem Zeitpunkt unseres Lebens Entscheidungen treffen, die unser zukünftiges Leben ganz wesentlich beeinflussen können.

In der Rückschau bedauern wir diese Entscheidungen dann möglicherweise, weil wir unsere Einstellungen geändert haben. Wer sich in jungen Jahren für viel Geld hat tätowieren lassen, wird in späteren Jahren möglicherweise noch mehr Geld investieren, um seine Tattoos wieder entfernen zu lassen. Menschen, die ihre Zukunft gemeinsam mit einem Lebenspartner verbringen wollen und deshalb früh heiraten, lassen sich später wieder scheiden.

Gilbert ist der Überzeugung, dass wir die Macht der Zeit und der Veränderungen, die in Zukunft eintreten werden, grundlegend falsch einschätzen. Wir nehmen an, dass wir jeweils zum derzeitigen Zeitpunkt das Ende unserer persönlichen Entwicklung und unserer Geschichte erreicht haben. Wir gehen davon aus, dass wir jetzt der Mensch geworden sind, der wir immer werden sollten oder wollten und der wir dann für immer bleiben werden. Dabei spielt es keine Rolle, ob wir 18 oder 68 Jahre alt sind.

Die Psychologen haben in ihren Studien mehr als 19 000 Menschen danach befragt, wie sich ihre Persönlichkeit, ihre Werte, aber auch ihre Vorlieben, Abneigungen und Grundeinstellungen in den vergangenen zehn Jahren verändert haben. Dann fragten die Forscher, welche Veränderungen sie für die kommenden zehn Jahre erwarten. Dabei wurde nicht nur nach ihrer Selbstwahrnehmung und ihren Werten gefragt, sondern zum Beispiel auch nach ihrem besten Freund, ihrem liebsten Urlaubsziel, ihrem Lieblingshobby und ihrer bevorzugten Musikrichtung.

Diese Bestandsaufnahme der Gegenwart sollte jetzt mit den zehn Jahren zuvor verglichen werden, und die Teilnehmer der Studien wurden darüber hinaus gebeten, auch zu beschreiben, was sich aus ihrer Sicht in den kommenden zehn Jahren verändern wird. Werden sie weiter dieselben Freunde haben, werden sie weiterhin an denselben Urlaubsort fahren oder dieselbe Musik hören? Es zeigte sich, dass die Veränderungen in den vergangenen zehn Jahren zumindest bei den jüngeren Leuten verhältnismäßig stark waren, aber die Stabilität der zukünftigen Entwicklung überschätzt wurde.

Gilbert kam zu dem Ergebnis, dass es uns Menschen schwerfällt, uns vorzustellen, was sein wird, und wir etwas, was schwer vorstellbar ist, auch für unwahrscheinlich halten. Er diagnostizierte also einen Mangel an Vorstellungskraft. Aus seiner Sicht ist die Zeit die größte Macht. Sie verändert unsere Persönlichkeit, unsere Werte und unsere Vorlieben. Doch das erkennen wir nur im Rückblick.

Wie sich unsere Freizeitaktivitäten und Ängste ändern

Zwei gute Beispiele dafür, wie groß die Veränderungen in der Vergangenheit waren und wie sich unsere Gegenwart darstellt, sind die Studien über das Freizeitverhalten in Deutschland von der Stiftung für Zukunftsfragen und die Studien über die Ängste der Deutschen von der R+V Versicherung, die beide schon seit vielen Jahren erhoben werden. Wir haben jeweils die Studien aus 2010 und 2020 miteinander verglichen.

Als die beiden häufigsten regelmäßigen Freizeitaktivitäten auf einer Skala von 1 an der Spitze bis Platz 15 am unteren Ende nannten die Bundesbürger im Jahr 2020 an erster Stelle Internet nutzen mit 96 Prozent und an zweiter Stelle Fernsehen mit 86 Prozent. 2010 lag Fernsehen mit 97 Prozent noch an der Spitze und auf Platz zwei kam das Telefonieren von zu Hause mit 91 Prozent. Inzwischen ist das Telefonieren auf Platz zwölf gerutscht und gilt nur noch für 61 Prozent als Freizeitaktivität. 2010 stand Radio hören noch auf Platz drei mit 89 Prozent, während sich 2020 auf Platz drei 83 Prozent mit ihrem

Computer, Laptop oder Tablet beschäftigten und Radio hören mit 75 Prozent auf Platz sechs abgesunken ist.

Vollkommen von der Liste der 15 wichtigsten Freizeitaktivitäten aus dem Jahr 2010 verschwunden sind das Lesen von Zeitungen und Zeitschriften sowie die Beschäftigung mit der Familie. Stattdessen ist bis 2020 das private E-Mail-Lesen und Schreiben von Platz 14 auf Platz vier gerückt und das Spielen, Surfen oder Chatten mit dem Smartphone mit Platz sieben neu auf die Liste gekommen. Dafür ist das Telefonieren mit dem Handy vollkommen aus der Liste der Freizeitaktivitäten herausgefallen.

Man kann davon ausgehen, dass die Bundesbürger im Jahr 2010 diese Veränderungen nicht vorausgesehen hätten. Ob sich an den heutigen Freizeitaktivitäten bis 2030 ebenso viel wandeln wird, bleibt abzuwarten. Ganz offensichtlich werden die Freizeitaktivitäten einerseits stark durch technische Entwicklungen getrieben, andererseits aber auch von fallenden Gerätepreisen begünstigt. Im Ergebnis hat sich das Sammeln und Austauschen von Informationen zwischen den Menschen immer mehr in den Medienbereich verschoben, was sich auch auf die Verarbeitung von Informationen auswirkt.

Bei der Betrachtung der Ängste der Deutschen fallen besonders folgende Ergebnisse ins Auge: An der Spitze der Ängste der Bundesbürger lagen im Jahr 2010 mit 68 Prozent die Furcht vor steigenden Lebenshaltenskosten und die Angst vor einem wirtschaftlichen Abschwung mit 67 Prozent. Diese hohen Werte waren offensichtlich auf die 2009 eingetretene Eurokrise zurückzuführen. Die Furcht vor einer schlechteren Wirtschaftslage ging in den folgenden Jahren zurück bis auf 35 Prozent in 2019. Dann begann 2020 die Corona-Pandemie mit der Folge des Anstiegs auf 48 Prozent.

Auch die Angst der Deutschen vor der Überforderung der Politiker erreichte im Jahr 2010 im Zusammenhang mit der Eurokrise mit 62 Prozent einen Spitzenwert. Die Flüchtlingskrise 2015 führte sogar zu einem Wert von 65 Prozent, der dann bis 2020 auf 40 Prozent fiel.

Im Jahr 2020 lag die Angst vor steigenden Lebenshaltungskosten noch bei 51 Prozent und damit auf Rang zwei aller abgefragten Ängste. An die Spitze war eine völlig neue Furcht getreten, die der

Gefahren durch die Politik von Donald Trump. Auch die Sorgen um die Kosten der EU-Schuldenkrise, nun mit 49 Prozent auf Platz 3, kannte man 2010 noch nicht.

Die Angst, dass die Zahl der Naturkatastrophen und Wetterextreme zunehmen werde, hatte 2010 mit 64 Prozent einen neuen Höchstwert erreicht. 2020 waren nur noch 44 Prozent zu verzeichnen.

Was bei der Betrachtung der 22 größten Ängste der Deutschen auffällt, ist, dass die ersten 15 Plätze Themen belegen, die außerhalb des Einflusses des Einzelnen liegen. Wahrscheinlich machen sie deshalb so viel Angst, weil man ihnen ausgeliefert ist. Erst die Angst vor dem sinkenden Lebensstandard im Alter auf Platz 16 und von 32 Prozent der Befragten genannt, kann durch eigenes Handeln beeinflusst werden, ebenso wie die eigene Arbeitslosigkeit auf Platz 18 mit 25 Prozent.

Die Angst vor einer gefährlicheren Welt durch die Trump-Politik steht im Jahr 2020 bei allen Altersgruppen auf Platz eins. Diese Wahrnehmung hängt sehr wahrscheinlich damit zusammen, dass die Internetnutzung und das Fernsehen zu den beliebtesten Freizeitaktivitäten gehören und damit auch unsere Wahrnehmung auf globale Themen lenken. Bei den 14- bis 19-Jährigen stehen auf Platz zwei und drei der Klimawandel und die Angst vor Naturkatastrophen oder Wetterextremen. Auch dies sind Themen von globalem Ausmaß.

Die 20- bis 59-Jährigen fürchten sich allerdings mehr vor steigenden Lebenshaltungskosten und einer schlechteren Wirtschaftslage. Diese Ängste sind aber wohl eher kurzfristiger Natur. Ganz offensichtlich tangieren sie eher die aktuelle Lebensqualität und haben deshalb eine höhere Priorität als globale Ereignisse, die noch in einer weiteren Zukunft liegen. Die größten Ängste der ab 60-Jährigen sind mit 57 Prozent einerseits die Kosten für Steuerzahler durch die EU-Schuldenkrise und die Angst, im Alter ein Pflegefall zu werden. Während die Angst, als Pflegefall zu enden, mit der höheren Lebenserwartung sicherlich gut zu begründen ist, scheint die Angst vor Kosten für den Steuerzahler durch die EU-Schuldenkrise eher aus der Erinnerung zu stammen, denn in den Jahren 2011 bis 2015 lag diese Angst auf dem Spitzenplatz.

Im Gegensatz zu den Freizeitaktivitäten, die aktuellen Wünschen entsprechen, sind Ängste immer auf die Zukunft gerichtet, auch wenn sie ihre Wurzeln in der Vergangenheit haben. Beiden gemeinsam ist, dass sie durch die Vorbilder anderer Menschen stark beeinflusst werden.

Wir haben die Chance, uns weiterzuentwickeln

Um noch einmal Daniel Gilbert zu Wort kommen zu lassen: Die Gegenwart erscheint den meisten Menschen offensichtlich als ein magischer Zeitpunkt, an dem alle Veränderungen stattgefunden haben oder als wahrscheinlich vorherzusagen sind. Doch, so Daniel Gilbert, sind die Menschen unvollendete Werke, die sich irrtümlich für vollendet halten. Bedenken Sie also, der Mensch, der Sie jetzt sind, ist so vergänglich, flüchtig und vorläufig wie all jene Personen, die Sie früher einmal waren. Die einzige Konstante in Ihrem Leben ist die Veränderung.

Grundsätzlich ist die Illusion vom Ende der Geschichte nicht negativ zu bewerten, denn sie beschreibt, dass es für jeden die Chance gibt, sich durch Wahrnehmungen weiterzuentwickeln und sein altes Ich hinter sich zu lassen. Außerdem lässt sie sich mit dem von Karl J. Friston formulierten Prinzip der freien Energie gut erklären.

Dieses Prinzip entwickelte Friston aus der Vorstellung, dass das Gehirn auf der Basis früherer Erfahrungen eine bestimmte Vorstellung von der Umwelt hat. Dieses Modell der Welt überprüft das Gehirn auf seine Richtigkeit anhand der eingehenden Sinnesdaten. Tauchen zwischen den bestehenden Annahmen und den eingehenden Informationen Unterschiede auf, führt das dazu, dass entweder das bestehende Bild korrigiert oder die Sinneswahrnehmung verworfen wird. Insofern ist das Gehirn permanent damit beschäftigt, möglichst plausible Vorstellungen von der Zukunft zu entwerfen.

Dabei passt das Gehirn seine inneren Modelle so an, dass die Zahl der Vorhersagefehler schrumpft. Die Theorie, die diese Prozesse beschreibt, nennt sich Predictive Coding, ein Begriff, der kaum zu übersetzen ist und als vorausschauende Interpretation bezeichnet werden kann. Friston benutzt den Begriff Coding, weil auch die Gehirnzellen selbst bestimmte Informationen kodieren.

Grundsätzlich geht es bei der Arbeit des Gehirns aber darum, den Energieverbrauch so niedrig wie möglich zu halten. Deshalb entwickelte Karl Friston aufbauend auf dem Predictive Coding das Prinzip der freien Energie. Es besagt, dass alle Organismen, die überleben wollen, der natürlichen Tendenz zur Entropie, also Unordnung und Auflösung, widerstehen müssen. Dafür ist es wichtig, eine stabile innere Struktur aufrechtzuerhalten und Überraschungen möglichst zu vermeiden. Das Gehirn versucht, komplexe Erklärungsmodelle zu gestalten, die die Umgebung vorhersagbar machen. Dazu bedient es sich aller Sinne und kombiniert diese auf komplexe Weise miteinander.

Bisher wurde das Prinzip der freien Energie hauptsächlich bei der Bewegungssteuerung des Körpers nachgewiesen, doch Wissenschaftler gehen davon aus, dass auch höhere Prozesse nach demselben Prinzip funktionieren. Aus fehlerhaften Daten, wenn Wahrnehmung und Erwartung nicht übereinstimmen, lassen sich die besten Schlüsse für notwendige Veränderungen ziehen. Die Wahrnehmungen sind in Kombination mit den Vorhersagen des Gehirns ein permanenter Lernprozess. Friston sagte: »Zeig mir dein Gehirn, und ich sage dir, was für ein Universum du bewohnst.«

Die Verknüpfungen im Gehirn beschreiben also die persönliche Erfahrungswelt. Dabei spielen nicht die einzelnen Wahrnehmungen eine Hauptrolle, sondern deren Verknüpfung und Einbindung. Alle Regionen des Gehirns stehen ständig miteinander in Kontakt, sie kommunizieren, und die verschiedenen Bausteine der inneren Modelle tauschen ihre Vorhersagen auch aus. Aus Sicht des New Yorker Neurowissenschaftlers Rodolfo Llinás ist dabei das menschliche Selbst die Zentralinstanz, die alle Vorhersagen des Organismus koordiniert. Grundsätzlich ist man heute der Auffassung, dass sich die Natur des Gehirns am besten dadurch beschreiben lässt, dass es über ein Vorhersagetalent verfügt, im Wechselspiel mit der Umwelt steht und einen Netzwerkcharakter hat. All dies ist nur möglich, weil das Gehirn über Neuroplastizität verfügt.

Neuroplastizität ist die Grundlage von Veränderungen

Lange Zeit lautete ja die vorherrschende Ansicht, dass das Gehirn eines Erwachsenen in seiner Feinstruktur und in der Verteilung unterschiedlicher Funktionen auf bestimmte Regionen unveränderlich sei. Wie bei einem Computer könne man zwar durchaus neue Programme aufspielen, an der Architektur und der Funktionsweise aber nichts mehr verändern. Michael Merzenich entdeckte Mitte der 1980er-Jahre in einem Experiment an erwachsenen Affen, dass sich deren Kortex tatsächlich umorganisieren kann, indem sich die Grenzen von Hirnarealen um einige Zentimeter verschieben.

Unter Neuroplastizität werden heute zunächst einmal alle organischen Veränderungen im Gehirn zusammengefasst. Dabei lässt sich der Begriff von der sogenannten Neurogenese unterscheiden. Während es bei der Neurogenese um die Bildung neuer Nervenzellen geht, handelt es sich bei der Neuroplastizität um die Entstehung neuer Synapsen und die Verstärkung vorhandener Verbindungen, die die Übertragungsleistung der Neuronen verändern. Dass das kindliche Gehirn über eine hohe Neuroplastizität verfügt, ist bekannt. Wie flexibel aber das Gehirn eines Erwachsenen tatsächlich ist oder sein kann, weiß man auch heute noch nicht genau.

Die Natur hat uns eine Gehirnstruktur mitgegeben, die in einer sich verändernden Umwelt überlebt, weil sie sich selbst verändert, sagt der kanadische Nervenarzt Norman Doidge. Durch Üben und Lernen passt sich das Gehirn immer wieder an neue Anforderungen an und ermöglicht uns überhaupt erst das Leben und Wirken in einer komplexen Umwelt.

Das Gehirn ist von Natur aus als Zentraleinheit konzipiert, die ganzheitlich sämtliche Funktionen steuert. Es gibt keine eindeutige Aufgabenverteilung, die sich nicht verändern lässt. Fällt eine Sinneswahrnehmung aus, erfolgt eine Umstrukturierung des Gehirns. So übernimmt zum Beispiel bei erblindeten Menschen das Sehzentrum Funktionen des Gehörsinns oder des Tastsinns, mit dem er in der Lage ist, die Brailleschrift zu lesen.

Innerhalb von Sekunden können sich vorhandene Synapsen aufgrund neuer Reize verstärken und innerhalb weniger Stunden können auch neue Synapsen entstehen. Dass eine tiefgreifende Umorientierung des Gehirns in sehr kurzer Zeit erfolgen kann, haben Experimente mit gesunden Personen, denen man die Augen zugebunden hatte und die Brailleschrift lehrte, gezeigt. Bereits nach zwei Tagen reagierten die Nervenzellen in der Sehrinde auf den Tastsinn. Wenn bestimmte Reize ausbleiben, suchen sich die Nervenzellen einfach neue Funktionen. Das ist auch der Grund dafür, dass man immer wieder trainieren muss, um seine Wahrnehmungen verbessern und sie in eine bestimmte Richtung lenken zu können.

Doch es geht bei der Neuroplastizität nicht nur um den Input in die Blackbox Gehirn, sondern auch um den Output. Seit einigen Jahren untersuchen Wissenschaftler deshalb auch, welche Beziehung zwischen Bewegung und Kognition besteht. »Gehirne sind entstanden, um Bewegung zu ermöglichen. Egal, was wir denken oder tun, Bewegung ist das Ergebnis. Auch Sprache entsteht letztlich nur durch Bewegung«, sagt Professor Gerd Kempermann vom Deutschen Zentrum für neurodegenerative Erkrankungen in Dresden. Aufgrund dieser evolutionsbedingten engen Koppelung von Kognition und Bewegung ist die Anpassungsfähigkeit des Gehirns eine Grundlage, um das Ausmaß der Erfahrungen und der Fähigkeit zur aktiven Bewegung zu verarbeiten und einen Nutzen daraus ziehen zu können.

»Die Bewegung in der freien Wildbahn und größer werdende Radien an Bewegung signalisierten den Gehirnen unserer Vorfahren, dass eventuell neue und unbekannte Situationen auftreten könnten, die (Re-)Aktionen erforderten, welche im üblichen Verhaltensrepertoire nicht fest verankert waren«, so Kempermann. Was in der Evolution eigentlich miteinander verbunden war, Kognition und Bewegung, ist aber heutzutage weitgehend entkoppelt. Wir sitzen den ganzen Tag bewegungslos am Schreibtisch und verrichten geistige Arbeit. Bewegung findet, wenn überhaupt, nur in der Freizeit statt.

Unter dem Strich bedeutet dies, dass unsere Gehirne zwar noch im anatomischen Aufbau denen der Jäger und Sammler vor 130 000 Jahren entsprechen, aber nicht mehr in der inneren Repräsentation der äußeren Welt. Wir denken zwar noch auf dieselbe Weise wie unsere Vorfahren, aber wir denken andere Inhalte. Die Vorstellung, man könnte einen erwachsenen Menschen aus der Vorzeit ohne Probleme in unsere Gegenwart stellen, ist falsch.

Auch die Neuroplastizität seines Gehirns würde ihn nicht in die Lage versetzen, ein Modell unserer gegenwärtigen Welt als Orientierungshilfe zu entwerfen, um nicht an Stress oder Depressionen zu erkranken. Wir können uns überhaupt nicht vorstellen, wie viele Erfahrungen seit unserer Geburt in unseren Köpfen unbewusst gespeichert, ständig verändert und an die Realität angepasst worden sind. Nur durch das, was wir aus der Umwelt wahrnehmen und wie wir unser eigenes Verhalten wahrnehmen, finden wir den Schlüssel zur Welt und zu uns selbst.

Zusammenfassung Kapitel 1

- Alles, was uns umgibt, wirkt sich auf unsere Stimmungen, unsere Entscheidungen und unser Verhalten aus. Jede Information wird, wenn sie uns wichtig erscheint, im Gedächtnis gespeichert. Die Theorie des Embodiment besagt, dass unsere Entscheidungen und unser Verhalten ebenso wie unser Denken und Fühlen untrennbar mit sinnlich-motorischen Erfahrungen verbunden sind. Bewusste und selbst unbewusste Bewegungen oder Haltungen lenken unsere Empfindungen und Urteile über uns selbst und andere Menschen.

- Das, was wir wahrnehmen und wie wir es interpretieren, wird bestimmt durch unsere Persönlichkeit, unsere Wünsche, Gefühle, Lebensumstände und Erwartungen. Aus all diesen individuellen Komponenten konstruieren wir dann auch das, was wir als unser Ich wahrnehmen. Sowohl die Körperhaltung als auch die Mimik beeinflussen, wie wir uns fühlen und wie wir uns selbst sehen. Das heißt, das Aktivieren von Muskeln kann Menschen in bestimmte Stimmungen versetzen und ihre Urteile beeinflussen. Auch bei der Bewertung von menschlichen Eigenschaften spielen körperliche Empfindungen eine Rolle.

• Die Außenwelt beeinflusst ständig unser Erleben. Dabei spielen die Medien und das Internet eine zunehmende Rolle. Wir brauchen eine kritische Sensibilität für die Informationen unserer Sinne durch die neue physische Intelligenz. Nur wenn wir sie trainieren, können wir den unbewussten Einflüssen von Metaphern, Gesten, Oberflächen und anderen Wahrnehmungen entgehen. Auch wenn es im Kopf spezielle Verarbeitungszentren für einzelne Wahrnehmungen gibt, ist es wichtig, das ganze Gehirn über alle Sinne zu trainieren, denn sie arbeiten stärker zusammen, als wir oft annehmen.

• Alles, was wir sind, entsteht durch Wahrnehmung. Die Wahrnehmung unserer Umgebung beeinflusst uns bereits vor unserer Geburt. In den ersten vier Lebensjahren werden dann die Grundlagen für kognitive Prozesse geschaffen. Die Fähigkeiten, die in dieser Zeit erworben wurden, nutzen wir unser Leben lang.

• Alles, was wir wollen, wird durch unsere äußeren und inneren Wahrnehmungen bestimmt. Einige Wünsche sind evolutionär in unserer Gesellschaft verankert. Der Mensch lernt deshalb schon sehr früh, sich mit anderen zu vergleichen. Durch Vergleiche finden wir unsere eigene Identität.

• Alles, was wir werden, beruht auf neuen oder veränderten Wahrnehmungen. Wir unterschätzen jedoch die Macht der Zeit und der zukünftigen Veränderungen. Wir unterliegen der »Illusion vom Ende der Geschichte« und nehmen an, dass wir jeweils zum derzeitigen Zeitpunkt das Ende unserer persönlichen Entwicklung und unserer Geschichte erreicht haben und erwarten für die Zukunft kaum Veränderungen. Dabei gib es für jeden die Chance, sich durch Wahrnehmungen weiterzuentwickeln und sein altes Ich hinter sich zu lassen.

- Grundsätzlich ist man heute der Auffassung, dass sich die Natur des Gehirns am besten dadurch beschreiben lässt, dass es über ein Vorhersagetalent verfügt, im Wechselspiel mit der Umwelt steht und einen Netzwerkcharakter hat. All dies ist nur möglich, weil das Gehirn über Neuroplastizität verfügt. Lange Zeit lautete ja die vorherrschende Ansicht, dass das Gehirn eines Erwachsenen in seiner Feinstruktur und in der Verteilung unterschiedlicher Funktionen auf bestimmte Regionen unveränderlich sei.

- Unter Neuroplastizität werden heute zunächst einmal alle organischen Veränderungen im Gehirn zusammengefasst. Im engeren Sinne handelt es sich bei der Neuroplastizität um die Entstehung neuer Synapsen und die Verstärkung vorhandener Verbindungen, die die Übertragungsleistung der Neuronen verändern. Das Gehirn ist von Natur aus als Zentraleinheit konzipiert, die ganzheitlich sämtliche Funktionen steuert. Fällt eine Sinneswahrnehmung aus, erfolgt eine Umstrukturierung des Gehirns.

Die Sinne – was der Körper dem Geist mitteilt

Das menschliche Gehirn wurde durch die Umwelt geformt. Es hat sich zu seiner heutigen Form entwickelt, um komplexe Informationen zu speichern, Veränderungen der Umwelt wahrzunehmen und darauf zu reagieren, indem wir uns entscheiden und handeln. Robert Levine hat in seinem Buch *Die große Verführung* aufgelistet, dass wir im Laufe unseres Lebens etwa eine Million Milliarden Umwelteindrücke zu verarbeiten haben. In jeder Sekunde nehmen wir Tausende von Informationen wahr, die um unsere Aufmerksamkeit konkurrieren.

Die Rezeptoren in unseren Sinnesorganen sind Sinneszellen, die für konkrete physikalische oder chemische Reize sensibel sind. Diese Reize wandeln sie in sehr kleine elektrische Impulse um. Jeder Rezeptor ist mit Nervenfasern verbunden, die quasi eine »Stromleitung« darstellen und die empfangenen Reize zum Gehirn weiterleiten. Dort werden sie sortiert, analysiert und verarbeitet. So entsteht unsere Vorstellung von der Welt. Alle sensorischen Systeme im Gehirn haben einen gemeinsamen Grundbauplan.

Die Wissenschaft ist sich einig, dass der Mensch über mehr als nur fünf Sinne verfügt. Uneinig ist man allerdings darüber, wie man sie definieren und beschreiben will. Beim Sehen, Hören, Riechen und Schmecken besteht weitgehend ein Konsens. Die für das Sehen verantwortlichen Rezeptoren befinden sich in der Netzhaut der Augen, die für das Hören im Innenohr, die für das Riechen in der Nase und die für das Schmecken in der Zunge. Bei der visuellen Wahrnehmung reagiert das Auge auf Licht und bei der auditiven Wahrnehmung übersetzt das Ohr Schallwellen in Sinnesreize. Beim Schmecken und

Riechen sind es chemische Elemente, die auf die Rezeptoren wirken. All diese Sinne dienen der Wahrnehmung der Umgebung.

Komplizierter wird es schon beim Tastsinn, der haptischen Wahrnehmung. Er untergliedert sich in zwei Gruppen von Sinnen mit jeweils drei verschiedenen Bereichen der Wahrnehmung. Nur die Rezeptoren für das Tastsinnessystem sind auf dem ganzen Körper verteilt und können sowohl der Umgebungswahrnehmung als auch der Körperwahrnehmung dienen.

Zur Körperwahrnehmung gehört auch die Schmerzwahrnehmung Nozizeption. Auf der Haut wird sowohl Druck, Berührung, Vibration und Dehnung durch die Mechanorezeption wahrgenommen als auch die Temperatur durch die Thermorezeption. Neben diesen taktilen Wahrnehmungen existiert noch der Lagesinn, der uns über die Stellung unserer Gelenke informiert, der Kraftsinn, über den wir die Anspannung von Muskeln und Sehnen wahrnehmen, und der Bewegungssinn (Kinästhetische Wahrnehmung), der uns darüber informiert, ob wir gerade sitzen, stehen, laufen oder liegen. Diese drei Sinne arbeiten wiederum mit dem Gleichgewichtssinn (Vestibuläre Wahrnehmung) zusammen, weil wir sonst kaum in der Lage wären, aufrecht zu gehen. Die Wahrnehmung der inneren Organe und ihrer Tätigkeiten erfolgt über die Viszerozeption beziehungsweise Enterozeption.

Was nicht primär zu den Wahrnehmungen gezählt wird, ist der Zeitsinn, der im Gehirn verschiedene Prozesse steuert. Ebenfalls nicht zu den Sinnesorganen im engeren Sinne zählt das Immunsystem, das fremde Stoffe und Erreger im Körper aufspürt. Das, was wir allgemein mit Denken und Fühlen bezeichnen, sind die Sinne der Inhaltswahrnehmung. Der Sprach- und Wortsinn erschließt uns die Welt, der Gedankensinn erklärt uns das Leben und der empathische Sinn hilft uns, andere Menschen zu verstehen.

Wenn wir uns nun vor Augen führen, welche Bedeutung die verschiedenen Sinne für unsere bewusste Wahrnehmung haben, dann fällt auf, dass das Riechen gar nicht vorkommt.

Hören vermittelt uns 20 Prozent und Sehen 30 Prozent, beides gemeinsam also 50 Prozent der Informationen, die wir im Gehirn verarbeiten. Sagen wir etwas selbst, so liegt der Stellenwert des Gesagten bei 70 Prozent, und tun wir etwas selbst, so gewinnt es für uns eine Bedeutung von 90 Prozent. Wenn wir also einen Text schreiben oder abschreiben, dann ist das die komplexeste Form der Wahrnehmung. Wir bewegen unsere Hand und tun also etwas. Wir sehen, was wir tun, unbewusst sprechen wir das zu Schreibende mit und hören es dadurch auch noch. Wenn Papier und Tinte einen Geruch verströmen, sind alle Sinne bis auf das Schmecken beteiligt.

Können Sie sich vorstellen, ein Wesen zu sein, das keinen Körper hat? Manche verbinden dies mit Nahtoderfahrungen, die ihnen den Eindruck vermittelt haben, ihren Körper zu verlassen, im Raum zu schweben und von oben zum Beispiel dem Operationsteam bei der Arbeit zuzuschauen. Dabei sehen sie genau, was geschieht, und hören, was gesprochen wird. Wie diese Sinneseindrücke zustande kommen, ist noch nicht ganz geklärt und wird von den Neurowissenschaftlern immer noch erforscht. Durch Hirnstimulationen lässt sich aber heute schon der Eindruck, seinen Körper zu verlassen, erzeugen.

Tatsache ist aber, dass dieser körperlose Geist sich nicht in einem leeren Nichts befindet, sondern dass es eine Umgebung gibt, die auch wahrgenommen werden kann. Selbst wenn jemand glaubt, ein Licht zu sehen, auf das er zugehen kann, ist dies immer noch eine Sinneswahrnehmung, die vielleicht vergleichbar ist mit dem, was Menschen auf schamanischen Reisen erleben. Vielleicht sind es Halluzinationen, aber es gibt immer eine Umgebung, die mit den Sinnen wahrgenommen wird und über die wir uns Gedanken machen können.

Es ist dem Menschen zwar möglich, sich abstrakt den Tod vorzustellen. Wir empfinden nichts mehr, uns umgibt nichts mehr, wir können unseren Körper nicht mehr wahrnehmen und auch nicht mehr denken. Doch das ist eben nur ein abstraktes Denkmodell und nicht das Leben, denn Umwelt, Wahrnehmung und Denken befinden sich ständig in Interaktion. Irgendetwas umgibt uns immer, und wir können nicht nichtdenken oder nichtwahrnehmen. Das gilt auch für Locked-in-Patienten (siehe: Locked-in-Syndrom). Sie können alles in ihrer Umgebung hören und verstehen, aber sich nicht selbst äußern.

Die Hierarchie der Sinne in unterschiedlichen Kulturen

Der Sehsinn ist in der westlichen Welt für die bewusste Wahrnehmung der wichtigste Sinn. Was wir sehen, können wir leichter beschreiben und in Worte fassen als zum Beispiel das, was wir riechen. Die Fähigkeit, bewusste Sinneswahrnehmungen zu abstrahieren und zu kommunizieren, ist kulturell bedingt. Das bedeutet, dass nicht in allen Kulturformen die Hierarchie der Sinne in einer identischen Abfolge geordnet ist. Asifa Majid vom Max-Planck-Institut für Psycholinguistik in Nijmegen hat zusammen mit anderen Forschern den Zusammenhang von Wahrnehmung und Sprache, also die Fähigkeit, bestimmte Sinneseindrücke zu beschreiben, in einer weltweiten Studie untersucht.

Die Forscher führten Experimente bei Angehörigen von zwanzig ganz verschiedenen Kulturen und Sprachgruppen durch. Dazu gehörten sowohl Naturvölker, die noch als Jäger und Sammler leben, wie auch Menschen in hochindustrialisierten Gesellschaften. Die Experimente liefen folgendermaßen ab: Die Teilnehmer bekamen zunächst eine standardisierte Reihe von Sinneseindrücken, Bilder von verschiedenen Formen und Farben, um den visuellen Eindruck zu überprüfen, Geschmacksproben oder Tonfolgen mit verschiedener Höhe, Klang oder Tempo und zum Tasten raue oder glatte Texturen. Anschließend sollten sie ihre Sinneseindrücke beschreiben.

Dabei kam es darauf an, ob für bestimmte Wahrnehmungen in der jeweiligen Kultur ein fester Begriff existiert oder ob die Sinneseindrücke umschrieben wurden. Oft hatten die Teilnehmer Schwierigkeiten, das, was sie wahrgenommen hatten, auch in Worte zu fassen. Dass in Englisch sprechenden Kulturen der Sehsinn dominant ist, erstaunte angesichts der Dominanz der visuellen Medien niemanden. Es folgte das Gehör, der Geschmack, der Tastsinn und als letzter der Geruch. Bei den Farsi sprechenden Iranern und den Bewohnern von Laos ist hingegen der Geschmackssinn am stärksten in der Sprache verankert.

In Mali und Ghana gab es zwei Sprachgruppen, bei denen der Tastsinn bei der sprachlichen Verarbeitung eine dominante Rolle spielte. Der Geruchssinn, der als einer der fundamentalsten und ältesten Sinne gilt, da er besonders eng mit Emotionen und emotionalen Erinnerungen verknüpft ist, war in allen Kulturen am schwierigsten zu kommunizieren. Deshalb wird das Riechen auch als stummer Sinn bezeichnet. Eine Ausnahme machte allerdings ein in Australien lebendes Naturvolk, das seine Geruchseindrücke weitaus besser sprachlich ausdrücken konnte als jeden anderen Sinneseindruck. Im Gegensatz zu den westlichen »Augenmenschen« könnte man sie als »Nasenmenschen« beschreiben.

Die unterschiedlichen Fähigkeiten, Sinneseindrücke zu beschreiben, ließen sich auch über die Traditionen und Kulturgüter nachweisen. Wo gemusterte Keramiken erzeugt werden, stand der Sehsinn im Vordergrund. Verfügt die Kultur über eine starke musikalisch geprägte Tradition, ließen sich akustische Sinnesreize besser ausdrücken.

Nur die Jäger- und Sammlerkulturen orientierten sich stärker am Geruch. Das mag vielleicht daran liegen, dass die Tiere, die gejagt werden, es vermeiden, gesehen oder gehört zu werden, und dass essbare Pflanzen am leichtesten durch den Geruch zu identifizieren sind, noch bevor man sie in den Mund nimmt. Dass wir in der westlichen Welt uns viel zu häufig auf visuelle Eindrücke verlassen, hat mitunter tragische Konsequenzen, wenn wir uns in die Natur begeben. Viele Pilzsammler sind nicht in der Lage, den hochgiftigen Knollenblätterpilz vom harmlosen und wohlschmeckenden Champignon zu unterscheiden. Das gilt allerdings auch für einige andere Pilzsorten.

Die Sinne der Umgebungswahrnehmung – Bausteine der äußeren Wirklichkeit

Sehen – was wir nicht erwarten, bleibt unsichtbar

Wie sich unsere Vorstellung von der Umwelt in unserem Kopf zusammensetzt, lässt sich unter anderem auch daran ablesen, wie viel Raum für die Verarbeitung bestimmter Sinneswahrnehmungen im Gehirn bereitgestellt wird. Allein 60 Prozent der Großhirnrinde brauchen wir, um visuelle Reize verarbeiten zu können. Ganz offensichtlich wird dem, was über die Augen wahrgenommen wird, eine ganz besondere Bedeutung zugewiesen und entsprechend viel Aufmerksamkeit. Das bedeutet, dass eben auch Verarbeitungskapazität dafür bereitgestellt wird.

Es sind verschiedene, zum Teil hochspezialisierte Zentren im Gehirn, die aus einzelnen Elementen unsere Vorstellung von dem, was uns umgibt, zusammensetzen und mit den eingehenden Signalen vergleichen. Alles, was ein Bild ausmacht, wird von diesen Zentren, die für Farben, Helligkeit und Formen, aber auch für räumliche Tiefe oder Bewegungsmuster zuständig sind, zunächst zerlegt und dann wieder zusammengesetzt.

Lange Zeit hat man es für unmöglich gehalten, dass einzelne Neuronen oder kleinere Neuronenhaufen dafür zuständig sein können, ganz bestimmte Personen zu erkennen. Inzwischen wissen wir, dass es sogar Neuronen gibt, die nur dann feuern, wenn ein bestimmtes Gesicht auftaucht. Im Jahr 2005 wurden diese Neuronen erstmals identifiziert und als Großmutterneuronen bezeichnet, weil sie nur dann reagierten, wenn sie ein bestimmtes Gesicht erkannten, beispielsweise die eigene Großmutter auf einem Foto oder in einer Gruppe anderer Menschen. Da für die Experimente auch Fotos der Gesichter bekannter Schauspieler verwendet wurden, nannte man das Großmutterneuron auch Halle-Berry-Neuron. Heute weiß man, dass das Gehirn trotz seiner Milliarden von Nervenzellen sparsam mit den Ressourcen umgeht und für Dinge oder Personen, die wichtig sind, spezielle Erkennungseinheiten bereitstellt.

Die Wissenschaftler führten die Experimente an Epilepsiepatienten durch, denen sie Elektroden ins Gehirn implantiert hatten, um genauere Informationen für die Ursache ihrer Anfälle zu erhalten. Allerdings verarbeiteten diese Zellen nicht nur visuelle Eindrücke, sondern auch den geschriebenen oder gesprochenen Namen der jeweiligen Person, das jedoch mit geringerer Intensität. Da man vermutete, dass die Bilder oder Wörter bestimmte Assoziationen innerhalb eines von verschiedenen Nervenzellen gebildeten Konzepts stimulieren, erhielten die Neuronen jetzt die Bezeichnung Konzeptneuronen.

Dass wir eine fertige Vorstellung von unserer Umgebung im Kopf haben, die sich nicht immer mit unseren Wahrnehmungen deckt, sehen wir auch daran, dass wir unsere Aufmerksamkeit immer nur auf einen Ausschnitt unserer Wahrnehmungen konzentrieren können. Dies wurde in unterschiedlichsten Experimenten nachgewiesen.

Zum Beispiel wurde auf der Kölner Domplatte eine Person, von der man annahm, dass sie sich in Köln auskennt, von einem Touristen angesprochen und nach dem Weg zu einem bestimmten Museum gefragt. Während die Person dem Touristen den Weg erklären wollte, drängelten sich auf einmal zwei Leute, die eine große Tafel trugen, zwischen sie. Mit dieser Tafel kam ein anderer Tourist. Er sah ganz anders aus als der erste Tourist, trug einen Bart und auch andere Kleidung. Er blieb an der Stelle stehen, wo der erste Tourist gestanden hatte, während dieser mit den Trägern der Tafel davonging. Die Person, die den Weg erklären wollte, fuhr mit der Beschreibung fort, ohne den Wechsel ihres Gegenübers zu bemerken. Das Gehirn war damit beschäftigt, den Weg zu erklären und nicht Veränderungen zu erkennen.

Ein anderes Experiment, das sich ebenfalls mit Veränderungsblindheit befasst, ist das Gorillavideo. Hier zeigte der Professor seinen Studenten ein Video von einem Basketballspiel und forderte sie auf, zu zählen, wie oft sich die Spieler einer bestimmten Mannschaft den Ball zuwerfen. Es käme darauf an, möglichst die korrekte Zahl der Ballwechsel zu nennen. Also saßen die Studenten konzentriert vor dem Bildschirm. Mitten im Spiel tauchte dann plötzlich ein

Mann in einem Gorillakostüm auf, trommelte sich auf die Brust und ging dann wieder vom Spielfeld.

Kaum ein Student hat den Gorilla überhaupt wahrgenommen. Ihr Gehirn musste entscheiden, was für die Aufgabe, nämlich die Ballwechsel zu zählen, wichtig ist und was nicht. Nach dem Prinzip der freien Energie interpretiert das Gehirn die Wirklichkeit so, wie es sie für am wahrscheinlichsten hält und Energie sparen kann. Dass dies notwendig ist, versteht man spätestens dann, wenn man weiß, dass der durchschnittliche Mensch in der Lage ist, eine Million verschiedener Farbtöne wahrzunehmen, die im Gehirn erkannt, gespeichert und bearbeitet werden müssen.

Ein gängiges Beispiel für die Unzulänglichkeiten unseres visuellen Wahrnehmungssystems sind optische Täuschungen. Sie entstehen durch falsche Interpretationen der eingehenden Reize durch das Gehirn. Im Laufe der Evolution, so vermutet man, haben sich im Gehirn bestimmte Muster des Erkennens verfestigt, die die Grundlage für falsche, verzerrte Wahrnehmungen sind. Diese spielen im Zusammenhang mit Selfinfluencing allerdings keine Rolle.

Hören – wie klingt Stille?

Der Hörsinn des Menschen wird schon vor seiner Geburt ausgebildet. Ab der 28. Schwangerschaftswoche ist seine Entwicklung abgeschlossen. Das Kind nimmt nicht nur die Geräuschkulisse aus dem Körper der Mutter wahr, etwa ihren Herzschlag, ihren Atem, ihre Stimme und ihre Darmgeräusche, sondern auch Geräusche von außen. Ab dem siebten Schwangerschaftsmonat reagiert das Kind bereits auf äußere akustische Reize.

Über ein kompliziertes System werden die Hörwahrnehmungen über die Ohrmuschel, das Trommelfell und die Gehörknöchelchen in die Hörschnecke übertragen, wo sie dann Sinneshärchen in Schwingungen versetzen, die in elektrische Impulse umgewandelt werden.

Das Gehör diente ursprünglich nicht nur dem Erkennen von Gefahrengeräuschen, sondern auch zur Orientierung im Raum. Später kamen dann die emotionale Bewertung und Steuerung durch akustische Eindrücke und die Kommunikation mithilfe der Sprache hinzu. Wegen dieser komplexen Aufgaben, die das Gehör zu bewältigen hat, ist es auch dann noch wach, wenn der Mensch schläft.

Generell ist zwischen Geräuschen, die unstrukturiert sind, und Tönen zu unterscheiden. Töne entstehen immer dann, wenn Membranen, Saiten und eben auch Stimmbänder in Schwingung geraten und nur wenige Frequenzen erzeugen, die in einem klar strukturierten Verhältnis zueinander stehen. Man vermutet, dass die ersten Töne dazu dienten, eine Verbindung zwischen Mutter und Kind auch über eine gewisse Distanz hinweg sicherzustellen, wenn der direkte Körperkontakt nicht vorhanden war.

Rhythmische Prozesse im Gehirn waren die Grundlage für Sprache, aber auch für Musik. Aus Tönen wurden Silben, Wörter und Sätze, die wir als gesprochene Sprache wahrnehmen können. Aber während sich die Sprache überwiegend an den kognitiven Bereich wendet, dient Musik im weitesten Sinne der emotionalen Steuerung.

Auch bei akustischen Wahrnehmungen arbeitet das Gehirn nach dem Prinzip der Vorhersage und versucht Überraschungen zu vermeiden. Bei der Sprache nehmen wir das Ende eines Satzes oft gedanklich vorweg und bei der Wahrnehmung von Musik die zu erwartenden nachfolgenden Töne. Wir haben den Klang bereits im Kopf, bevor wir ihn hören.

Wirkungsvoll kommunizieren mit Musik

Dass Musik unsere Stimmungen beeinflusst, Emotionen und Erinnerungen wachruft und sogar Einfluss auf unsere Motorik hat, ist eine Alltagserfahrung. Denn Marschmusik lässt selbst überzeugte Antimilitaristen zackiger gehen. Früher nahm man an, dass die Wahrnehmung von Musik und die Reaktion darauf an ein bestimmtes kulturelles Umfeld gebunden sei. Diese Ansicht hat sich inzwischen geändert.

Zwar beeinflussen die persönliche Biografie eines Menschen und sein individuelles ästhetisches Empfinden auch seine emotionalen Reaktionen auf bestimmte Musikstücke. Doch zeigte sich im Test, dass Musik auch unabhängig von der individuellen Erfahrung bei allen Menschen dieselben Emotionen wie Freude, Traurigkeit, Ausgeglichenheit oder auch Wut und Angst hervorrufen kann.

Musik ist also eine Form der nonverbalen Kommunikation des Menschen. Bereits im Säuglingsalter wird neben dem Kontaktverhalten, der Gestik und der Mimik die Musik zu einem beständigen Teil der Kommunikation des Kindes.

Erstaunlicherweise reagieren sogar Profis und musikalische Laien in vergleichbare Weise auf bestimmte Musikstücke. Daraus lässt sich schließen, dass wir musikalische Emotionen unabhängig von der Hörsituation und dem persönlichen Erfahrungsschatz recht ähnlich und auch über längere Zeiträume unseres Lebens hinweg in gleicher Weise wahrnehmen. Musikalisch vermittelte Emotionen werden selbst dann schon registriert, wenn der jeweilige Musikausschnitt nur eine Sekunde lang ist. Wie bei der Mimik registriert der Mensch also auch bei der Musik kleinste und feinste Veränderungen. Man braucht also nicht immer eine Symphonie mit dem Paukenschlag, um Reaktionen zu erzeugen.

Wenn man selbst musiziert, spielen das Kurzzeitgedächtnis und die Erwartungshaltung eine große Rolle. Die Aufnahme, Verarbeitung und Speicherung der Information von Musik erfolgt in der Regel im rechten und linken Schläfenlappen. Bei der kognitiven Verarbeitung der musikalischen Wahrnehmungs- und Produktionsprozesse werden diverse Hirnregionen einbezogen.

Inzwischen gibt es schon ein emotionales Koordinatensystem der Musik. Molltöne haben einen negativen emotionalen Wert, Durtöne einen positiven. Aber nicht nur das Tongeschlecht spielt eine Rolle, sondern auch das Tempo. Langsame Musik in Moll ruft Traurigkeit hervor, langsame Musik in Dur Ausgeglichenheit. Wird die Musik in Moll schneller, erzeugt sie Wut und Angst. Wird schnell in Dur gespielt, entsteht Freude. Insofern lässt sich schon anhand der Noten die Wirkungsweise eines Musikstücks vorhersagen. Um ein Musikstück nur emotional zu beurteilen, benötigt der Mensch weniger Informationen als dazu, es als solches wiederzuerkennen. Daraus lässt sich schließen, dass die Fähigkeit, auf Musik mit Gefühlen zu reagieren, besonders tief in unserem Gehirn verankert ist.

Das Verstehen und Nachempfinden des musikalischen Ausdrucks ist ebenso ein kognitiver Vorgang wie die Sprache. Die ursprüngliche Bedeutung der Musik in der frühen Menschheit bestand aber wohl darin, den sozialen Zusammenhalt innerhalb der Gruppen zu fördern und die Stimmung der Menschen zu synchronisieren. Und das hat sich bis heute nicht geändert.

Man kann Musik als eine akustische Kommunikation von Emotionen bezeichnen. Sie aktiviert das Belohnungssystem, weil sie auch über das limbische System einen viel direkteren Zugang zum Gehirn hat als Sprache, die erst inhaltlich dekodiert werden muss. Trotzdem wird Musik sehr individuell wahrgenommen. Die Hörerfahrung, der Musikgeschmack und auch die musikalischen Vorkenntnisse spielen eine Rolle.

Der Rhythmus als Grundelement der Musik diente wahrscheinlich schon in der Frühzeit der Menschen dazu, Gruppen zu synchronisieren. Wir wissen, dass der Rhythmus bei vielen Arbeiten als Synchronisationsmittel eingesetzt wurde und heute immer noch wird. Ob in der Seefahrt beim Segelhissen, beim Nageln der Zimmerleute auf dem Bau und in der Landwirtschaft, als das Getreide noch von Hand gedroschen werden musste, viele dieser Tätigkeiten wurden durch Singen begleitet. Und natürlich dürfen wir nicht den Nutzen von Musik im militärischen Bereich unterschätzen. Marschmusik hat ihren Ursprung nicht in Militärparaden, sondern wenn es darum ging, geschlossen in die Schlacht zu ziehen. Die Dudelsackpfeifer der schottischen Regimenter standen bei Feldschlachten immer in der ersten Reihe.

Musik ist auch in der Lage, uns in Trance zu versetzen, sei es durch das Trommeln eines Schamanen oder auch durch Gesänge in der Kirche. In der Trance wird sowohl unsere Zeitwahrnehmung als auch unsere Selbstwahrnehmung verändert. Heute wird Musik auf vielfältige Weise genutzt, um unser emotionales Erleben zu steuern. Ohne Filmmusik wäre weder ein Western noch ein *Star-Wars*-Film denkbar, aber auch kein *Tatort*-Krimi. Die Kombination von bewegten Bildern und Musik ist die Grundlage von Opern. Auch im Stummfilmkino war das Orchester oder wenigstens ein Plattenspieler unverzichtbar, um das Publikum emotional zu fesseln.

In Arztpraxen dient Musik dazu, uns zu beruhigen. In Restaurants ist sie ein fester Bestandteil der Umgebungswahrnehmung, in einer griechischen Taverne klingt sie anders als in einem asiatischen Esstempel. Im Supermarkt und Einkaufzentrum sorgt spezielle Hintergrundmusik für Kauflaune. Musik wird so universell eingesetzt, dass wir sie oft nicht mehr wahrnehmen, außer am Telefon, wenn wir in eine Warteschleife gelangt sind und das nervige Gedudel nicht mehr hören können. Musik kann aber auch trösten, wie zum Beispiel die, die bei Trauermärschen in New Orleans gespielt wird.

Inzwischen hat Musiktherapie in vielen Ländern der Welt einen festen Platz im medizinischen System. Dabei werden Angst und Stress abgebaut oder auch Schmerzen zurückgedrängt. Mit Musik lassen sich auch Erinnerungen und Gefühle wecken und aktiv Bewegungsabläufe unterstützen. Musik wirkt sogar verjüngend, wie die Psychologin Ellen J. Langer bei ihrer Arbeit mit älteren Menschen feststellte. Durch Lieder aus deren Kindheit und Jugend konnte sie die älteren Menschen wieder aktivieren. Deshalb wird auch in Alten- und Pflegeheimen Musik als Stimulanz eingesetzt.

Der Mensch braucht Stille

Wenn jemand weiß, was Stille ist und wo man sie finden kann, dann ist es Gordon Hempton. Es gibt keine genaue Bezeichnung für das, was er macht. Manche nennen ihn Soundtracker, nach dem Namen seiner Firma, die er betreibt, andere nennen ihn Klangforscher,

Akustischer Ökologe oder Sammler von Naturgeräuschen. Nach Abschluss seines Studiums der Botanik begann er 1981 damit, Naturgeräusche rund um den Globus zu sammeln und auf den verschiedensten Tonträgern, von der Vinyl-Schallplatte bis zur MP3-Datei, zu verkaufen. Mittlerweile beliefert er Museen, Filmproduktionen und große Unternehmen, aber auch Musiker, mit Klängen und berät bei der Herstellung von Klängen.

Hempton sagt, dass man Stille hören kann. Manchmal nimmt man sie auch in Form von Vibrationen wahr. Es gibt zwei Formen von Stille, einmal die Abwesenheit von Geräuschen und zum zweiten das Gegenteil von menschengemachtem Lärm. Die Begriffe Stille und Ruhe werden oft synonym verwendet, im engeren Sinn handelt es sich aber bei Stille um eine Wahrnehmung, während Ruhe einen Zustand bezeichnet.

Die stillsten Orte der Welt werden so definiert, dass 15 Minuten vor Sonnenaufgang kein Lärm zu hören sein darf. Dazu gehören die Antarktis, bestimmte Plätze in der Kalahari-Wüste in Afrika, der Grasslands Nationalpark in Kanada und der Hoh Rain Forest im US-Staat Washington. Dort hört man oft nur den Wind oder das Fließen von Wasser. Der leiseste Ort auf der Welt soll der Haleakala-Krater auf Maui in Hawaii sein. In diesem 800 Meter tiefen Krater ist die Luft kalt und trocken und der Boden mit vulkanischer Asche bedeckt, die zusätzlich Geräusche absorbiert. In Europa liegt die stillste Region in den Westfjorden in Island. Dort leben auf zehn Quadratkilometern nur drei Menschen. In Deutschland kommen im Durchschnitt auf einen Quadratkilometer 232 Menschen. Aber auch in Deutschland gibt es noch stille Orte, wie die Insel Hiddensee oder die hessische Rhön.

Der stillste geschlossene Raum der Welt liegt laut *Guiness Buch der Rekorde* in den Orfield Laboratories im US-Staat Minnesota. Dort wurde eine Kammer gebaut, die zu 99,99 Prozent Geräusche absorbiert. Die Wände bestehen aus einem Meter dickem Fiberglas, der Boden ist weich gepolstert und gibt bei jedem Schritt nach. In diesen Absorbierraum kommt man nur über zwei Panzertüren. Genutzt wird er von Firmen, die die Sounds ihrer Produkte verbessern wollen, vor allem Hersteller von Motorrädern oder Waschmaschinen. Auch die NASA steckt ihre Astronauten in einen ähnlich konstruierten Raum, damit sie sich auf die unendliche Stille im Weltraum einstellen können.

In solchen Absorbierräumen hört man nichts, sondern wird selbst zum Geräusch. Man hört den eigenen Atem, das Fließen seines Blutes, sein Herzklopfen sowie Geräusche aus dem Bauch. Doch lange hält es ein Mensch in dieser Stille nicht aus. Steve Orfield, der Erfinder und Konstrukteur des Absorbierraums, schaffte 30 Minuten und mehr als 45 Minuten bisher noch kein Mensch. Die meisten fangen sehr schnell an zu halluzinieren und müssen schnell wieder zurück in eine Welt voller Geräusche.

Trotzdem hat Stille als Gegenteil von Lärm sehr viele positive Wirkungen auf das menschliche Befinden. Laut einer Studie der WHO aus dem Jahr 2011 ist die Lärmbelastung in der modernen Gesellschaft zu einer der größten Gesundheitsgefahren geworden. Lärm führt zu Stress und begünstigt dadurch ein Burnout-Syndrom, Herzkrankheiten, Schlaganfälle, Migräne, Verdauungsstörungen, Rückenschmerzen und Depressionen.

Stille ist das einzig wirksame Gegenmittel gegen Lärm. Sie wirkt wie Urlaub für das Gehirn. Sie hemmt die Ausschüttung von Stresshormonen, sodass wir uns nicht ständig auf einem bestimmten Niveau der Alarmbereitschaft befinden. Stille finden wir meist auch nur, wenn der Körper sich im Ruhezustand befindet und sich regenerieren kann. Wenn es still ist, schaltet das Gehirn ganz automatisch ins Default Mode Network um (siehe Glossar).

Das fördert die Kreativität und die Selbstreflexion. Viele Probleme lassen sich in diesem Zustand besser lösen. Selbst die Neurogenese bei Erwachsenen soll durch Stille gefördert werden. Aber wo finden wir Stille? Für den, der bereit ist, Ohrstöpsel zu tragen, die man im Baumarkt kaufen kann, ist fast jeder Ort zum Umschalten von laut auf still geeignet. Nicht in jedem Haus oder jeder Wohnung wird man sich einen Raum einrichten können, in dem es weder Beschallung von außen noch Geräusche von Elektrogeräten oder Heizungen gibt.

Immer mehr Menschen finden ihre Stille in der Natur beim sogenannten Waldbaden. Aber selbst tief im Wald wird man, wenn es dort wirklich still ist, vielleicht noch Geräusche von Flugzeugen oder von einer viele Kilometer entfernt liegenden Straße hören. Doch gerade im Wald kommen viele Sinneseindrücke zusammen, die sich nicht nur auf das Hören beschränken und eine positive Wirkung auf unser Befinden haben.

ASMR – die Macht der leisen Geräusche

ASMR steht für Autonomous Sensory Meridian Response und beschreibt eine Körperreaktion auf akustische und visuelle Reize. Für den Begriff gibt es im Deutschen keine Übersetzung. Erfunden wurde er von Jennifer Allen im Februar 2010, nachdem am 29. Oktober 2007 ein User der Website Steady Health in einem Beitrag seine Wahrnehmungen beschrieben hatte. Inzwischen gibt es auf Youtube täglich rund 500 neue Videos, die ASMR auslösen sollen.

Wie funktioniert das? Diejenigen, die sich auf ASMR einlassen, beschreiben ein wohltuendes Kribbeln, das sich vom Kopf über den Nacken und die Wirbelsäule im Körper ausbreitet. Dieses Kribbeln wird als »Tingle« bezeichnet. Auslöser, sogenannte »Trigger« sind sublime Geräusche, die häufig mit visuellen Reizen kombiniert sind.

Zum Beispiel das Whispering: Da spricht meist eine junge Frau ganz sanft und im Flüsterton einen Text. Das kann eine vorgelesene Geschichte sein, wobei diese nicht unbedingt verstanden werden muss (Inaudible Whispering). Es kann sogar sein, dass in einer Fremdsprache oder Fantasiesprache ganz leise etwas erzählt wird (Unintelligible Whispering). Eine andere Form, ASMR auszulösen, ist das Tapping und Scratching: Hier werden Geräusche erzeugt, indem man mit den Fingern auf irgendwelche Materialien klopft oder mit den Fingernägeln darauf kratzt. Beim Brushing geht es um Geräusche, die beim Bürsten von Haaren entstehen.

Oft reicht es auch, dass jemand einfach nur sanft in das Mikrofon hineinpustet oder mit dem Mund schmatzende oder andere Essgeräusche erzeugt. Ziel dieser verschiedenen ASMR-Praktiken ist es, den Zuschauer zu entspannen. Deshalb werden solche Videos auch als Einschlafhilfe angeschaut. ASMR wird zwar auch als Gehirnorgasmus bezeichnet, hat aber nichts mit der Stimulierung sexueller Reize zu tun. Da die Geräusche so sublim sind, müssen sie einerseits mit besonders empfindlichen Mikrofonen aufgenommen werden, andererseits braucht man in der Regel Kopfhörer, um sie überhaupt wahrzunehmen. Inzwischen nutzen auch Unternehmen ASMR-Videos für ihre Werbung.

Es müssen nicht unbedingt immer die Geräusche im Mittelpunkt stehen, sondern können auch ganz normale Aktivitäten sein, die aber alle nicht laut sein dürfen. Man kann zuschauen, wie jemand ein Bild malt und die Stifte über das Papier gleiten, wie jemand ein Paket auspackt oder wie jemand sich Nagellack aufträgt. Inzwischen gibt es zahlreiche Menschen, die überall auf der Welt ASMR-Videos drehen und davon sogar leben können.

Dass ASMR zumindest bei vielen, aber nicht bei allen Menschen eine Wirkung entfaltet, weiß man. Warum das so ist, daran wird noch geforscht. Überwiegend finden sich in der ASMR-Szene Frauen, die ständig neue Trends entwickeln, um Werbeeinnahmen zu generieren. Dabei wird vor keiner Skurrilität zurückgeschreckt. Japanerinnen zeigen, wie sie Tintenfisch schlucken, es gibt zweistündige Aufnahmen von Haartrocknergeräuschen, manche Leute kauen auf Stein, andere rasieren Seifenstücke. Die Gründe, warum Menschen sich so etwas überhaupt ansehen, bleiben ebenso wie die Wirkungsweise von ASMR zurzeit noch unverstanden.

Riechen – unbewusste Wahrnehmungen dominieren

Im Vergleich mit der Riechleistung von Tieren ist die menschliche Nase eher ein Krüppel. Dennoch können wir rund 10 000 unterschiedliche Gerüche wahrnehmen. Dabei hat der Mensch im Laufe der Evolution seine Nasenfunktion weithin eingebüßt. Rund zwei Drittel der für die Geruchswahrnehmung zuständigen Gene sind durch Mutationen funktionsunfähig geworden. Insgesamt sind heute nur noch 400 intakte Geruchsgene beim Menschen vorhanden.

Die Innenseite der Nase ist mit einer dünnen Gewebsschicht, der Riechschleimhaut, ausgekleidet. Sie enthält rund 15 Millionen Riechzellen pro Nasenseite. Aus den Riechzellen entspringen zentimeterlange Nervenfasern, Axone, die in das Gehirn ragen und dort gemeinsam die Wahrnehmung von Gerüchen und den sozialen Schlüsselreizen ermöglichen, die sie übermitteln.

Die in der Luft schwebende Geruchs- oder Odorantmoleküle werden von den sogenannten Zilien, das sind pro Riechzellen zwanzig bis dreißig kleine Fäden, über deren Duftsensoren wahrgenommen. Jeder Mensch verfügt über dreihundertfünfzig verschiedene Typen von spezialisierten Riechzellen, an deren Rezeptoren die Moleküle andocken können. Komplexe Düfte wie zum Beispiel Kaffee aktivieren gleichzeitig viele unterschiedliche Riechzelltypen, deren Botschaften im Gehirn dann das Muster Kaffeeduft entstehen lassen.

Chemische Substanzen, die als Pheromone bezeichnet werden, spielen immer noch eine wichtige Rolle für das menschliche Sexualverhalten. Allerdings hat der Geruchssinn des Menschen bei der Partnerwahl wohl kaum noch eine Bedeutung, seit vor Millionen Jahren das Sehen von Farben immer wichtiger wurde. Schon unsere Vorfahren begannen, mehr auf die optischen Reize des anderen Geschlechts zu achten als auf chemische Lockstoffe.

Allenfalls als Warnsignal hat der Geruchssinn auch beim Menschen heute noch eine herausragende Überlebensfunktion. Trotzdem können und wollen wir auf das Riechen nicht verzichten, weil es uns, besonders im Zusammenspiel mit dem Schmecken, eine Vielzahl von Wahrnehmungen vermittelt, die unsere Gesundheit und Lebensqualität steigern. Gerade in der Kombination mit anderen Sinneswahrnehmungen zeigt der Geruchssinn seine Stärke.

Der Geruch lenkt das Denken

Für den einen Menschen riecht der Sommer nach frisch gemähtem Gras und Heu, für den anderen nach Sonnencreme und dem gechlorten Wasser von Freibädern und für einen dritten nach den Lavendelfeldern in der Provence. Gerüche sind eng mit Erinnerungen und mit Emotionen verbunden. Trotzdem wurde ihre wissenschaftliche Erforschung lange Zeit vernachlässigt, wohl auch deshalb, weil erst die moderne Hirnforschung die notwendigen Instrumente zur Verfügung stellte.

Auch heute noch glauben viele Menschen, dass sie am ehesten auf ihren Geruchssinn verzichten könnten und Hören und Sehen das Wichtigste für sie sei. Doch es wird immer deutlicher, dass dies ein Irrtum ist. Es gibt auf der Welt circa 400 000 verschiedene Geruchsstoffe, doch der Mensch gehört zu den so genannten Mikrosomaten, den Schlechtriechern. Trotzdem leiten die Geruchszellen in der Nasenhöhle mit ihren 350 verschiedenen Rezeptoren ihre Informationen direkt an das limbische System im Gehirn weiter, wo die erfassten Aromen sofort in Emotionen umgewandelt und mit Erinnerungen verknüpft werden.

Dabei ist das, was der einzelne Mensch riecht und wie er den Geruch interpretiert, durchaus unterschiedlich, in Abhängigkeit von seiner genetischen Ausstattung, aber auch von seinem kulturellen Hintergrund. Als eine der wichtigsten Aufgaben des Geruchssinns galt bisher hauptsächlich, dass er uns vor Gefahren wie verdorbenem Essen, Feuer oder giftigen Gasen warnen sollte. Schädliche Gerüche zu erkennen schien seine Hauptaufgabe zu sein und die Wahrnehmung von angenehmen Düften nur ein Nebenprodukt.

Inzwischen haben die Forscher erkannt, dass der Geruchssinn eine weitaus zentralere Rolle in unserem Leben spielt, als wir es bisher angenommen hatten. Unbewusst lenken Gerüche nicht nur unsere Gefühle und Erinnerungen, sie steuern auch unser Konsumverhalten, unsere Stimmungen und unser Wohlbefinden.

Der Duft grüner Äpfel lindert das Gefühl von Platzangst und wird deshalb schon von einigen Hirnforschern bei Experimenten im

Magnetresonanztomografen eingesetzt, um weniger Untersuchungen wegen Panikattacken abbrechen zu müssen. Jasminduft verstärkt die geistige Stimulation, Lavendelduft sorgt für mehr Ruhe. Wenn man Pfefferminz riecht, macht man weniger Fehler, Bergamotteöl lässt hingegen die Aufmerksamkeit sinken.

Wer den Anschlag auf die Twin Towers in New York im Jahr 2001 miterlebt hat, wird nicht nur die Bilder, sondern auch den Gestank, der über der Stadt lag, nicht mehr vergessen und bei ähnlichen Gerüchen wieder in Angst versetzt werden.

Aber natürlich versucht man hauptsächlich an positive Erinnerungen anzuknüpfen. In manchen Hotels soll der Duft von frisch gebackenem Apfelkuchen Geborgenheit vermitteln, weil er Erinnerungen an die Kindheit und Familie weckt.

Wie groß die Bedeutung von Gerüchen in den verschiedenen Kulturen ist und wie sehr sie sich unterscheidet, sieht man zum Beispiel daran, dass der Geruch von fermentiertem Fisch auf Asiaten Appetit anregend wirkt, während der Geruch von Buttersäure für Europäer je nach dem Framing (siehe Glossar) entweder als appetitanregendes Käsearoma wahrgenommen wird oder als ekelerregender Geruch von Erbrochenem.

Selbst bei Menschen, die ihren Geruchssinn krankheitsbedingt verloren haben, wirken bestimmte Aromen immer noch unbewusst. Offensichtlich kann man sogar mit Aromen das Immunsystem ankurbeln oder schwächen. Unbewusst riecht der Mensch sogar, ob sein Gegenüber Angst hat, gestresst ist oder glücklich. Bei einem Experiment konnten Frauen anhand des Unterarmgeruchs entscheiden, ob dieser von einem Menschen stammt, der vorher einen fröhlichen oder einen traurigen Film gesehen hat. Die Mehrzahl der Menschen ist jedenfalls immer noch der Überzeugung, dass die Informationen, die sie über Sehen und Hören aufnehmen, besser zu kontrollieren sind.

Schmecken – Kindheitserinnerungen essen mit

Der Geschmack diente unseren Vorfahren dazu, die Nahrung zu kontrollieren und war damit überlebenswichtig. Ein bitterer oder saurer Geschmack deutete auf giftige ungenießbare Pflanzen oder verdorbene eiweißhaltige Nahrung hin. Heute wissen wir, dass die Geschmacksknospen in der Zunge Rezeptoren enthalten, die die Geschmacksrichtungen salzig, sauer, bitter und süß sowie den herzhaft-würzigen Geschmack Umami wahrnehmen. Dass es eigene Sinneszellen für diesen fünften Geschmackssinn gibt, hat ein japanischer Forscher, Kikunae Ikeda, erst um 1910 entdeckt. Weltweit wird noch heute geforscht, ob es weitere Geschmacksrichtungen gibt. Die sechste könnte nach neuerer Erkenntnis »fettig« sein.

Etwa die Hälfte der Geschmackssinneszellen reagiert auf mehrere Geschmacksrichtungen, sind aber den einzelnen gegenüber unterschiedlich empfindlich. Die anderen Zellen reagieren nur auf einen einzigen Geschmack und geben Informationen über die Stärke des Reizes weiter. Wissenschaftler gehen davon aus, dass es die fünf Geschmackrichtungen in zehn möglichen Intensitätsstufen gibt.

Die Geschmacksknospen auf der Zunge und im restlichen Mundraum sind das eigentliche Geschmacksorgan. Der erwachsene Mensch hat etwa 2 000 bis 4 000 Geschmacksknospen und jede Knospe etwa 10 bis 50 Sinneszellen. Alle eingehenden Informationen gehen an ein Gebiet im verlängerten Rückenmark weiter. Dort erfolgt eine Aufteilung. Ein Teil der Informationen wird mit anderen Sinneswahrnehmungen wie Schmerz, Temperatur oder Berührung über mehrere Schaltstellen an das Bewusstsein weitergeleitet. Der andere Teil umgeht die Schaltzentrale der bewussten Wahrnehmungen und gelangt direkt zu Hirngebieten, die mit Sinneswahrnehmungen verbunden sind, die das Überleben sichern sollen.

Wenn etwas unangenehm riecht, mögen wir es nicht essen. Ist der Geruchssinn gestört wie etwa bei einem Schnupfen, ist meist auch die Geschmackswahrnehmung beeinträchtigt. Zu heiße oder zu kalte Getränke mögen wir nicht trinken. Zu scharf gewürzte

Speisen können Schmerzen verursachen. Auch die Oberflächen-wahrnehmung, ob ein Nahrungsmittel hart, weich, flüssig oder fest ist, beeinflusst unseren Geschmack. Manche Geschmacksvorlieben sind zumindest teilweise genetisch vorprogrammiert. Das entscheidet zum Beispiel darüber, ob man gekochtes Schweinefleisch mag oder nicht.

Welche Aromen wir bevorzugen, ist zunächst durch Wahrnehmungen in der Kindheit und Jugend entstanden oder später durch Geschmackstraining erlernt. Angeboren ist nur die Vorliebe für Fettiges und Süßes. Wie der Geschmack ist auch der Geruchssinn eng mit Gefühlen verbunden. So kann ein schlechter Geschmack oder Geruch Erbrechen und Übelkeit hervorrufen. Als appetitlich empfundene Aromen regen hingegen die Bildung von Speichel und Magensäften an. Mit Geschmacksbeschreibungen sind meist starke Gefühle verbunden, wie zum Bespiel die Metaphern »eine bittere Miene machen«, »sauer aufstoßen« oder »das süße Nichtstun« zeigen.

Fühlen – viel mehr als nur kuscheln

Beim Tastsinn, der haptischen Wahrnehmung, werden sowohl Informationen aus der taktilen Wahrnehmung, das heißt der Oberflächensensibilität, als auch der Wahrnehmung aus Gelenken, Muskeln und Sehnen verarbeitet. Bei Letzterem spricht man von Propriozeption oder Tiefensensibilität, die nicht der Umgebungswahrnehmung, sondern der Körperwahrnehmung zuzuordnen ist.

Zur taktilen Wahrnehmung zählt man die Mechanorezeption, bei der die Haut auf Druck, Berührung, Vibration oder Dehnung reagiert, die Thermorezeption, bei der die Haut sowohl auf Wärme als auch auf Kälte reagiert, und die Nozizeption, also die Wahrnehmung von Schmerz. Doch der wird eben nicht nur über die Haut wahrgenommen, sondern auch von Rezeptoren in den verschiedensten Körperregionen.

Ohne unser Tastsinnessystem könnten wir nicht leben, sagt Martin Grunwald, Leiter des Haptik-Forschungslabors am Institut für Hirnforschung der Universität Leipzig. Ohne dieses Sinnessystem wüssten wir nicht einmal, dass wir existieren. Jede Berührung unseres Körpers wird biologisch und psychologisch verwertet, auch ohne dass wir uns dessen bewusst werden.

Wir sind in der Lage, tausend Oberflächenunterschiede zu ertasten, selbst wenn sie so klein sind, dass wir sie ohne Mikroskop nicht sehen können. Eine kurze Körperberührung oder Umarmung kann positive Emotionen auslösen. Ausreichende Körperberührungen sind bei Kindern Voraussetzung für Wachstum und psychische Stabilität und bei Erwachsenen für eine funktionierende Partnerschaft. Jeder Lebensbereich des Menschen wird täglich durch das Tastsinnessystem geprägt.

Das Tastsinnessystem entwickelt sich bei einem Embryo als erstes vor allen anderen Sinnessystemen. Noch vor der Ausbildung aller inneren Organe ist es in der Lage, physische Einwirkungen auf den Körper zu registrieren und ganzkörperliche Reaktionen auszulösen. Es ist erwiesen, dass die Stimulation des Körpers beim Säugling sowohl physiologische als auch neurophysiologische Wachstumsprozesse in Gang setzt. Tierversuche haben ergeben, dass Kontaktmangel nach der Geburt besonders das Wachstum im Gehirn beeinträchtigt.

Die Haut, mit einer Fläche von rund zwei Quadratmetern das größte Organ des Menschen, enthält auch die größte Anzahl von tastsensiblen Rezeptoren. Besonders zahlreich sind sie an den Fingerspitzen, der Zunge, den Lippen, den Genitalien und den Haarfolikeln. Aber auch an den sonstigen Bindegewebsstrukturen im Körper einschließlich der Knochenhäute, an den Schleimhäuten, den Wänden von Venen und Arterien sowie an den Muskeln, Sehnen und Gelenken befinden sich tastsensible Rezeptoren.

Alle Rezeptoren sind spezialisiert, einige reagieren nur auf kurz andauernde Druck- und Verformungskräfte, andere auf lang anhaltende Kräfte. Über Schmerzrezeptoren registrieren wir Schmerzempfindungen, über Thermorezeptoren Temperaturreize und über Mechanorezeptoren Berührungen, Druck und Vibrationen. Auf einem Quadratzentimeter Haut befinden sich durchschnittlich zwei Wärme-, 13 Kälte-, 25 Druck- und 200 Schmerzrezeptoren.

Der Tastsinn leitet auch Signale von Berührungen an das Gehirn weiter. Berührungen drücken so nicht nur Emotionen aus, sondern lösen auch Gefühle bei anderen Menschen aus. Dazu gibt es spezielle Nervenfasern, die den Wohlfühlfaktor einer Berührung bestimmen. Kurze Umarmungen oder Berührungen führen zu einer ganzen Reihe von biochemischen Reaktionen. Das Hormon Oxytocin wird ausgeschüttet, der Blutdruck und die Herzfrequenz sinken. Die Konzentration des Stresshormons Cortisol nimmt ab, Angst und Schmerzen werden weniger stark empfunden.

Außerdem haben Forscher entdeckt, dass sich das Immunsystem verstärkt. Kinder, die häufigen Körperkontakt haben, entwickeln sich nicht nur emotional besser und sind weniger schmerzempfindlich, sondern auch weniger anfällig für Infektionen. Wissenschaftliche Untersuchungen haben übrigens auch herausgefunden, dass Gäste im Restaurant mehr Trinkgeld geben, wenn der Kellner zuvor Körperkontakt zu ihnen hergestellt hat.

Die Sinne der Körperwahrnehmung – Bausteine der inneren Wirklichkeit

Die Sinne der Körperwahrnehmung dienen der gegenseitigen Information von Körper und Geist. Diese Verbindung ist stark emotional orientiert. Der Geist informiert den Körper nicht nur darüber, was er als Nächstes zu tun gedenkt und wie er sich bewegen möchte, sondern auch darüber, wie er sich fühlt. Die meisten unserer Emotionen und Gefühle werden im Körper repräsentiert, was sich auch in zahlreichen Metaphern niederschlägt. Probleme schlagen auf den Magen, manches nimmt man sich zu Herzen oder es läuft einem eine Laus über die Leber.

Emotionen und Gefühle haben ihre Repräsentation nicht nur in den inneren Organen, sondern auch in den Muskeln und Faszien. Man kommt nicht von der Stelle und hat deshalb Probleme beim Laufen, oder eine Last ist noch nicht von den Schultern genommen worden, deshalb hat man Rückenschmerzen. Umgekehrt meldet sich aber auch der Körper beim Geist, wenn er Probleme hat. Oft nehmen wir Gefühle und Emotionen nur über den Körper wahr, ohne dass wir die mentalen Ursachen erkennen. Wenn wir uns über etwas den Kopf zerbrechen, führt das häufig zu Kopfschmerzen.

Die eigenen Aktivitäten wahrnehmen – in Bewegung bleiben

Die Propriozeption umfasst den Lagesinn, wobei die Gelenke Informationen darüber liefern, welche Stellung sie haben, den Kraftsinn, der über Anspannungen der Muskeln und Sehnen informiert, sowie den Bewegungssinn oder die kinästhetische Wahrnehmung, bei der von den Gelenken, Muskeln und Sehnen über die aktuellen Bewegungen informiert wird. Die Propriozeption arbeitet eng mit der vestibulären Wahrnehmung, also dem Gleichgewichtssinn, zusammen. Dass allgemein körperliche Ertüchtigung unserer Psyche gut tut, ist schon länger bekannt. Denn Sport steigert die Ausschüttung von Endorphinen, die euphorisierend wirken, Schmerzen und Angst mindern.

Es gibt auch einen klaren Zusammenhang zwischen Körperhaltung, Fühlen und Handeln. Deshalb können einfache Körperhaltungen uns auch das Gefühl von physischer und psychischer Stärke vermitteln. Fühlen wir uns wohl, sind wir auch emotional stärker. Im Endeffekt bedeutet das, dass man durch eine Änderung der Körperhaltung, der Bewegungen oder auch bestimmter Gewohnheiten auf andere Menschen stärker wirken kann und sich auch selbst stärker fühlt.

Wenn die Welt auf dem Kopf steht – im Gleichgewicht bleiben

Gleichgewichtsstörungen und Schwindel sind keine eigene Krankheitseinheit, sondern häufig ein Leitsymptom für verschiedene Erkrankungen unterschiedlichen Ursprungs. Der Schwindel kann vom Innenohr ausgehen, vom Hirnstamm oder dem Kleinhirn, aber auch psychische Ursachen haben. Schwindelsymptome sind insgesamt nicht selten. Von den Patienten, die einen Hausarzt aufsuchen, leiden zehn Prozent unter einem Schwindel, und bei Patienten über 80 Jahren sind es sogar fast 40 Prozent.

Was uns aus dem Gleichgewicht bringt, kann situativ sein, wie zum Beispiel bei Seekrankheit, Reisekrankheit oder Höhenschwindel, es können körperliche Ursachen vorliegen, aber auch seelische. Wer aus dem Gleichgewicht ist, sollte unbedingt einen Arzt aufsuchen und die Ursachen abklären lassen. Bei Schwindelsymptomen ist meist das ganze System Mensch, also Körper, Seele und Geist, im Zusammenspiel mit seiner Umgebung betroffen.

Abhängig von der ärztlichen Diagnose kann es in manchen Fällen von Gleichgewichtsstörungen durchaus sinnvoll sein, dass der Erkrankte, der Angst vor neuen Schwindelattacken hat, sich mit Placebos behandeln lässt. Auf jeden Fall sind Gleichgewichtsstörungen so unangenehm für das allgemeine Befinden, dass man sie nicht »auf die leichte Schulter« nehmen sollte.

Ich kann den Herzschlag hören – in sich hineinfühlen

Als Viszerozeption oder Enterozeption bezeichnet man die Wahrnehmung der inneren Organe. Dabei wird diese Wahrnehmung zusammen mit der Propriozeption, die uns Informationen über die Körperlage und Bewegung im Raum gibt, heute zur sogenannten Interozeption zusammengefasst.

Mit Interozeption meint man alle Informationen, die nicht von der Außenwelt, sondern vom Körper über seine eigenen Funktionen bereitgestellt werden. Schmerzen gehören auch dazu, wenn sie nicht definitiv auf der Haut als Außensignal wahrgenommen werden.

»Wir haben den Kontakt zu unserem Körper verloren«, sagt David Plans, Psychologe an der University of Oxford. Symptome sind seiner Ansicht nach keine Krankheiten, sondern ein Ausdruck unseres Organismus, der auf diese Weise mit uns kommuniziert. Es kommt aber darauf an, seine Körpersignale wieder richtig deuten zu können. Körpersignale sind der Weg zu unserem unbewussten Wissen, aus denen die Intuition entspringt. Der Organismus vergisst nichts, sondern speichert Erfahrungen so, dass wir rational dazu keinen Zugang haben.

Der Neurowissenschaftler Antonio Damasio von der University of Southern California, erklärt das so: Der Körper sendet ständig Botschaften, die als somatische Marker biologische Emotionen erzeugen. Diese wandelt dann unser Bewusstsein in eine Wahrnehmung um. Ob die Körperwahrnehmung das Ergebnis einer äußeren Situation ist oder eines inneren Prozesses, lässt sich manchmal schwer unterscheiden. Speziell von den Nervenverbindungen, die man umgangssprachlich als das Bauchhirn bezeichnet, gehen viele Informationen an das Gehirn. Besonders häufig wird es im Zusammenhang mit Verdauungsproblemen und Entzündungssignalen aktiv.

So verhielten sich Mäuse ängstlicher, wenn ihr Darm entzündet war. Andere wurden depressiv, wenn Forscher bestimmte Darmhormone durch genetische Manipulationen ausschalteten. Bei der Untersuchung der Darmflora von Mäusen entdeckten Forscher auch, dass Darmbakterien Stoffe bilden, die über das Blut ins Gehirn gelangen und dort emotionale Prozesse verändern. So wurden die Mäuse deutlich erkundigungsfreudiger und zeigten weniger Angst, nachdem Wissenschaftler deren Darmflora mit Antibiotika lahmgelegt hatten. Allerdings bekamen die Mäuse auch Gedächtnisprobleme.

Andere Forscher entdeckten, dass Mäuse auch nach einer Behandlung mit Probiotika weniger ängstlich und depressiv waren und mit Stress besser umgehen konnten. Aus diesen Ergebnissen von

Mäuseexperimenten zu schließen, dass der Mensch über die Ernährung gezielt seine Stimmung beeinflussen kann, ist noch zu gewagt. Dazu fehlen noch aussagekräftige Studien. Nichtsdestotrotz sind die Wissenschaftler davon überzeugt, dass eine gesunde Ernährung des Menschen die psychische Gesundheit fördert.

Finnische Forscher haben festgestellt, in welchen Körperregionen sich Emotionen widerspiegeln. Sorge führt oft zu stärkeren Aktivitäten im Brustbereich und im Oberbauch. Liebe ist im ganzen Körper zu spüren, mit Ausnahme der Beine. Verachtung spiegelt sich nur in einer stärkeren Aktivität des Kopfes wider. Stolz, Scham, Ärger, Furcht und Ekel finden alle im Kopf- und Brustbereich statt, wobei sich der Ärger auch in der Armmuskulatur niederschlägt.

Einzig und allein die Freude spüren wir im ganzen Körper als starke Aktivität. Zu geringeren Aktivitäten in Armen, Beinen und Kopf führen Depressionen und Trauer. Hier gibt es ähnlich wie bei Überraschungen, aber auch bei der Scham, gemischte Gefühle. Das heißt, Kopf und Brust verstärken ihre Aktivität und die Beine verringern sie. Deshalb können uns manchmal Trauer und Überraschung auch von den Füßen reißen.

Heilkräfte aktivieren – auch das Immunsystem ist ein Sinnesorgan

Auch das Immunsystem leistet einen Beitrag zur inneren Wahrnehmung. Das Immunsystem soll Mikroorganismen und fremde Substanzen abwehren und muss diese deshalb auch wahrnehmen. Es ist also ein komplexes Netzwerk, das unser Überleben sichert.

Mit der Wechselwirkung von Psyche, Nerven und Immunsystem beschäftigt sich eine neue Forschungsdisziplin, die Psychoneuroimmunologie. Zu deren Erkenntnissen gehört, dass Botenstoffe der Nerven die Immunzellen beeinflussen, während umgekehrt auch die Substanzen der Körperabwehr auf die Nerven wirken. Einerseits erfolgt der Informationsaustausch zwischen dem Gehirn und dem Immunsystem über Hormone, aber auch über die von den Immunzellen produzierten Botenstoffe, sogenannte Interleukine. Werden davon größere Mengen im Gehirn registriert, weiß das Gehirn, dass sich gesundheitsschädliche Keime eingenistet haben. Es fährt die Körpertemperatur hoch, wir bekommen Fieber und wir werden über Müdigkeit und Lustlosigkeit in einen Schongang geschaltet. Viele körperliche Erkrankungen lassen sich aber nicht so einfach behandeln.

Schüttet das Gehirn permanent Stresshormone aus, wie zum Beispiel Adrenalin oder Cortisol, sinkt dadurch die Anzahl der Immunzellen, sodass wir eindringenden Erregern weniger Abwehr entgegenzusetzen haben und der Körper weiter die geforderte Leistung bringt. Kommt dann ein Wochenende oder geht man in Urlaub, baut sich der Stress ab und die Krankheit bricht aus.

Im Rhythmus bleiben – die innere Uhr

Der Nobelpreis für Medizin ging im Jahr 2017 an die drei amerikanischen Forscher Jeffrey C. Hall, Michael Rosbash und Michael W. Young. Diese hatten im Jahr 1984 entdeckt, wie die innere Uhr von Lebewesen funktioniert. Es gibt aber nicht nur eine innere Uhr. Heute weiß man, dass es acht Uhrengene gibt, die Hunderte andere Gene beeinflussen und steuern können. Grundlage für die Funktion der inneren Uhren ist der äußere 24-stündige Tag-Nacht-Rhythmus, der auch den Takt für die inneren Uhren vorgibt.

In der Disziplin der Chronobiologie befassen sich Forscher rund um den Globus mit der Frage, warum bei vielen Menschen die innere und die äußere Uhr nicht mehr synchron laufen. Nicht nur bei den Menschen gibt es einen genetisch sich selbst regulierenden Mechanismus, der in einem iterativen Prozess dafür sorgt, dass wir im Verlauf des Tages und der Nacht wissen, in welchem Zeitfenster wir uns befinden. Über die innere Uhr werden nicht nur der Hormonspiegel, der Schlafrhythmus, die Körpertemperatur und der Stoffwechsel gesteuert, sondern auch generell unser Verhalten. Wenn die innere und die äußere Uhr nicht mehr übereinstimmen, wie zum Beispiel nach einer längeren Flugreise, spüren wir ein Unwohlsein, den Jetlag. Der Körper benötigt einfach einige Tage, um die Zellen neu zu synchronisieren.

Die entscheidende Rolle bei der Synchronisation der inneren Uhren spielt das über die Netzhaut registrierte Tageslicht. Zehn bis zwanzig Prozent aller Gene sind rhythmisch aktiv und richten sich nach dieser Hell-Dunkel-Information. Allerdings benötigen sie dafür eine gewisse Zeit. Nicht nur der Stoffwechsel richtet sich nach der inneren Uhr. Wahrscheinlich müssen die Erkenntnisse der Chronobiologie auch bei der Entwicklung neuer Arzneimittel berücksichtigt werden. Sie können nicht zu einem beliebigen, sondern müssen zu einem bestimmten Zeitpunkt eingenommen werden, um die größte Wirkung zu entfalten. Wer zur falschen Zeit isst, kann ebenso erkranken wie jemand, der zu wenig Schlaf hat. Es ist also sinnvoll, auf die inneren Signale zu hören.

Wenn es weh tut – Schmerzen spüren

Schmerz ist ein unangenehmes Sinnes- und Gefühlserlebnis, das mit tatsächlichen oder drohenden Schäden auf der Körperoberfläche oder im Körperinneren verknüpft ist. Oder wenn solche Schäden nicht vorliegen, wird das Erlebnis mit Begriffen beschrieben, die solchen Schäden entsprechen. So definiert die Weltschmerzorganisation (IASP International Association for the Study of Pain) das, was wir mit Schmerz bezeichnen.

Schmerzen werden als Sinneserlebnis unterschiedlich wahrgenommen, entweder als brennend, stechend, bohrend, reißend oder auch dumpf. Wie diese verschiedenen Wahrnehmungen erlebt werden, ist ebenso wie die Wahrnehmung selbst bei jedem Menschen anders. Schmerzen werden auf vielfältige Weise beschrieben, zum Beispiel als ein Gefühl der Qual oder der Erschöpfung. Auch die Schmerzstärke nehmen die Menschen unterschiedlich wahr. Auf einer Skala von Null bis Zehn bedeutet Null, dass kein Schmerz gespürt wird, während Zehn den stärksten für einen Menschen vorstellbaren Schmerz darstellt.

Evolutionär gehört der Schmerz zu den frühesten, häufigsten und eindrücklichsten Erfahrungen, denn er ist als eine lebenserhaltende biologische Reaktion überlebenswichtig. Dabei ist die Wahrnehmung von Schmerz abhängig von der Situation, in der sich ein Mensch befindet. Muss er flüchten oder standhalten, kann der Körper die Schmerzwahrnehmung so lange unterdrücken, bis sich die Situation geändert hat. Die Schmerzwahrnehmung wird über ein kompliziertes System ins Gehirn weitergeleitet, wo verschiedene Zentren für die Verarbeitung der Reize zuständig sind. Ein zentrales Schmerzzentrum gibt es im Gehirn nicht.

Dass Insektenstiche und -bisse schmerzhaft sind, wissen wir alle und vermeiden deshalb möglichst den Kontakt mit diesen Tieren. Der US-amerikanische Insektenforscher Justin O. Schmidt hat den »Schmidt-Stichschmerz-Index« erstellt, indem er sich von über 150 verschiedenen Insektenarten in den verschiedensten Ländern der Welt hat stechen oder beißen lassen. Dabei hat er auch versucht, zu beschreiben, wie sich der jeweilige Schmerz anfühlt.

Auf einer vierstufigen Skala steht die in den Regenwäldern Süd- und Mittelamerikas angesiedelte 24-Stunden-Ameise an oberster Stelle. Diese Ameise beißt nicht, sondern sie sticht, und Schmidt beschreibt den Schmerz so, als wenn man über glühende Kohlen läuft und dabei einen sieben Zentimeter langen rostigen Nagel in der Ferse stecken hat. Ebenfalls höchst schmerzhaft ist der Stich der auch in Süd- und Mittelamerika beheimateten Wespenart »Tarantulafalke«. Ihren Stich beschreibt Schmidt als heftig, blendend und furchtbar elektrisch, so als ob jemand einen laufenden Föhn in deine Badewanne fallen lässt.

Nach diesen beiden Insekten, deren Stiche beziehungsweise Bisse bei der Stufe vier eingeordnet werden, folgen auf Stufe drei die Ameisenwespe aus den Tropen und Subtropen sowie auf der Stufe zwei plus die auch bei uns heimische Honigbiene und die Hornisse. Ihren Stich beschreibt Schmidt wie einen abgebrochenen Streichholzkopf, der auf der Haut abbrennt. Auf den Plätzen 1,8 und 1,2 folgen die Knotenameise, die in Mittel- und Südeuropa beheimatet ist, und die Feuerameise. Dabei soll sich der Biss der Knotenameise so anfühlen, als ob jemand eine Heftklammer in die Wange schießt.

Doch es gibt auch Schmerzen, die ganz bewusst gesucht werden, zum Beispiel in Form von Chilisoßen. Die schärfste Currywurst soll es in Wanne-Eickel geben. Gewürzt wird sie mit dem angeblich schärfsten Gewürz der Welt, der Soße »Blair's 16 Million Reserve«. Auf der Messskala für Schärfe »Scoville« erreicht diese Gewürzmischung den chemischen Höchstwert von 16 Millionen Einheiten. Tabasco hat lediglich eine Schärfe von 3 000 Scoville.

Beim Schmerz spricht man von einem biopsychosozial Modell. Die Schmerzen kommen einerseits vom Körper, der Haut, der Muskulatur oder eben auch von der Mundschleimhaut, wie bei Chilisoßen. Wie diese Schmerzen verarbeitet werden, hängt von den Gedanken, Gefühlen, Stimmungen und dem Verhalten des Einzelnen ab. Jemand, der freiwillig eine scharfe Currywurst isst, wird den damit verbundenen Schmerz anders empfinden als derjenige, dem man heimlich eine solche Wurst untergeschoben hat.

Der soziale Aspekt setzt sich aus den Bereichen Arbeit, Familie, Freizeit und Kontakte zusammen. Hier erfüllt das Schmerzerleben häufig eine ganz bestimmte Funktion und wird bewusst herbeigeführt. Wer eine sehr scharfe Currywurst gegessen hat, wird noch lange davon erzählen können und vielleicht werden sogar einige seiner Zuhörer ihn bewundern.

Ähnlich ist es mit Tätowierungen, nur sind sie im Gegensatz zum Verzehr einer Currywurst nachhaltiger und dauerhaft sichtbar. Ohne Schmerz kann man sich vielleicht ein Abziehbild auf die Haut kleben, das nach einigen Tagen wieder verschwunden ist. Eine echte Tätowierung dagegen wird immer mit Schmerzen verbunden sein, sie sind ein fester Bestandteil dieses Körperschmucks. Inzwischen gibt es einige Tattoostudios, die auch unter Narkose tätowieren. Man braucht ja niemandem zu verraten, dass die schönen Bilder, die man stolz präsentiert, gar nicht mit Schmerzen erkauft wurden.

Im Übrigen sind die verschiedenen Körperstellen unterschiedlich empfindlich und zeigen zumindest Kennern hinterher, welche Schmerzen man auf sich genommen hat. Die unempfindlichsten Stellen sollen die Außenseiten unserer Arme sein. Besonders schmerzhaft sind Tätowierungen im Gesicht, auf dem Fuß- und Handrücken, in den Achseln und im Intimbereich, aber auch allgemein am Kopf sowie den Händen und Füßen.

Natürlich wissen wir, dass in verschiedenen Kulturen das Erwachsenwerden mit höchst schmerzhaften Prozeduren verbunden sein kann. Aber auch in hochentwickelten Gesellschaften existieren, zum Beispiel an Universitäten oder beim Militär, Aufnahmerituale, die man nur unter Schmerzen übersteht. In Deutschland gibt es immer noch schlagende Studentenverbindungen, in denen sich zwei »Paukanten« in einer Mensur mit scharfen Waffen am Kopf oder im Gesicht Verletzungen zufügen, die sogenannten Schmisse. Schmerzen sind also nicht nur etwas, das uns zustößt, sondern was wir auch freiwillig erleiden, für die Wissenschaft, als Mutprobe, für die Schönheit oder für die Ehre. Das Zufügen und Ertragen von Schmerzen wird also durchaus von der Gesellschaft akzeptiert.

Die Sinne der Inhaltswahrnehmung – Bausteine der sozialen Wirklichkeit

Neben den Sinnen der Umgebungswahrnehmung, die uns darüber informieren, was außerhalb unseres Körpers geschieht, und den Sinnen der Körperwahrnehmung, die nach innen gerichtet sind, existieren die Sinne der Inhaltswahrnehmung. Sie sind darauf ausgerichtet, die Wahrnehmungen der anderen Sinne zu deuten und ihnen Bedeutung zu verleihen. Ohne die Sinne der Inhaltswahrnehmung könnten wir zwar Informationen sammeln, sie aber nicht verwerten.

Bei den drei Sinnen der Inhaltswahrnehmung, das sind der Sprach- und Wortsinn, der Gedankensinn sowie der empathische

Sinn, werden die unterschiedlichen Sinneswahrnehmungen aus der Umgebung und dem eigenen Körper mit Gedächtnisinhalten verknüpft. Die Sinne der Inhaltswahrnehmung haben keine nach innen oder außen gerichteten Rezeptoren, sondern arbeiten mit den Informationen, die ihnen von den anderen Sinnen zur Verfügung gestellt werden.

Der Sprach- und Wortsinn erschließt uns die Welt

Der Sprachsinn geht über das Hören von Tönen weit hinaus. Wir könnten zwar die Tonfolgen einer anderen Sprache erkennen und mit unseren Sprechwerkzeugen wiederholen, doch wir wüssten dann nicht, was wir damit sagen. Wir befänden uns damit in einer ähnlichen Lage wie Menschen, die sich ein wunderschönes chinesisches Schriftzeichen auf den Arm tätowieren lassen. Sie erzeugen häufig damit bei anderen, die die chinesische Schrift lesen können, Heiterkeit, ohne zu wissen, warum.

Erst im Zusammenspiel zwischen Sprachsinn und Wortsinn nehmen wir nicht mehr nur Tonfolgen wahr, sondern können sie unter Berücksichtigung von Mimik und Gestik unseres Gesprächspartners auch inhaltlich deuten. Wir verstehen, was gemeint ist. Der Sprach- und Wortsinn versetzt uns darüber hinaus in die Lage, auch geschriebene Formen und Figuren, was ja die Buchstaben und Zeichen eigentlich sind, mit Sinn zu versehen. Voraussetzung ist dabei, dass wir lesen gelernt haben. Dieser Sinn befähigt uns also, aus abstrakten Wahrnehmungen konkrete Inhalte zu generieren.

Beim Lesen und Schreiben sind verschiedenste Sinne aktiv

Lesen und Schreiben sind beides sehr komplexe Gehirnaktivitäten, bei denen nicht nur die verschiedenen Gehirnsysteme miteinander kooperieren müssen, sondern auch verschiedenste Sinneswahrnehmungen aktiv sind. Um Lesen zu können, benötigen Sie zunächst einmal den Sehsinn oder, wenn Sie blind sind, den Tastsinn, um sich einen Text über die Brailleschrift erschließen zu können. Die weitere Verarbeitung von Seh- und Tasteindrücken ist ähnlich, aber nicht gleich. Sie müssen überhaupt erkennen, dass es sich um eine Schrift handelt. Das ist bei der Brailleschrift einfacher, weil die Anordnung der verschiedenen Tastpunkte immer gleich ist.

Die Schriften, die über die Augen wahrgenommen werden, unterscheiden sich in den verschiedenen Kulturen sehr stark. Zu diesem Thema gibt es umfangreiche Literatur, die hier den Rahmen sprengen würde. Gehen wir einmal davon aus, es handelt sich um eine Schrift, bestehend aus Buchstaben, die zu Ihrem heutigen Kulturkreis gehört und bei der eine Sprache verwendet wird, die Sie beherrschen. Von den unzähligen Schriftdokumenten, die auf der Welt existieren, dürfte das nur ein winziger Bruchteil sein. Der Sehsinn sowie der Sprach- und Wortsinn werden aufgrund der Buchstabenzusammenstellungen Worte erkennen, die einen bestimmten Sinn ergeben.

Doch damit ist die Wahrnehmung noch längst nicht komplett. Sie werden jetzt zunächst einmal zwischen Handschrift und gedruckter Schrift unterscheiden. Aus der Handschrift werden Sie weitere Informationen herauslesen. Ist derjenige, der den Text geschrieben hat, ein Kind, ein Erwachsener oder ein alter Mensch? Womit und worauf wurde geschrieben? Ist es eine Schreibschrift oder eine Druckschrift?

Zeichnet sich die Schrift durch eine gewisse Sorgfalt oder Kreativität aus, wie man sie bei kalligrafischen Schriften findet? Wurde der Text erstellt, damit andere Menschen ihn lesen können oder deutet die Schrift darauf hin, dass es schnelle Notizen sind, die in erster Linie für den Schreiber selbst bestimmt sind? All diese Informationen werden von Ihnen wahrgenommen und in Bruchteilen von Sekunden verarbeitet, während Sie gleichzeitig den Inhalt des Textes erkennen.

Auch gedruckte Schriften bieten über den Inhalt hinaus zahlreiche zusätzliche Informationen, die ganz unbewusst die inhaltliche

Wahrnehmung bestimmen. Wenn es sich nicht gerade um ein Museumsstück handelt, das in einer Vitrine liegt, wird auch die Haptik Informationen liefern. Ist es die Schrift einer Zeitung, einer Zeitschrift oder eines Buches? Ist es der Titel oder sind es die Inhalte, die Sie vor Augen haben? Zeitungen, Zeitschriften und Bücher geben durch Format und Gewicht zusätzliche Anhaltspunkte über die Bedeutung und Relevanz des Inhalts, indem Ihr Gehirn den haptischen Sinn zu Rate zieht.

Das ist übrigens der große Unterschied zu Texten auf Bildschirmen. Sie können dort zwar die Schriftgröße und Schriftfarbe verändern oder sogar die Darstellung in einer anderen Schrift wählen, aber die Schriftträger Smartphone, Tablet oder Laptop bleiben immer dieselben, egal was Sie lesen. Um auch hier das Interesse des Lesers zu wecken, gehen immer mehr E-Books und besonders E-Paper dazu über, mit zusätzlichen Sinneseindrücken die Aufmerksamkeit auf sich zu ziehen. Es gibt Verlinkungen, Animationen und Verbindungen zu Podcasts oder zu Youtube.

Wir hoffen, Ihnen jetzt einen Eindruck vermittelt zu haben, wie komplex Lesen als Wahrnehmung ist, auch wenn wir es im tagtäglichen Gebrauch als vollkommen selbstverständlich erachten.

Schreiben steigert die Aktivität des Gehirns und des Gedächtnisses

Während das Lesen ein Denkprozess ist, der immer von außen nach innen führt, kann das Schreiben in beide Richtungen wirken. Es werden neben den Sinnen und Gehirnregionen, die beim Lesen gebraucht werden, beim Schreiben noch weitere aktiviert. Grundsätzlich unterscheidet sich aber das Schreiben auf einer Tastatur vom Handschreiben.

Das Tippen auf einer Tastatur ist im Hinblick auf die Leistungen des haptischen und des Bewegungssinns deutlich anspruchsloser. Das hat zum Beispiel zur Folge, dass Studenten, die ihre Notizen bei einer Vorlesung gleich in den Computer tippen, sich weniger gut an die Inhalte erinnern als diejenigen, die von Hand mitschreiben. Beim Tippen sind die Sinne und damit auch das Gehirn weitaus weniger stark gefordert. Beim Handschreiben ist die Wahrnehmung der Situation, in der man schreibt, deutlich größer.

Schreibt man auf einem Blatt Papier oder in ein Notizbuch? Es gibt auch Unterschiede, mit welchem Stift man schreibt. Wie fühlt es sich an, ihn zu halten und wie weit wird durch das Schreibgerät das Schriftbild mitgestaltet? All diese Wahrnehmungen werden gemeinsam und in Verbindung zueinander gespeichert und können durch die größere Vielfalt auch besser wieder abgerufen werden.

Generell muss man beim Schreiben auch noch zwischen zwei Kategorien unterscheiden. Beim expressiven, reflektierenden und kreativen Schreiben sind die eigenen Gedanken die Textquelle. Der Schreibende konzentriert sich auf die Wahrnehmung seiner Gedanken. Das Gegenteil davon sind das wahrnehmende, lernende und impressive Schreiben, welche dazu dienen, Informationen von außen über die Sinne wahrzunehmen.

Beginnen wir mit dem expressiven Schreiben. Diese Methode wurde in den 1980er-Jahren von James W. Pennebaker, Professor für Psychologie an der University of Texas, entwickelt. Er hatte gemeinsam mit dem Mediziner Joshua M. Smyth festgestellt, dass körperliche Beschwerden oder Leistungsabfall bei Studenten häufig auf traumatische Erfahrungen in deren Kindheit oder früher Jugend zurückzuführen sind und oft erst Jahre später ihre negative Wirkung entfalten.

Pennebaker forderte in Experimenten einen Teil der Studenten auf, ihre traumatischen Erlebnisse an vier Tagen nacheinander jeweils für zehn bis 30 Minuten schriftlich zu fixieren. Gelesen wurden diese Texte von niemandem, außer dem, der sie verfasst hatte. Andere Studenten in einer Kontrollgruppe sollten nur über ihren Alltag schreiben. Tatsächlich stellte sich in den folgenden sechs Monaten heraus, dass die Studenten, die über ihre negativen Erinnerungen und Gefühle geschrieben hatten, seltener einen Arzt aufsuchten als die Kontrollgruppe. Offensichtlich verbesserte das expressive Schreiben nicht nur das geistige, sondern auch das körperliche Wohlbefinden.

Der Begriff »reflektierendes Schreiben« wird unterschiedlich genutzt. Hier ist damit gemeint, dass Personen wie beim expressiven Schreiben einen Text verfassen, in dem sie Ereignisse festhalten, die sie belasten oder die sie als negativ empfunden haben. Dann legen sie den Text beiseite und versuchen ihn zu einem späteren Zeitpunkt aus der Sicht einer dritten Person schriftlich zu kommentieren. Diese Methode soll Stress reduzieren und die Resilienz stärken.

Das kreative Schreiben hat seinen Ursprung im automatischen oder freien Schreiben, bei dem man einfach die Gedanken aufs Papier fließen lässt, ohne sie bewusst hinsichtlich Grammatik, Rechtschreibung und Lesbarkeit zu kontrollieren. Diese Form des Schreibens soll entlastend wirken. Kreatives Schreiben wendet sich aber nicht mehr an den Schreibenden selbst, sondern an den Leser des Textes. Hier fließen rationale Aspekte mit ein, indem etwas anderen mitgeteilt wird.

Ganz anders ist es beim wahrnehmenden, lernenden und impressiven Schreiben. Wahrnehmendes Schreiben ist das, was ein Student in der Vorlesung macht, wobei er bestimmte Inhalte, die er hört und sieht, besser in seinem Gedächtnis fixiert. Lernendes Schreiben beginnt bei Aufsätzen und reicht über die verschiedenen Stufen von Abschlussarbeiten bis hin zur Diplom- oder Doktorarbeit. Hier werden aus vorhandenen Quellen neue Erkenntnisse gewonnen.

Beim impressiven Schreiben geht es weniger um Sachaspekte, sondern darum, sich selbst durch das Schreiben von speziellen Texten über die Wahrnehmung zu beeinflussen und zu verändern. Solche Texte können von erfahrenen Lebensberatern für bestimmte Personen oder Situationen verfasst werden, es reicht aber oft auch, sich in der Literatur entsprechende Vorlagen zu suchen, die dann wie eine Lese- oder Romantherapie wirken.

Das Wichtige beim Lesen und Schreiben ist, dass zwar nicht alle, aber viele Sinne zusammenarbeiten und zu einer gesteigerten Aktivität des Gehirns und des Gedächtnisses führen.

Der Gedankensinn erklärt uns die Welt

Der Begriff Gedankensinn wird hier nicht so verwendet, wie es der Anthroposoph Rudolf Steiner tat. Hier ist gemeint, dass uns dieser Sinn Zusammenhänge erkennen lässt. Durch den Gedankensinn führen wir die eingehenden Wahrnehmungen mit dem, was wir wissen, also den Erinnerungen, dem Erlernten und den Erfahrungen, zusammen und konstruieren so neues Wissen, das aktueller ist als das, was wir zuvor hatten.

Diese Konstruktion der Wirklichkeit kann sich sowohl auf nur einen winzigen Ausschnitt unseres Bildes von der Welt beziehen als auch auf eine komplette Neubewertung dessen, was ist. Zu welchem Ergebnis wir kommen, hängt von unserem Vorwissen und den neu eingehenden Informationen in Kombination mit den damit verbundenen Gefühlen und Emotionen ab. Mit dem Gedankensinn konstruieren wir nicht nur das Bild der Welt, die uns umgibt, sondern auch unser Selbst und seine Position in dieser Welt.

Der empathische Sinn lässt uns andere Menschen verstehen

Der dritte Sinn der Inhaltswahrnehmung, der empathische Sinn, ermöglicht uns, über die Spiegelneuronen andere Menschen zu verstehen und auch Annahmen über Bewusstseinsvorgänge in anderen Menschen vorzunehmen. Ohne die anderen wäre der Mensch nicht das, was er ist. Der Drang zum Miteinander ist tief in seinem Gehirn verankert. Sein neuronales Netz ermöglicht es ihm, sich in andere einzufühlen – es kann ihn aber auch zum willenlosen Mitläufer machen.

Es wird immer deutlicher, wie eng Körper und Geist des Einzelnen mit seinem sozialen Umfeld verbunden sind. Funktioniert das soziale Netz gut, hält es Herz, Kreislauf und Immunsystem fit. Der Mensch lebt länger, sein Gedächtnis funktioniert besser und er ist auch zufriedener. Das Bedürfnis nach Kontakt zu anderen ist evolutionär angelegt, sagt der Psychologe Daniel Goleman.

»Es ist eine der wichtigsten Erkenntnisse der vergangenen zehn Jahre, dass ein großer Teil unseres Gehirns auf die Verarbeitung sozialer Reize ausgerichtet ist«, sagt Christian Keysers, Hirnforscher am Neuroimaging Center in Groningen. Das Gehirn registriert feinste Nuancen in Mimik und Tonfall des Gegenübers, sagt intuitiv dessen nächste Handlung voraus und braucht nur selten die Hilfe des bewussten Denkens, um klug zu reagieren.

Die Spiegelneuronen wurden von dem italienischen Hirnforscher Giacomo Rizzolatti, Leiter des Physiologischen Instituts der Universität Parma, eher zufällig entdeckt, Im Jahr 1991 wollte er erforschen, wie das Gehirn Planung und Ausführung von zielgerichteten Handlungen organisiert. Als Versuchstiere dienten ihm Makaken. Im Kopf dieser Affen waren Elektroden implantiert, die messen sollten, was passierte, wenn das Tier nach einer Erdnuss greift.

Zunächst hielten Rizzolatti und sein Forscherteam es für eine Fehlsteuerung, dass die Messgeräte bereits dann einen Impuls registrierten, wenn der Affe reglos dasaß und den Forschern zusah, wie diese die Nuss in seine Nähe legten. Erst später entdeckten sie, dass bestimmte Hirnzellen immer dann ein Signal abgaben, wenn eine bestimmte Bewegung anderer Tiere oder Menschen einen Sinn ergaben. Eine Handbewegung ohne Nuss wurde kaum registriert. Rizzolatti nannte diese Zellen »Mirror Neurons«, also Spiegelneuronen.

In den folgenden Jahren gab es immer mehr Hinweise darauf, dass die Spiegelneuronen auch in menschlichen Gehirnen vorhanden sind. Diesen Nervenzellen werden inzwischen wichtige Funktionen zugeschrieben, die notwendig sind, um das Verhalten anderer Menschen richtig interpretieren zu können. Wir wissen heute, dass sich solche Zellen in verschiedenen Bereichen des Gehirns befinden und dass sie eben nicht nur Aktionen steuern, sondern auch Aktionen bei anderen Lebewesen erkennen können, egal ob sie diese nun tatsächlich sehen oder auch nur als Geräusch wahrnehmen. Wenn im Kino eine Bonbontüte raschelt, wissen wir sehr genau, was geschieht. Die Spiegelneuronen sorgen aber auch dafür, dass wir mit anderen Menschen mitfühlen können und zum Beispiel Schmerzen nachempfinden.

Ohne Spiegelzellen könnten wir wahrscheinlich weder Gesichtsausdrücke richtig deuten noch Handlungen richtig interpretieren, und vielleicht hätten wir auch mit der Sprache Probleme. Der Mensch lernt, sich anderen mitzuteilen, indem er sie imitiert. Und dafür, dass er richtig imitiert, sind die Spiegelneuronen zuständig. Selbst Fehler, die andere machen, werden von ihnen erkannt. Wenn wir in so hohem Maße auf das Verhalten anderer Menschen unbewusst reagieren, ist es auch nicht mehr verwunderlich, dass unser eigenes Verhalten überwiegend durch Impulse von außen bestimmt wird.

Durch die Entdeckung der Spiegelneuronen veränderte sich die Vorstellung darüber, wie unser Gehirn die soziale Welt verarbeitet, grundlegend. Unsere Außenwelt ist eben nicht getrennt von uns, sondern sie ist etwas, das uns ähnelt und aus der wir direkte Informationen beziehen, auf uns selbst übertragen und nachempfinden. Die Vorstellung von dem, was im Kopf anderer geschieht, die sogenannte »Theory of Mind« (siehe Glossar), entwickeln Kinder bereits etwa im vierten Lebensjahr.

Das tief verankerte Bedürfnis der Menschen, Teil einer Gemeinschaft zu sein, ermöglicht nicht nur Kooperation, sondern auch falsche Folgsamkeit, blinden Gehorsam und Machtmissbrauch. Das zeigte sich auch im Milgram-Experiment (siehe Glossar).

Alle Sinneswahrnehmungen arbeiten zusammen

Die Sinne arbeiten zusammen. So wird das, was wir sehen, auch durch das, was wir schmecken oder riechen, beeinflusst. Und weil alle Sinneswahrnehmungen zusammenarbeiten, sollten sie auch gemeinsam trainiert werden. Wie die Sinne uns beeinflussen, ist manchmal überraschend. So hat die Forscherin Thalma Lobel in Experimenten festgestellt, dass unsere Moralvorstellungen durch Geschmackserlebnisse verändert werden. Die meisten Menschen gehen sicherlich davon aus, dass Moralvorstellungen auf Werten und

Überzeugungen beruhen, aber nicht auf aktuellen Sinneswahrnehmungen.

Wie formbar unsere Vorstellungen von richtig und falsch sind, belegen auch Experimente, die sich auf körperliche Sauberkeit und Ekel beziehen. Es zeigte sich, dass Teilnehmer, die sich durch einen unangenehmen Geschmack oder Geruch angeekelt fühlten, moralisch strengere Urteile über bestimmte Situationen fällten als Vergleichspersonen, die neutralen Gerüchen oder Geschmäckern ausgesetzt worden waren. Unangenehme Gerüche fördern auch unmoralische Verhaltensweisen. Andere Experimente ergaben, dass bestimmte Gerüche auch zu bestimmten Tätigkeiten anregen. So unterstützt ein sauberer Geruch die Bereitschaft zum Aufräumen und zum Putzen.

Metaphern sind das ideale Instrument des Embodiment

Besonders interessant ist die Zusammenarbeit zwischen den Sinnen der Umgebungswahrnehmung und der Körperwahrnehmung mit den Sinnen der Inhaltswahrnehmung. Hier spielen Embodiment und Metaphern eine große Rolle. Eine Vielzahl der sprachlichen Bilder, die wir verwenden, gibt uns immer wieder Hinweise darauf, wie sehr körperliches Erleben und Emotionen verknüpft sind.

Die Wahrnehmungen über die Haut haben sich in vielen Metaphern niedergeschlagen. Es gibt harte Tage, weiche Herzen, raue Sitten, glatte Verhandlungen und harte Bandagen. Begriffe wie »ein warmer Händedruck« oder »ein reines Gewissen« machen deutlich, wie Handeln und Fühlen eine Einheit bilden. Körperliche Empfindungen wie Wärme oder Kälte, Nähe oder Ferne, aber auch Begriffe wie schwer und leicht beschreiben oft, wie Sinneseindrücke auf uns wirken.

<mark>Metaphern sind das ideale Instrument des Embodiment.</mark> Denn unsere Sprache ist voller Metaphern, die unsichtbar auf uns wirken. Das fördert unser Verständnis von eigentlich nur abstrakten Vor

stellungen. Allerdings können uns physische Wahrnehmungen auch in die Irre führen. Metaphern sind mehr als nur poetische Redewendungen. Unser Gehirn verwendet sie als universelle und bildhafte Sinneinheiten, die auch als Meme bezeichnet werden.

Das Embodiment hilft uns nicht nur, mehr zu lernen und zu leisten, sondern wir können auch unsere Problemlösungsfähigkeit steigern, wenn wir Metaphern verkörpern oder Kreativitätssignale aus der Umwelt aufnehmen. Metaphern stehen in einem engen Zusammenhang mit physischer Realität. Körperliche Wahrnehmungen sind die Grundlage für die Entwicklung höherer abstrakter Vorstellungen wie Freundlichkeit, emotionale Distanz und andere Muster des Fühlens, Denkens und Handelns. Die Erkenntnisse zur »physischen Intelligenz« helfen uns, zu verstehen, wie Denken und Fühlen funktioniert.

Selbst die Kreativität lässt sich mit einfachen Übungen verbessern. Auch dabei kommt es darauf an, bestimmte Metaphern, wie zum Beispiel den Begriff »Schubladendenken«, zu überwinden. Ebenso erlebt derjenige körperlich mehr Kreativität, der »ausgetretene Pfade« verlässt.

Die Körperhaltung sollte nicht unterschätzt werden

Allein schon gerades Sitzen stärkt unser Selbstbewusstsein. Es gibt aber auch ganz andere »Powerhaltungen«. Wer zum Beispiel zunächst steht, sich dann mit gespreizten Beinen hinsetzt und die Hände auf den Tisch legt, fühlt sich stärker als jemand, der erst sitzt, die Hände zwischen den Knien hält und sich später mit geschlossenen Beinen hinstellt und die Arme anlegt. Das mag ein wenig an den Exerzierplatz beim Militär erinnern, bei denen die Soldaten gegenüber ihrem Vorgesetzten Haltung annehmen müssen.

Wer mit geschlossenen Beinen steht und die Arme an der Seite fest angelegt hat, ist eher bereit, Befehle zu empfangen, auch wenn ihm gar nicht bewusst ist, dass diese Haltung Machtlosigkeit darstellen soll. Wenn Sie an Militärfilme denken, werden Sie sich vielleicht daran erinnern, dass Feldwebel vor ihrer Kompanie meist mit gespreizten Beinen stehen.

Die Körperhaltung ist in sehr vielen Situationen entscheidend. Nicht ohne Grund sind im geschäftlichen Bereich die Stühle der Gäste vor dem Schreibtisch des Chefs niedriger als sein eigener Schreibtischsessel. Auch die Verbindung von Macht und Höhe wurde in verschiedenen Experimenten untersucht. Das Ergebnis: Was »oben« ist, gilt als mächtig, und mit dem Begriff »unten« verbinden wir Machtlosigkeit. Dieses Machtgefälle offenbarte sich sogar im Zusammenhang mit Wörtern, die mächtig oder ohnmächtig waren.

Wenn das Gewicht Entscheidungen beeinflusst

Metaphern, die sich auf die Wahrnehmung von Gewichten beziehen, sind mehr als nur reine Wortbilder. Wie Gewicht und Bedeutung zusammenhängen, hat der US-amerikanische Psychologe John A. Bargh erforscht. In einem Experiment sollten die Teilnehmer den Lebenslauf eines Bewerbers beurteilen. Was sie nicht wussten, ist, dass der Lebenslauf immer derselbe war, aber der Unterschied im Gewicht des Klemmbretts lag, auf dem der Lebenslauf befestigt war. Bei der Hälfte der Teilnehmer wog dieses Klemmbrett nur 350 Gramm, bei der anderen Hälfte zwei Kilo.

Das Ergebnis lässt sich leicht vorhersagen. Diejenigen, die das schwere Klemmbrett hielten, waren der Ansicht, dass der Bewerber besser qualifiziert sei und auch ein ernsthafteres Interesse an der Stelle habe. Hier beeinflusste also das Gewicht die Einschätzung der Qualifikation und Ernsthaftigkeit. Bei der Beurteilung von Kollegialität und Teamfähigkeit gab es keinen Unterschied. Zahlreiche andere Experimente mit unterschiedlich schweren Klemmbrettern führten ebenfalls zu interessanten Ergebnissen.

Rituale helfen, negative Gefühle zu verdrängen

Rituale sind oft verkörperlichte und ausgelebte Metaphern. Wenn man zum Beispiel den Namen eines Menschen, mit dem man nichts mehr zu tun haben möchte, auf ein Blatt Papier schreibt und dieses mit den Worten »hinaus aus meinem Leben« in den Papierkorb wirft, ist dies praktiziertes Embodiment. Tatsächlich hat die Forschung erwiesen, dass man durch solche Aktionen Emotionen verdrängen und zu besseren Gefühlen kommen kann. Dabei handelt es sich oft um ganz einfache Übungen.

So sollten Studenten auf einem Blatt Papier Entscheidungen aus der Vergangenheit beschreiben, die sie bereuten. Die eine Hälfte der Studenten durfte dieses Blatt dann in einen Umschlag stecken und es dem Leiter des Experiments übergeben. Die andere Hälfte übergab ihm ihr Blatt ohne Umschlag. In der anschließenden Befragung sollten sie eine von folgenden Emotionen auswählen: Schuld, Trauer, Sorge, Reue oder Scham und deren Intensivität auf einer Skala von 1 bis 5 bewerten. Diejenigen, die ihre Erinnerungen in den Umschlag getan und sich damit unbewusst von ihrer Erinnerung distanziert hatten, empfanden diese als weniger belastend als jene, die ihre Erinnerungen nicht in den Umschlag stecken konnten.

Aber das funktioniert nicht nur bei Entscheidungen, die man bereut, sondern zum Beispiel auch bei Dingen, die man sich zwar gewünscht, aber nicht bekommen hat. Schreibt man dies ebenfalls auf und steckt das Blatt Papier in einen Umschlag, dann sind die damit verbundenen Emotionen wie Trauer, Enttäuschung, Angst oder Frustration weniger intensiv, als wenn man sie nicht in einen Umschlag gesteckt hat. Dieses »praktische Embodiment« half den Teilnehmern in den Experimenten, sich besser zu fühlen. Und das würde wahrscheinlich auch im Alltag möglich sein.

Auch Gefühle gehören zu den Wahrnehmungen

Der Wunsch nach gemeinsamen Erlebnissen

Gefühle gehören zu den inneren Wahrnehmungen, die sowohl im Gehirn als auch im Körper verarbeitet werden. Emotionen hingegen dienen den Sinnen der Inhaltswahrnehmung als Bewertungshilfe und sie lösen Gefühle aus. Emotionen und Gefühle haben in unserer heutigen Gesellschaft einen hohen Stellenwert, besonders wenn sie in Gemeinschaft mit anderen Menschen öffentlich erlebt und ausgelebt werden können. Das ist in Zeiten von Corona nicht mehr möglich. Zurzeit hat der Konsum von elektronischen Medien das gemeinschaftliche Erleben ersetzt.

Nach dem Zweiten Weltkrieg hatten große Teile der Bevölkerung von Massenveranstaltungen erst einmal die Nase voll. Vor 50 Jahren versammelte sich die Mehrheit lieber vor dem damals neuen Medium Fernseher und erlebte große Ereignisse passiv als Zuschauer. Wenn Massenveranstaltungen stattfanden, hatten sie eher einen politischen Charakter.

Das änderte sich im Laufe der Zeit grundlegend. Immer mehr Menschen wünschten sich große gemeinsame Erlebnisse. Woodstock 1969 gilt heute als die Mutter aller Festivals. Danach hatten viele Menschen das Gefühl, etwas zu versäumen, wenn sie sich nicht mit Hunderttausenden auf den Straßen und Plätzen versammelten.

Emotionen erhielten durch Live-Events einen besonderen Stellenwert. Man konnte sich gemeinsam freuen, wie beim Public Viewing anlässlich der Fußballweltmeisterschaften, man konnte zu Hunderttausenden ergriffen sein wie beim Papstbesuch in Köln im Jahr 2005 und man konnte auch gemeinsam traurig und erschüttert sein beim Tod eines Popstars. Man zeigte aber auch gemeinsam seine Wut, wenn der Verlust von Arbeitsplätzen droht, wenn die Klimapolitik nicht so vorankommt, wie man es sich wünscht, oder auch nur, wenn der eigene Fußballverein verloren hat. Selbst der Hass auf sich selbst, auf die Gesellschaft und das Leben an sich wurde in Amokläufen öffentlich gemacht. Oft genug bedurfte es nur eines kleinen Anlasses, um seine Emotionen auszuleben, wie es die Krawalle in Berlin-Kreuzberg oder im Hamburger Schanzenviertel immer wieder zeigten.

Öffentliche Emotionen haben wir uns etwas kosten lassen und zahlten für Popkonzerte Eintrittspreise, die in astronomische Höhen gestiegen sind. Und wir kosteten sie auch aus, manchmal bis zum körperlichen Zusammenbruch. Längst sind Ereignisse kein Zufallsprodukt mehr, sondern bis ins Detail von Spezialisten ausgetüftelte Events. Diese Fachleute wissen genau, wie sie Spannungskurven aufbauen und was den Menschen bewegt und berührt. Je größer eine Veranstaltung ist, desto besser. Denn die stärksten Emotionen entstehen in der Gemeinschaft mit anderen.

Der Wunsch, seine Wahrnehmungen und Emotionen nach außen zu tragen und gemeinschaftlich zu erleben, ist auch heute noch in den Köpfen der Menschen vorhanden. Doch mit Eintritt der Corona-Pandemie ließ er sich plötzlich nicht mehr realisieren. Aus der physischen Distanz ist inzwischen eine soziale Distanz erwachsen. Die meisten Menschen wünschen sich, dass unsere Gesellschaft wieder so funktioniert wie vorher. Doch es ist äußerst fraglich, ob es irgendwann ein Zurück geben kann und wird.

Es ist deshalb notwendig, Alternativen zu entwickeln für ein gemeinsames emotionales Erleben, was wir uns doch so sehr wünschen. Das könnten zum Beispiel kleinere Veranstaltungen sein, die auch im Fernsehen oder Radio übertragen werden. Ganz wichtig wäre es, dass man dabei auch die Zuschauerreaktionen miterleben kann. Dieses Prinzip hat sich schon seit vielen Jahren bei Publikumssendungen im Fernsehen bewährt. Wahrscheinlich werden in nächster Zeit auch noch weitere und bessere Alternativen gefunden.

Was sind eigentlich Emotionen und was Gefühle?

Die Begriffe »Emotion« und »Gefühl« werden in der deutschen Sprache häufig synonym verwendet, und es ist schwierig, sie inhaltlich voneinander zu trennen. Erschwerend kommt noch hinzu, dass auch in deutschen Publikationen oder Übersetzungen aus dem angloamerikanischen Sprachraum englische Begriffe verwendet werden, die etwas anderes bedeuten als ähnliche deutsche.

Tatsächlich ist der Begriff Emotion von lateinisch »emotio« für heftige Bewegung und von »emovere«, aufwühlen, heraustreiben abgeleitet. Der Begriff Emotionen wurde also ursprünglich für etwas verwendet, was nach außen gekehrt ist. Mit Gefühl bezeichnen wir im Deutschen sowohl Gemütsbewegungen (englisch »emotions«), Leidenschaften (englisch »passions«) als auch Sinnesempfindungen (englisch »sensations«). Im Englischen kennt man darüber hinaus noch den Begriff »feeling« für das Empfinden von Eindrücken und den Begriff »sentiment« für emotionale Zustände.

Bleiben wir noch einen Moment bei den Gefühlen. Wir wollen den Begriff Gefühl für eine subjektive Erlebnisweise einsetzen, die sich sowohl physiologisch als auch verhaltensmäßig zeigen kann und von Emotionen ausgelöst wird oder in Emotionen münden kann. Es gibt einfache und komplexe Gefühle. Einfache Gefühle werden sowohl von Sinnesempfindungen wie unangenehmen Gerüchen als auch von Körperempfindungen, wie Rückenschmerzen, wenn man zum Beispiel zu lange auf einem unbequemen Stuhl sitzen muss, ausgelöst. Es gibt auch Tätigkeitsempfindungen, zum Beispiel wenn man konzentriert arbeitet, die sich aber kaum sprachlich wiedergeben lassen, und sehr konkrete Bedürfnisse, die sich ebenfalls in Gefühlen äußern, wie zum Beispiel Hunger.

Zu den komplexen Gefühlen gehören alle Formen der Vorstellung oder Einstellung. Das kann eine freudige Erwartung sein oder auch die Angst vor Misserfolg. Es sind die Gefühle der Selbsteinschätzung, wie zum Beispiel Peinlichkeit oder Schuldgefühle, aber es können auch die emotionalen Komponenten sozialer Einstellungen, wie zum Beispiel Sympathie und generelle Werturteile sein.

Als Emotionen bezeichnet die Wissenschaft das, was uns zustößt und worauf wir keinen direkten willentlichen Einfluss haben. Wir erkennen unsere Emotionen eigentlich immer erst dann, wenn sie uns als Gefühle bewusst werden. Die Entwicklung von bestimmten

Emotionen findet allerdings nicht als bewusste Empfindung statt, sondern als eine verhaltensmäßige und physiologische Spezialisierung, die vom Gehirn ganz oder zumindest überwiegend unbewusst erzeugt wird. Auch wenn wir davon ausgehen, dass es im Gehirn emotionale Zentren gibt, bedeutet dies noch nicht, dass dort und erst recht nicht allein dort Emotionen entstehen.

Das primäre Emotionssystem basiert auf angeborenen Grundgefühlen wie Furcht, Freude, Trauer, Ekel oder Ärger. Das sekundäre oder auch kognitiv effektive Emotionssystem beruht hingegen auf einer Verknüpfung von Grundgefühlen mit spezifischen gelernten Informationen, die sowohl im Zusammenhang mit der eigenen Autobiografie, die im episodischen Gedächtnis gespeichert ist, als auch mit einem soziokulturellen Hintergrund stehen.

Einfacher gesagt heißt das, dass man sich in der einen Kultur über etwas ärgern kann, was in einer anderen keinerlei Reaktionen auslöst. Wenn jemand zum Beispiel in der arabischen Welt mit der unreinen Hand in den gemeinsamen Essenstopf greift, wird das ein Europäer vielleicht nicht einmal bewusst registrieren. Bei den arabischen Gastgebern kann es aber Ekel und Ärger bis hin zu Zorn und Verachtung hervorrufen.

Die Frage, was eigentlich Emotionen erzeugt, ist nicht leicht zu beantworten. Am einfachsten ist es, wenn wir Emotionen bei anderen Menschen erleben und diese mithilfe der Spiegelneuronen selbst empfinden und in Gefühle umwandeln. Aber Emotionen sind nicht einfach nur das, was zwischen den Menschen ausgetauscht wird. Emotionen können auf die unterschiedlichste Weise erzeugt werden.

Ärger ist wie Wut eine Emotion, die sehr schnell ein ungeahntes Ausmaß erreichen kann und in der Regel auf Hilflosigkeit in einer bestimmten Situation beruht. Ich kann mich aber auch einfach nur über eine bestimmte politische Entscheidung ärgern und meine schlechten Gefühle dann an anderen Menschen abreagieren, die völlig unschuldig sind und mit der Ursache meiner Wut gar nichts zu tun haben. Aber nicht nur Ereignisse und Nachrichten werden emotional verarbeitet, selbst die eigenen Gedanken können gute oder schlechte Emotionen erzeugen. Dabei müssen wir uns der damit verbundenen emotionalen Äußerungen nicht einmal bewusst sein.

Emotionen zeigen sich in Mimik, Sprache und Gestik

Wie zeigen wir Emotionen? Emotionen sind ein Teil unserer bewussten und unbewussten Kommunikation, die wiederum auf der sozialen Funktion des Gehirns beruht. Emotionen zeigen sich in Mimik, Sprache und in Handlungen. »Das Gesicht ist das Fenster des Geistes«, sagt Paul Ekman. Er muss es wissen, denn der 1934 geborenen US-amerikanische Anthropologe und Psychologe hat sein Leben lang die Geheimnisse der Mimik und der Emotionen erforscht.

Seine Arbeit begann eher zufällig in den 1960er-Jahren in Papua-Neuguinea, als Ekman der Frage nachging, ob die Mimik der Urvölker denselben Gesetzmäßigkeiten unterliegt wie die der Menschen in den westlichen Kulturen. Dabei konnte er nachweisen, dass die menschliche Mimik tatsächlich universell ist und es rund 3 000 Gesichtsausdrücke gibt, die einen emotionalen Sinn ergeben.

Heute wissen wir dank Ekmans Arbeit, dass das Gesicht ständig den Gemütszustand verrät, ohne dass der Mensch das bewusst unterdrücken könnte. Winzige Zuckungen, sogenannte Mikroausdrücke, senden ständig Signale an andere Menschen aus, die diese aber fast immer nur unbewusst registrieren. Nur geschulte Fachleute können diese Signale bewusst wahrnehmen, sie interpretieren und daraus Rückschlüsse ziehen. Sie sind dabei sogar in der Lage, zwischen echten und gespielten Emotionen zu unterscheiden, eine Fähigkeit, die den Laien in der Regel nicht gegeben ist.

Doch nicht nur das Gesicht verrät und überträgt Emotionen, sondern auch die Körperhaltung und einzelne, kleine, immer wiederkehrende Bewegungen. Viele dauern nur Bruchteile von Sekunden. Natürlich spielt die Mimik in allen Bereichen des Erlebens eine große Rolle. Wer auf einer Bühne im Rampenlicht steht oder vielleicht auch nur Teilnehmer einer Gruppendiskussion ist, teilt durch Körpersprache und Mimik den Zuschauern oft mehr mit als durch seine Worte. Auf jeden Fall ist das, was er so mitteilt, ehrlicher und wahrhaftiger als das, was er vielleicht sagt, es sei denn, er ist ein geübter, notorischer Lügner. Doch Lügen strengt an und fordert dem Gehirn weitaus mehr Leistungen ab, als die Wahrheit zu sagen.

Dass in Zeiten der Corona-Pandemie der persönliche Kontakt zwischen den Menschen eingeschränkt wurde, hat ganz sicher Auswirkungen. Welche, ist noch nicht hinreichend bekannt. Dass die sprachliche Kommunikation nicht ausreicht, stellten viele Unternehmen und Freiberufler schon schnell fest. Natürlich kann ein geübter Profitelefonierer schon zahlreiche Informationen aus einem Gespräch herausfiltern, die Aufschluss darüber geben, wie der Inhalt zu interpretieren ist. Doch das reicht oft nicht.

Deshalb gab es einen Boom für Geräte, mit denen Videokonferenzen durchgeführt werden. Doch auch sie können ein direktes Gespräch nicht ersetzen. Denn erstens verhalten sich Menschen anders, wenn sie vor einer Kamera sitzen, und zweitens wird die Wahrnehmung von Menschen auf einem Bildschirm ebenfalls verändert. Auch wenn sich zwei Menschen begegnen, die eine Mund- und Nasenmaske tragen, wird das Einfluss darauf haben, wie sie sich verhalten, was sie sagen und was sie wahrnehmen.

Ekman hat im Laufe seiner Forschungen erkannt, dass wir nicht bewusst darüber entscheiden, wie wir in einem emotionalen Zustand aussehen und wie unsere Stimme klingt beziehungsweise was wir dann tun und sagen. Ebenso entscheiden wir nicht darüber, wann wir überhaupt emotional reagieren. Wir können aber lernen, emotionales Verhalten, das sich im Kontakt zu anderen ungünstig auswirken würde, zu dämpfen, genauso wie wir lernen können, nicht gefühllos zu wirken, falls wir eher dafür disponiert sind. Die meisten Menschen haben zwar die Absicht, auf andere Menschen in bestimmter Weise zu wirken, meist so, wie es ihrem persönlichen Ideal entspricht, doch sind sie nicht in der Lage, diese Wirkung tatsächlich zu kontrollieren. Denn häufig können sie mit dem Feedback, das sie erhalten, nicht richtig umgehen.

Bei vielen Politikern, die in verantwortlichen Positionen stehen, sieht man ganz deutlich, dass sie offensichtlich gelernt haben, den Situationen entsprechende angemessene Emotionen zu zeigen. Während sie in alten Fernsehaufnahmen stets mit demselben Pokerface vor die Kamera getreten sind, egal ob sie die Opfer einer Umweltkatastrophe bedauerten oder den erfolgreichen Abschluss von Verhandlungen bekannt gaben, kann man ihnen heute am Gesicht ablesen, ob sie mitleiden oder sich freuen. Zumindest bekommt man diesen Eindruck vermittelt. Unbewegliche, wenig lebhafte, emotionslose Gesichter sind für andere Menschen in der Regel weniger attraktiv. Das wissen heute die meisten Politiker, während es sich bei vielen Spitzenkräften der Wirtschaft noch nicht herumgesprochen zu haben scheint.

Wer sich heute übrigens seine Falten durch Botulinumtoxin-Injektionen glätten lässt, um jünger auszusehen, muss damit rechnen, dass er durch die partielle Lähmung einiger Gesichtsmuskeln wie versteinert wirkt. Das Gesicht ist dann zwar glatter, wirkt aber durch die fehlende Mimik gleichzeitig wiederum älter. Ein paar Falten mehr können also nicht schaden, wenn man die Sympathie anderer gewinnen möchte.

Die von anderen Menschen ausgesandten Emotionssignale bilden in den meisten Fällen die Grundlage dafür, wie wir ihre Worte und Taten interpretieren, weil sie bei uns ebenfalls eine emotionale Reaktion auslösen.

Die sieben Basis-Emotionen des Gesichts

Paul Ekman unterscheidet sieben Basis-Emotionen, die über einen jeweils charakteristischen universalen Gesichtsausdruck verfügen: Trauer, Zorn, Angst, Ekel, Verachtung, Überraschung und Freude. Jeder dieser Begriffe steht dabei für eine Familie von verwandten Emotionen. Wenn wir die negativen Emotionen beiseite lassen, bleiben die Überraschung, die aber auch zum Bestandteil einer negativen Emotion werden kann, und der recht unscharfe Begriff Freude übrig. Freudige Emotionen unterscheiden sich im Gesichtsausdruck nur wenig. Denn ihnen allen gemeinsam ist irgendeine Form von Lächeln.

Das primäre Signalsystem für positive Emotionen ist die Stimme und nicht das Gesicht. Da es sehr schwierig ist, mit der Stimme glaubwürdig ein Gefühl zu simulieren, bedarf es einiger Übung, wie sie meist nur Schauspieler mitbringen.

Wenn eine ungeübte Person zum Beispiel eine Bühne betritt, ist es für sie immer am günstigsten, sich an ein positives Ereignis aus der Vergangenheit zu erinnern, um nicht nur in der Mimik, sondern auch in der Stimme Glückssignale an das Auditorium zu übermitteln.

Eine der einfachsten positiven Emotionen ist laut Ekman das Belustigtsein. Es reicht vom Lächeln bis zu wahren Lachsalven, die manchen Menschen sogar die Tränen in die Augen schießen lassen. Zufriedenheit wird hingegen weniger deutlich über die Gesichtsmuskulatur kommuniziert, die sich entspannt, sondern eher mit der Stimme. Ob Erregung als stärkste Form von Interesse ebenfalls als Emotion anzusehen ist, erscheint Ekman fraglich, da hierbei das Großhirn und sein Denken einen wesentlichen Beitrag leisten. Oft besteht auch eine enge Beziehung zwischen Erregung und Angst.

Weitere Emotionen aus dem Umfeld der Freude sind Erleichterung, wenn die Anspannung in Erwartung eines negativen Ereignisses, das dann nicht eintritt, nachlässt, und die staunende Ergriffenheit. Dabei geht es dann um Dinge, die zu begreifen unserem Geist schwer fällt. Auch der Stolz auf eigene Leistungen ist eine positive Emotion.

Aber nicht alles, was wir empfinden, gehört auch in die Kategorie der Emotionen, denn schließlich, so gibt Ekman zu bedenken, gibt es auch noch andere Triebfedern in unserem Leben. Man möchte sich amüsieren und sucht Vergnügungen unterschiedlichster Art, die sich in guten Gefühlen äußern können, aber vielleicht eher zu den Stimmungen gehören, einem Begriff, der hier noch nicht erläutert wurde.

Die zehn Merkmale zur Charakterisierung von Emotionen

Ekman charakterisiert Emotionen durch folgende Merkmale:

1. Es gibt eine ganze Palette von Empfindungen, die uns erfassen können und die uns in vielen Fällen auch bewusst werden.

2. Eine emotionale Episode kann kurz sein und manchmal nur wenige Sekunden andauern, aber auch sehr viel länger. Hält sie über Stunden hinweg an, handelt es sich um eine Stimmung, nicht um eine Emotion.

3. Emotionale Episoden haben grundsätzlich mit etwas zu tun, das dem Betreffenden wichtig ist.

4. Emotionen erleben wir als etwas, das mit uns passiert; wir entscheiden uns nicht dafür.

5. Der Bewertungsprozess, mit dem wir unablässig unsere Umwelt nach Dingen durchmustern, die uns angehen, verläuft in aller Regel automatisch. Wir werden uns unserer Bewertung nicht bewusst, sofern sie nicht extrem lange andauert.

6. Es gibt am Beginn einer emotionalen Episode eine Refraktärphase, die unser im Gedächtnis gespeichertes Wissen und Informationen so filtert, dass wir nur Zugriff auf das haben, was die von uns empfundene Emotion mehrt. Diese Refraktärphase kann wenige Sekunden, aber auch sehr viel länger dauern.

7. Wir werden uns der Tatsache, dass wir emotional reagieren, erst dann bewusst, wenn das Gefühl bereits eingesetzt hat und die vorausgegangene Bewertung abgeschlossen ist. Sobald wir uns bewusst sind, dass uns ein Gefühl beherrscht, können wir die Situation neu bewerten.

8. Es gibt universale Emotionsthemen, die unsere evolutionäre Geschichte widerspiegeln, und zahlreiche kulturabhängige, erlernte Variationen, die von unseren individuellen Erfahrungen zeugen. Mit anderen Worten, wir reagieren sowohl auf Dinge emotional, die für unsere Vorfahren von Be-

deutung waren, als auch auf solche, von denen wir selbst festgestellt haben, dass sie für unser Leben wichtig sind.

9. Ein Großteil unseres Verhaltens wird motiviert durch das Verlangen nach einer bestimmten Emotion beziehungsweise durch den Wunsch, ihr zu entfliehen.

10. Ein wirksames Signal – deutlich, rasch und universal – informiert andere über den emotionalen Zustand des Betreffenden.

Emotionen organisieren und motivieren unser Verhalten

Nachdem wir nun wissen, was Emotionen erzeugt und wie wir Emotionen zeigen, sollten wir jetzt noch klären, wie Emotionen wirken. Die zentrale Bedeutung der Emotionen wird heute in der Organisation und Motivation des Verhaltens gesehen. Die ständige Abfolge von Handlungen bedarf einfach eines Auswahlsystems, das die Entscheidung zu oder gegen bestimmte Handlungsziele und zwischen verschiedenen Zielen steuert. Im Zweifelsfall muss man auch sehr schnell von einem Verhalten zu einem anderen umschalten, wenn die Situation sich ändert, und das ist in einem rein kognitiven Prozess allein nicht in der manchmal notwendigen Geschwindigkeit möglich.

Der US-amerikanische Hirnforscher Joseph LeDoux hat einmal gesagt:»Emotionen sind mächtige Motivatoren künftigen Handelns. Sie bestimmen ebenso den Kurs des Handelns von einem Moment zum nächsten, wie sie die Segel für langfristige Ziele setzen«. Emotionen dienen auch der Kommunikation zwischen den Individuen. Sie können anderen Menschen zeigen, in welchem Zustand man sich selbst befindet, es sei denn, man versucht den emotionalen Ausdruck willentlich zu unterdrücken, um Pläne oder Wissen nicht zu verraten. Dies gelingt aber keineswegs immer.

Wie kompliziert der Zusammenhang von Emotionen und Gefühlen ist, zeigen Experimente, bei denen Männer Bilder von Frauen betrachten und ihnen dabei der Puls gemessen wird. Teilt man den Probanden mit, dass sie bei einem bestimmten Bild einen höheren Pulsschlag hätten, obgleich dies tatsächlich nicht der Fall ist, finden die Männer die Frauen auf diesen Bildern attraktiver. Es ist also nicht die physiologische Erregung selbst, sondern ihre kognitive Repräsentation und Interpretation, die für die Entstehung bestimmter Gefühle entscheidend sind.

Es wurde aber auch nachgewiesen, dass unbewusste Wahrnehmungen Emotionen verursachen und beeinflussen können, ohne dass dabei explizite Bewertungen des Probanden eine Rolle spielen. Es sind also nicht unbedingt kognitive Bewertungen notwendig, um Gefühle entstehen zu lassen. Emotionen werden insofern primär als handlungsanregende Motivationen, als Markierungen kognitiver Prozesse und als Anstifter bestimmter Denkvorgänge angesehen.

Im Klartext heißt das, die Emotionen stehen als unbewusste Bewertungen zwischen Reizen und Reaktionen. Erstaunlich ist auch, dass viele Menschen ihre eigenen Emotionen nicht genau beschreiben können, während sie in der Lage sind, den Zustand anderer Menschen zu erkennen. Emotion und Kognition arbeiten getrennt, stehen aber miteinander in Beziehung und in einer Wechselwirkung. Dabei kann die Bewertung schon einsetzen, bevor die Wahrnehmungssysteme den Reiz vollständig verarbeitet haben. Und mitunter weiß das Gehirn sogar schon, ob etwas gut oder schlecht ist, bevor es genau weiß, worum es sich handelt.

Hierbei spielen natürlich auch die Erinnerungen eine große Rolle. Wie verschiedene Experimente zeigen, werden viele Entscheidungen von gesunden Versuchspersonen in der richtigen Weise getroffen, ohne dass ihnen bewusst ist, wie diese Entscheidung zustande kam. Offensichtlich steuern hier Emotionen die Intuition. Versuchspersonen mit Frontallappensyndrom scheitern regelmäßig in solchen Experimenten.

Zu den am besten erforschten Emotionen gehören Furcht und Angst. Die sollen dazu dienen, Fluchtreaktionen auszulösen, die Reaktionsgeschwindigkeit zu verbessern und die Aufmerksamkeit zu erhöhen. In Zeiten, als der Mensch noch als Jäger und Sammler großen Gefahren seiner Umgebung ausgesetzt war, spielten diese Reaktionen sicherlich eine überlebenswichtige Rolle und waren auch sehr nützlich.

Da Angst allerdings die Leistungsfähigkeit des Gehirns vermindert, ist sie eine sehr problematische Emotion. Bei Angst konzentriert sich das Gehirn nur noch auf die Verarbeitung der Situation und stellt alle anderen Sachfragen zurück. So kann Angst dazu führen, dass der Mensch nicht mehr in der Lage ist, Probleme rational zu bearbeiten und entsprechende Entscheidungen zu fällen. Selbst Termindruck kann die Leistungsfähigkeit eines Gehirns zum Erliegen bringen. Wer Angst hat, die falschen Entscheidungen zu treffen, wird dies mit größerer Wahrscheinlichkeit tun, als wenn er sich ihnen angstfrei nähern würde. Doch das ist schwierig, denn der Angst liegt ein Lernprozess zugrunde, der rational kaum zu steuern und zu beherrschen ist. Panik entsteht als Reaktion auf den Eindruck, hilflos und verlassen zu sein. Ohne fremde Hilfe können sich viele Menschen aus bedrohlich empfundenen Situationen daher nicht mehr befreien.

Wie das Gehirn Emotionen verarbeitet

Ist ein Ereignis mit einer starken Emotion verbunden, zum Beispiel eine Hochzeit oder ein Todestag, dann führt dieses zu einer viel deutlicheren Verankerung in unserem Gehirn als Erlebnisse, die mit weniger Emotionen befrachtet sind. Im Gehirn gibt es sogenannte primäre Sinnesareale, deren Aktivierung mit den Gefühlen wie Sehen, Hören, Schmecken, Riechen oder Empfinden einhergeht. Diese primären Sinnesareale geben das wahrgenommene Gefühl aber nur völlig neutral wieder. Ein Seheindruck, zum Beispiel von einem großartigen Sonnenuntergang, mag er noch so faszinierend sein, wird erst dann zu einem Erlebnis oder zu einer Besonderheit werden, wenn weitere Hirnareale mitaktiviert werden.

Angrenzend an diese Sinnesareale sind in der Regel Areale, die als Assoziationszentren bezeichnet werden, die eine erste Verknüpfung oder erste Deutung dessen vornehmen, was gesehen, gerochen, gehört, geschmeckt oder ertastet wird. Bei einer Berührung interpretieren sie zum Beispiel, ob dies ein zärtliches Kitzeln durch den Partner ist oder ob eine große Spinne über den Nacken läuft, beim Sehen, ob es besondere Dinge sind, die man möglicherweise zum ersten Mal zu Gesicht bekommt. Ist dann eine gewisse Schwelle erreicht, wird das Gehirn aktiv. Im Gehirn gibt es viele Areale, die nur dazu da sind, etwas Erlebtes für uns größer oder bedeutender zu machen. Die pure Wahrnehmung eines Geräusches oder von Tönen ist nicht das Entscheidende, sondern das euphorische Gefühl, das wir zum Beispiel mit einem ganz bestimmten Musikstück verbinden.

Das bekannteste Organ zur Emotionsverarbeitung im Gehirn ist der Mandelkern, der paarweise, links und rechts, vorhanden ist. Patienten, bei denen dieser schwer geschädigt ist, haben ganz deutlich reduzierte Emotionen. Sie können nicht mehr tief empfinden. Der Mandelkern verarbeitet also die eintreffenden Informationen und macht aus ihnen den ersten Schritt zum Erlebnis. Der Mandelkern ist mit vielen Strukturen des Gehirns verbunden, und diese Verbindungen in andere Regionen hinein führen dazu, dass Überträgersubstanzen vermehrt ausgeschüttet werden.

Es kommt zur Ausschüttung von Stresshormonen oder von Hormonen, die unser Wohlbefinden steigern, wie zum Beispiel das Prolactin oder Oxytocin, das hilft, Vertrauen aufzubauen. Die ganze Mischung dieser Erregung führt letztendlich dazu, dass die Betrachtung eines ganz einfachen Gegenstandes oder Bildes in einer bestimmten Situation oder vielleicht auch aufgrund von Details dieses Gegenstandes plötzlich zum Erlebnis wird.

Wenn Wahrnehmungen uns in die Irre führen

Unsere Wahrnehmungen sind kein reales Abbild der Wirklichkeit, sondern dienen dazu, die bestehenden Vorstellungen von der Welt zu korrigieren und zu ergänzen sowie unser Verhalten zu steuern. Im Zusammenspiel von Körper und Geist nutzen Wahrnehmungen die Energie des Körpers und verbrauchen so im Gehirn weniger Energie, weil nur geprüft wird, ob die eingehenden Informationen plausibel sind und die Quelle, aus der sie kommen, vertrauenswürdig ist.

Trifft dies zu, kann das Gehirn bei seinen Vorstellungen von der Welt bleiben. Wahrnehmen ist einfacher und energiesparender als ständig neu nachzudenken. Das hat Vorteile, aber auch Nachteile. Wenn das Gehirn darauf verzichtet, scheinbar bekannte oder bereits wahrgenommene Sachverhalte erneut zu überprüfen, kommt es zu sogenannten kognitiven Verzerrungen.

Als kognitive Verzerrung (Bias) bezeichnet man die wiederkehrende, fehlerhafte Tendenz, auf der Grundlage von Vorwissen in Verbindung mit Wahrnehmungen zu falschen Urteilen, Denkmustern, Bewertungen und Vorhersagen zu kommen. Diese Verzerrungen wirken sich auf unsere Entscheidungen und unseren Umgang mit neuen Informationen aus, auf unsere Einschätzung von Risiken und Chancen, von uns selbst und anderen Menschen, auf die Werteinschätzung von Ideen und Dingen sowie auf die Einschätzung von Ereignissen. Im Rahmen des Selfinfluencing sollten wir lernen, diese Wahrnehmungsverzerrungen bei uns selbst zu erkennen und zu vermeiden.

Der Ankereffekt legt unser Denken an die Leine

Eine der bekanntesten und gut erforschten Wahrnehmungsverzerrungen ist der Ankereffekt. Daniel Kahneman hat sich ausgiebig damit befasst und dessen Wirksamkeit in zahlreichen Experimenten nachgewiesen. Zeigt man den Teilnehmern eines solchen Experiments Fotos von Vorschulkindern und fordert sie auf, deren Alter zu schätzen, werden sie wahrscheinlich Zahlen von zwei bis fünf nennen. Zeigt man einer anderen Gruppe von Teilnehmern Fotos von High-School-Schülern und lässt sie deren Alter schätzen, werden wahrscheinlich Zahlen zwischen 14 und 18 genannt.

Nun folgt in beiden Gruppen die zweite Frage: »Wie viele US-Präsidenten sind in ihrer Amtszeit gestorben?« Um es gleich vorweg zu nehmen, es waren bisher acht. Doch kaum jemand hat diese richtige Antwort präsent und wird sie deshalb schätzen müssen. Diejenigen, die über das Alter der Vorschulkinder nachgedacht haben, werden jetzt zu niedrigeren Zahlen neigen als diejenigen, die sich auf das Alter der High-School-Schüler konzentriert hatten.

Hier geht es um Folgendes: Bei einer aktuellen Schätzung von Zahlenwerten werden wir von Zahlen aus einer vorhergehenden Situation beeinflusst, ohne dass wir uns dessen bewusst sind. Dabei stehen diese Zahlen in keinerlei Zusammenhang mit den zu schätzenden. Dieser Priming-Effekt (Bahnung) ist aber nicht nur in psychologischen Experimenten nachzuweisen, sondern auch ganz konkret in der Alltagspraxis. Wenn wir vor einigen Jahren eine Aktie zu einem bestimmten Preis gekauft haben, stellt dieser Preis für uns den Ankerpreis dar. Wenn der aktuelle Kurs unter den Einstandspreis sinkt, wird es uns schwer fallen, den mit dem Verkauf verbundenen Verlust zu verschmerzen. Der Einstiegspreis ist für uns nun einmal der Ankerpreis, an dem wir festhalten möchten und was wir mindestens wieder herausbekommen wollen.

Ein anderer Ankerpreis, der uns zu falschen Entscheidungen verführt, ist die unverbindliche Preisempfehlung des Herstellers. Mein Händler bietet mir den entsprechenden Fernseher 20 Prozent billiger an. Ein Schnäppchen, sagt mein Belohnungssystem. Sofort kaufen! Und natürlich tue ich das dann auch. Hinterher merke ich erst, dass nirgendwo im Handel der unverbindliche Herstellerpreis verlangt wird. Ich hätte den Fernseher sogar für 30 Prozent unter dem angegebenen Herstellerpreis bekommen können. Der Ankereffekt entfaltet also immer dort seine Wirkung, wo man sich auf eine bestimmte Information bezieht, ohne zu überprüfen, ob diese überhaupt oder zumindest immer noch relevant ist.

Wenn zum Beispiel vor Gericht über Schadensersatzzahlungen verhandelt wird und der Anwalt des Geschädigten zunächst eine exorbitant hohe Summe fordert, wird der Betrag, den die Richter dem Kläger zusprechen, in der Regel höher sein, als wenn der Anwalt von Anfang an realistische Forderungen gestellt hätte. Er hat in den Köpfen der Richter die Erinnerung an eine hohe Zahl verankert. Es spielen also die Zahlen, die zuerst genannt werden, bei allen Preisverhandlungen eine entscheidende Rolle. Selbst absurde Zahlen können unbewusst hängen bleiben und einen Einfluss ausüben. Das wurde zum Beispiel dadurch ausprobiert, dass man in einem Experiment den Teilnehmern die Information gab, dass Mahatma Gandhi eine Million Jahre alt geworden sei. Selbst diese absurde Zahl beeinflusste die nachfolgenden Schätzungen.

Unser Tipp:

Wenn Sie als Käufer sich selbst und den Verkäufer auf das Denken in niedrigeren Beträgen primen wollen, sollten Sie zur Einstimmung auf die Kaufverhandlungen kleine Geschichten erzählen, in denen niedrige Zahlen vorkommen. Zum Beispiel: »Stellen Sie sich vor, ich habe heute in der Innenstadt innerhalb von zwei Minuten einen Parkplatz gefunden.« Oder: »Ich konnte heute ganz schnell zu Ihnen kommen, weil meine Frau (oder mein Mann) auf unsere drei Katzen aufpasst.« Egal, was Sie nun kaufen wollen, Sie und der Verkäufer werden sich nun unbewusst an die niedrigen Zahlen Zwei oder Drei erinnern.

Als Verkäufer müssen Sie es natürlich umgekehrt machen. Überraschen Sie den Kunden mit der Aussage: »Ob Sie es glauben oder nicht, vorhin war gerade ein Kunde bei mir, der hat ein Fernsehgerät für 7 000 Euro gekauft.« Wenn sie jetzt einen Fernseher für 1 200 Euro kaufen statt einen für 600 Euro, wird er Ihnen immer noch als günstig erscheinen.

Sturheit ist keine Charakterstärke

Während wir beim Ankereffekt einen externen Bezugspunkt haben, den wir nicht aufgeben wollen, hat die Sturheit ihre Wurzeln in uns selbst. Wir geben eine eingenommene Position nicht auf, weil wir Angst haben, dass dies als Schwäche ausgelegt wird. Es kann aber auch sein, dass Sturheit einfach auf der Unfähigkeit beruht, sich anbahnende Veränderungen wahrzunehmen.

Sicherlich spielt hier auch die Gewöhnung eine Rolle. Wir haben etwas immer so gemacht. Warum sollten wir es jetzt anders machen? Hufschmiede wollten lange Zeit nicht an den Siegeszug des Autos glauben, Schiffswerften bauten weiter Segelschiffe statt Dampfschiffe und die Deutsche Post mochte lange Zeit nicht einsehen, dass sie die Telefongebühren senken muss, wenn neue Anbieter mit günstigeren Tarifen auf den Markt kommen.

Unser Tipp:
Suchen Sie nach Informationen darüber, was sich gerade jetzt verändert. Versuchen Sie sich als wandelbar zu erleben und schauen Sie in Ihre Vergangenheit: Welche Veränderungen gab es bei Ihnen? Was hat sich wann, wie und warum für Sie geändert? Kamen diese Veränderungen von außen oder von innen?

Wie man uns mit Scheinalternativen ködert

Stehen nur zwei ähnliche Produkte (A oder B) zur Wahl, fällt dem Verbraucher die Entscheidung schwer. Dann wird vom Verkäufer ein drittes Produkt C hinzugefügt. C ist A in allen Belangen unterlegen und B teils unterlegen und teils überlegen, deshalb wird es »asymmetrisch dominiertes« Produkt genannt. Der Käufer wird wahrscheinlich Produkt A bevorzugen, das C in allen Belangen überlegen ist, also vollständig dominiert. Das Produkt C wird nur als Köder eingesetzt, um die Kaufentscheidung zugunsten des dominanten Produkts zu beeinflussen. Außerdem führt Produkt C eher zu einer generellen Kaufentscheidung des Kunden und er verlässt nicht unentschlossen den Laden.

Dieser Effekt wurde in einem Haushaltsgerätemarkt getestet. Dort standen drei Kaffeemaschinen zur Auswahl, von denen zwei echte Alternativen hinsichtlich des Preises und bestimmter Funktionsmerkmale darstellten. Die dritte war eine »asymmetrisch dominierte«. Also wurde die dominante Kaffeemaschine gekauft, die natürlich auch einen etwas höheren Preis hatte.

Unser Tipp:
Überlegen Sie vor jedem Kauf, welche Eigenschaften des Produktes Ihnen wichtig sind und betrachten Sie dann alle Produkte nach diesen Kriterien. Versuchen Sie dabei Köder zu identifizieren und auszuschließen.

Das Auswahlparadox – wenn uns Zuviel zu viel ist

Eine gewisse Auswahl ist gut. Aber der Mensch ist überfordert, wenn er aus zu vielen Alternativen wählen muss. Zu viele Optionen führen offensichtlich dazu, dass aus Furcht vor einer falschen Entscheidung lieber gar keine getroffen wird. Außerdem fällt es oft schwer, die Unterschiede zwischen den Angeboten überhaupt noch zu erkennen.

Ein Supermarkt bot Kunden an, den Geschmack verschiedener Marmeladen kostenlos zu testen. Als 24 unterschiedliche Marmeladen zur Auswahl standen, probierten 60 Prozent der Kunden die Marmeladen. Aber nur drei Prozent kauften ein Glas. Gab es jedoch nur sechs Sorten, probierten zwar nur 40 Prozent, aber 30 Prozent kauften auch ein Glas.

Unser Tipp:

Dass eine große Auswahl verwirren kann, erleben wir immer wieder, wenn wir uns vor einem geplanten Kauf eines Produkts im Internet informieren. Wenn viele Alternativen zur Wahl stehen, überlegen Sie deshalb zunächst, welche Auswahlkriterien Sie anwenden wollen. Was ist für Sie wichtig? Preis, Prestige der Marke, Funktion oder schnelle Verfügbarkeit? So können Sie die Anzahl der Alternativen reduzieren und leichter eine Wahl treffen.

Der Geschichteneffekt verpackt die Kernbotschaft

Das menschliche Gehirn liebt Geschichten. Fast alles wird heute in emotionale oder sinnhafte Geschichten gepackt. Das kann zur Verzerrung unserer Wahrnehmungen und zur Beeinträchtigung unserer Entscheidungen führen.

Vor allem die Werbung macht sich den Geschichteneffekt zunutze. Das ist besonders deutlich in den Werbespots im Fernsehen oder Internet zu sehen. Es reicht heute nicht mehr aus, nur die Vorteile eines Produkts hervorzuheben, sondern man erzählt immer kleine Geschichten drum herum. Dann wirkt Werbung besser. Selbst in Autoanzeigen in Zeitschriften setzen manche Unternehmen Storytelling ein. Man sieht dann Frauen, die sich in einer spannenden Architekturumgebung fotografieren. Sie sind offensichtlich mit einem SUV in die Stadt gekommen, statt damit durch die Wildnis zu fahren, was sie natürlich auch hätten machen können.

Niemand wartet gern – lieber jetzt als später

Grundsätzlich bevorzugt der Mensch sofortige Belohnungen gegenüber solchen, die er später erhalten soll. Dabei spielt es auch keine Rolle, dass die spätere Belohnung höher sein würde als die sofortige. Allerdings bewerten wir Zeitunterschiede zwischen zwei Belohnungen anders, wenn ihr Eintreffen in die Zukunft verschoben wird.

Testpersonen wurden vor die Wahl gestellt, einen Warengutschein über fünf Dollar sofort zu erhalten oder einen Gutschein über 40 Dollar, der erst in sechs Wochen eingelöst werden kann. Die meisten Personen wählten die sofortige Belohnung. In anderen Experimenten sollten sich die Probanden entscheiden, ob sie lieber einen Gewinn in Höhe von 100 Dollar heute ausbezahlt hätten oder 200 Dollar in drei Jahren. Auch hier wählten die meisten Testpersonen die sofortige Auszahlung. Ging es allerdings darum, 100 Dollar in drei Jahren zu erhalten oder 200 Dollar in sechs Jahren, dann wurde die Sechs-Jahres-Variante vorgezogen.

Nicht nur bei Belohnungen, sondern auch besonders beim Sparen spielt die Zeitpräferenz eine herausragende Rolle. Ob ein Guthaben real wächst, hängt, auch wenn keine akuten Krisensituationen eintreten, von vielen zukünftigen Faktoren ab, unter anderem von der Inflationsrate, eventuellen Änderungen des Steuersystems oder Währungsumstellungen. Es herrscht daher eine große Unsicherheit darüber, welche Ereignisse die Zukunft bestimmen werden.

Wie aus Wiederholungen Wahrheiten werden

Informationen, die wir bereits häufiger gehört oder gelesen haben, sehen wir eher als wahr an als neue, die wir zum ersten Mal hören. Durch das Prinzip »Mehr von demselben« werden wir in unseren Ansichten bestärkt, weil das Gehirn in seinem bestehenden Bild von der Umwelt bestätigt wird. Deshalb geht bei Nachrichten und Werbung Penetration vor Variation.

Wenn zum Beispiel die Radiowerbung uns bestimmte Versprechungen macht, sei es zu Matratzen oder nicht verschreibungspflichtigen homöopathischen Arzneimitteln, und diese Aussagen ständig wiederholt werden, erinnern wir uns besser daran und glauben irgendwann auch, dass diese Informationen wahr sind, aber eben nur, weil wir uns daran erinnern. Das Gleiche gilt auch für Aussagen von Politikern. Wenn wir ständig hören »die Renten sind sicher«, glauben wir es nach einiger Zeit tatsächlich und gehen sorgloser mit unserer finanziellen Zukunftsvorsorge um.

An falschen Entscheidungen festzuhalten, lohnt sich nicht

Wenn wir in eine Sache bereits investiert haben, tendieren wir dazu, dies fortzusetzen und weiter zu investieren, auch wenn sich die Umstände inzwischen geändert haben. Das liegt daran, dass wir immer danach streben, für uns selbst und auch nach außen hin konsistent und glaubwürdig zu erscheinen.

Manche Leute haben den Eindruck, ein sogenanntes Montagsauto zu besitzen. Montagsautos werden nicht nur an Montagen produziert. Doch es kommt immer wieder vor, dass abhängig von den Produktionsstandorten oder Produktionsprozessen in einem bestimmten Zeitraum hergestellte Fahrzeuge einer Modellserie nicht dem Qualitätsstandard entsprechen, dem sie entsprechen sollten.

Wenn man kurz nach dem Kauf eines Neuwagens merkt, dass die Mängel sich häufen, kann man unter bestimmten Umständen vom Kauf zurücktreten. Schwieriger wird es meist, wenn es sich um einen Gebrauchtwagen handelt. Der erste Mangel wird wahrscheinlich noch vom Händler behoben und vielleicht sogar auch der zweite.

Doch dann kommt die Zeit, in der der Käufer die Reparaturen selbst bezahlen muss. Er investiert immer wieder in sein Fahrzeug und verpasst dadurch den richtigen Zeitpunkt, den Wagen wieder zu verkaufen, auch wenn zurzeit keine neuen Mängel erkennbar sind und das Fahrzeug perfekt funktioniert. Viele Menschen sagen sich,

ich habe jetzt schon so viel investiert, damit das Fahrzeug läuft, all diese Reparaturkosten hätte ich ja verloren, wenn ich den Wagen zum marktüblichen Preis verkaufen würde. Und genau das kann der Fehler sein.

Unser Tipp:

Das Geld für Reparaturen, aber auch für andere Investitionen, zum Beispiel in Aktien, können Sie nicht dadurch zurückholen, dass Sie weiter investieren. Wenn zum Beispiel absehbar ist, dass bei einem Haushaltsgerät, das Sie schon einige Male haben reparieren lassen, wieder eine Reparatur ansteht und Ihnen ein hoher Kostenvoranschlag vorliegt, sollten Sie überlegen, dieses durch ein neues Gerät zu ersetzen. Ebenso sollten Sie Aktien verkaufen, die im Preis gefallen sind und bei denen wirklich keine Hoffnung besteht, dass sie sich wieder erholen werden.

Manchmal investieren wir auch in Beziehungen oder Ideen. Auch hier kommt es darauf an, nicht zu früh aufzugeben, aber auch den Zeitpunkt zu erkennen, an dem sich ein »weiter so« nicht mehr lohnt.

Beharren auf Überzeugungen, auch wenn sie falsch sind

Der Mensch beharrt auf seinen Überzeugungen, Weltanschauungen und Theorien, obwohl neue Informationen diesen widersprechen. Diese neuen Informationen werden entweder uminterpretiert oder ganz ausgeblendet. Selbst wenn jemand weiß und verstanden hat, dass eine Behauptung oder Geschichte falsch und nichts als eine Lüge ist, neigt er dazu, trotzdem weiter daran zu glauben.

Mitglieder einer Sekte glaubten fest daran, dass am 21. Dezember 1954 der Weltuntergang stattfinden werde. Nachdem diese Vorhersage nicht eingetroffen war, klammerten sich die meisten Mitglieder immer noch an ihren Glauben.

Zahlreiche Experimente haben gezeigt, dass Menschen Ergebnisse einer angeblich wissenschaftlichen Studie auch dann noch für wahr hielten, wenn sie erfahren hatten, dass diese auf gefälschten Daten basiert.

Unser Tipp:
Wechseln Sie die Perspektive und versuchen Sie das Thema aus einer anderen Richtung zu sehen. Sammeln Sie Argumente für beide Sichtweisen, also für Ihre und für die, die dagegen spricht. Wenn Sie dann bei Ihrer Überzeugung bleiben wollen, haben Sie die Entscheidung dafür wenigstens auf der Metaebene getroffen.

Die nachträgliche Begründungstendenz lässt uns besser dastehen

Hat jemand eine wenig sinnvolle Sache gekauft oder eine andere falsche Entscheidung getroffen, sucht er dafür nachträglich nach einer Rechtfertigung und Begründung. Denn er strebt grundsätzlich danach, stets das Richtige zu tun und keine Fehler zu machen. Außerdem möchte er von seinen Mitmenschen als rational handelnd und konsistent wahrgenommen werden. Die Erwartungen und Vorstellungen, die er zuvor oder während der Entscheidung damit verbunden hatte, trafen danach leider nicht ein. Also sucht er weitere und andere Gründe, die die Entscheidung positiv stützen können.

Bei Impulskäufen erwerben wir häufig Produkte, die unnötig, fehlerhaft oder überteuert sind. Dabei kann es sich zum Beispiel um ein weiteres Kleid handeln, obwohl der Kleiderschrank schon voll ist, um eine Küchenmaschine, die man nur selten benutzen wird oder auch um ein übermotorisiertes Auto. Wenn wir unseren Fehler nach dem Kauf erkennen, bewerten wir die gekauften Produkte und ihre Bedeutung für uns neu. Dadurch schwächen wir schlechte Gefühle ab oder negieren diese sogar.

Unser Tipp:
Trennen Sie sich von Fehlkäufen so schnell wie möglich, indem Sie sie verkaufen oder verschenken. Sehr wahrscheinlich freuen sich andere Menschen über Dinge, die Ihnen nicht mehr wichtig sind, sonst würden zum Beispiel bei Ebay Apfelschälmaschinen nur zum Verkauf stehen, aber nicht gekauft werden.

Wir erwarten das, was in unserem Gedächtnis verfügbar ist

Wir halten etwas für wahrscheinlicher, als es in Wirklichkeit ist, weil es in unserem Gedächtnis verfügbar ist und uns schnell Beispiele einfallen. Es kann sein, dass wir uns an ein selbst erlebtes Ereignis erinnern, was wir dann in die Gegenwart oder Zukunft projizieren. Oder wir hören, lesen oder sprechen überproportional häufig von Ereignissen, die uns deshalb sofort präsent sind.

Die Psychologen Amos Tversky und Daniel Kahneman fragten die Teilnehmer ihres Experiments, ob bestimmte Buchstaben häufiger am Anfang eines Wortes oder an dritter Stelle auftauchen würden. Fast alle sagten, es gebe deutlich mehr Wörter, die mit diesen Buchstaben beginnen. Das war eine falsche Antwort. Wahrscheinlich liegt das daran, dass uns Wörter mit einem bestimmten Anfangsbuchstaben präsenter sind als solche, bei denen dieser Buchstabe erst an dritter Stelle steht.

Wer ein heftiges Unwetter miterlebt hat, hält die Wahrscheinlichkeit, dadurch zu Schaden zu kommen, für relativ hoch. Dabei ist das tatsächliche Risiko in Deutschland gering. Hier spielen aber auch die Medien eine wesentliche Rolle. Wir lesen und hören immer wieder von solchen Ausnahmeereignissen wie Naturkatastrophen oder

Flugabstürzen und überschätzen deshalb deren Häufigkeit, während wir die von Herzinfarkten eher unterschätzen.

Diese »Verfügbarkeitsverzerrung« spielt auch bei ärztlichen Diagnosen eine Rolle. Der Arzt stellt zunächst die Diagnose, die ihm am präsentesten ist.

Unser Tipp:
Wenn Sie sich der Verfügbarkeitsverzerrung bewusst sind, können Sie Fehler vermeiden. Fixieren Sie sich nicht auf Ausnahmeereignisse und Einzelfälle, sondern vertrauen Sie lieber auf konkrete Statistiken. Sie brauchen keine Angst zu haben, mit einem Flugzeug in den Urlaub zu fliegen. Das Unfallrisiko ist größer, wenn Sie mit dem Auto fahren.

Die Truthahn-Illusion – es bleibt immer so, wie es bisher war

Die Truthahn-Illusion ist die Neigung, einen Trend fortzuschreiben, ohne ihn zu hinterfragen. Je länger der Trend anhält, desto größer wird die wahrgenommene Sicherheit. Der Trendbruch kommt überraschend und der Schock durch den Bruch ist groß.

Die Truthahn-Illusion bezieht sich auf die Wahrnehmungen, die dieser Vogel seit Beginn seines Lebens hatte. Anfangs kam ein Mann zu ihm und er fürchtete, dass er ihn töten würde. Aber der Mann fütterte den Truthahn von jetzt an jeden Tag. Daraus leitete der Truthahn die Vorhersage ab, dass es immer so weitergehen würde und fühlte sich sicher. Auch am Tag vor Thanksgiving erhielt der Truthahn sein Futter und hatte auch keinen Zweifel daran, dass es morgen wieder geschehen würde. Er irrte und erlebte den für ihn schlimmsten Trendbruch seines bis dahin schönen Lebens, weil er nicht wusste, dass in den USA an Thanksgiving traditionell Truthahnbraten gegessen wird.

Im Zweifelsfall tun wir lieber nichts

Wenn ein Mensch entscheiden muss, ob er eine bestimmte Handlung vornimmt oder nicht, und weiß, dass beide mit Risiken behaftet sind, schätzt er das Risiko einer Handlung subjektiv höher ein als das Risiko, das eintritt, wenn er diese Handlung unterlassen würde.

Ein häufig genanntes Beispiel für diesen Unterlassungseffekt sind die Impfgegner. Die Eltern müssen entscheiden, ob sie ihr Kind impfen lassen wollen oder nicht. Es ist bekannt, dass sowohl beim Verzicht auf das Impfen als auch beim Impfen gewisse Risiken auftreten, die es gilt, gegenseitig abzuwägen. Impfgegner schätzen subjektiv das Risiko der Impfung höher ein.

Autoritätseffekt – es kommt auf das Auftreten an

Wir neigen dazu, Anweisungen von Autoritätspersonen blind zu folgen. Durch ihr Auftreten nehmen wir sie als kompetent und glaubwürdig wahr, auch wenn sie es gar nicht sind.

Experimente haben gezeigt, dass das Pflegepersonal im Krankenhaus eine Person, die einen Arztkittel trug, als Autoritätsperson ansah und ihren Anweisungen folgte. Es reichte sogar aus, dass sich jemand am Telefon als Arzt ausgab, um das zu tun, was er vorschrieb.

Betrüger nutzen diese Masche, als Autoritätspersonen aufzutreten, um vor allem älteren Menschen Geld und Wertgegenstände abzuschwatzen. Dabei ist es nicht einmal nötig, in einer Art Polizeiuniform an der Haustür zu klingeln. Oft reicht sogar ein Anruf, bei dem sich der Anrufende als Polizist vorstellt und sein Opfer davor warnt, dass ihm ein Überfall oder ein Einbruch bevorstehe.

Aus diesem Grund wird das Opfer aufgefordert, alle wertvollen Dinge bereitzuhalten, weil die Polizei jemanden vorbeischicken werde, der die Wertsachen abholt und in Sicherheit bringt. Es ist nicht nur die Autorität, die die Menschen leichtgläubig macht, sondern auch die Angst vor einem Verlust.

Leider sind schon viele ältere Menschen auf diesen Trick hereingefallen. Sie haben sich nicht noch einmal selbst bei der Polizei vergewissert, ob dieser Anruf tatsächlich echt war.

Unser Tipp:

Wir müssen uns im Kontakt zu anderen Menschen immer wieder fragen, ob sie über die Kompetenz, die sie durch ihr Auftreten vorgeben zu besitzen, tatsächlich verfügen. Hinterfragen Sie jedes Detail.

Reziprozität – wie du mir, so ich dir

Wenn jemand uns etwas schenkt oder uns hilft, sind wir bestrebt, ihm auch zu helfen oder etwas zu schenken.

Besonders Spendenorganisationen setzen auf diesen Effekt. Sie schenken uns eine Kleinigkeit, wie zum Beispiel Weihnachtskarten oder einen Kugelschreiber, in der Hoffnung, dass wir ihrer Bitte um eine Spende nachkommen. Oder es werden in Supermärkten Kostproben angeboten mit der Absicht, dass wir uns dann verpflichtet fühlen, dieses Produkt auch zu kaufen.

Unser Tipp:
Reziprozität ist an sich nicht schlecht und liegt in der Natur des Menschen. Aber wenn sie ausgenutzt wird, um uns zu einem Verhalten zu bewegen, das wir nicht beabsichtigten, sollten Sie vorsichtig sein.

Dunning-Kruger-Effekt – Halbwissen ist gefährlich

Wenig kompetente Menschen neigen dazu, ihr eigenes Können und Wissen zu überschätzen und das anderer zu unterschätzen. Man kann sagen, je inkompetenter jemand ist, desto mehr überschätzt er sich. Und wer völlig unfähig ist, kann nicht einmal erkennen, dass er es ist. Inkompetente Menschen überschätzen sich, weil sie nicht wissen, was sie nicht wissen, sagt David Dunning, Professor für Sozialpsychologie an der Cornell University in Ithaka, New York.

Dunning und sein Kollege Justin Kruger veröffentlichten im Jahr 1999 eine zunächst kaum beachtete wissenschaftliche Abhandlung zu ihren Studien. Sie hatten entdeckt, dass Schwierigkeiten, die eigene Inkompetenz zu erkennen, bei überdurchschnittlich vielen Menschen zu einer überhöhten Selbsteinschätzung führen. Vor allem

Menschen mit spezifischen Schwächen, zum Beispiel beim Lesen, Schreiben, Autofahren oder Schachspielen, neigen dazu, ihr eigenes Können auf diesen Gebieten zu überschätzen und gleichzeitig das der anderen Menschen zu unterschätzen.

Wenn jemand inkompetent ist, dann kann er auch gar nicht wissen, dass er inkompetent ist, so Dunning. Denn die Fähigkeiten, die nötig wären, die Lösung eines Problems zu finden, seien dieselben, die nötig wären, die gefundene Lösung als richtig zu erkennen. Eine weitere Studie, die Dunning gemeinsam mit seiner Kollegin Carmen Sanchez durchgeführt hat, ergab, dass insbesondere »Halbanfänger« zur Selbstüberschätzung neigen. Einsteiger gehen noch mit Respekt an eine Aufgabe heran, weil sie sich bewusst sind, dass ihnen noch das notwendige Wissen fehlt. Nachdem sie die ersten Erfahrungen gemacht haben, überschätzen sie diese und beginnen auch mit der Selbstüberschätzung. Diese schwächt sich später mit wachsender Erfahrung aber ab, bis sich die Lücke zwischen wirklichem und vermeintlichem Können schließt.

Im April 1995 überfiel ein Mann in Pittsburgh, Pennsylvania, eine Bank. Er trug keine Maske und war deshalb auf den Aufnahmen der Überwachungskameras gut zu erkennen. Diese Bilder wurden in den Fernsehnachrichten gezeigt, so konnte der Bankräuber sehr schnell festgenommen werden. Er war fassungslos und soll gesagt haben »aber ich war doch voller Saft«. Er hatte nämlich sein Gesicht mit Zitronensaft eingerieben im festen Glauben daran, dass es dadurch für die Kameras unsichtbar sei.

Unser Tipp:

Versuchen Sie in Gesprächen mit Menschen, denen Sie vertrauen, herauszufinden, was diese von Ihren Ansichten halten. Wenn Sie ehrliche Antworten bekommen, seien Sie dankbar und nehmen Sie ein offenes Wort nicht übel.

Verzerrungsblindheit – ich bin anders als die anderen

Verzerrungsblindheit ist die Tendenz, sich selbst für unbeeinflusst zu halten und sein Handeln als objektiv wahrzunehmen, während die anderen Menschen als beeinflusst angesehen werden.

Bei einer Befragung von mehr als 600 US-Amerikanern meinten mehr als 85 Prozent, sie selbst seien weniger voreingenommen als der durchschnittlichen US-Bürger. Nur ein einziger Teilnehmer sagte, er sei mehr voreingenommen als der Durchschnitt.

Unser Tipp:
Gestehen Sie sich ein, dass auch Ihr Denken auf äußeren Einflüssen beruht.

Kontrollillusion – man kann nicht alles beeinflussen

Die Annahme, Ereignisse durch eigenes Verhalten kontrollieren oder beeinflussen zu können, auf die Sie objektiv gesehen keinerlei Einfluss haben. In den meisten Fällen handelt es sich bei diesen Ereignissen schlicht um Zufälle.

Menschen schätzen ihre Gewinnchancen beim Lotto höher ein, wenn sie die Zahlen selbst gewählt und den Lottoschein auch selbst ausgefüllt haben. Bei Würfelspielen werfen sie stärker, wenn sie eine Sechs wünschen, während sie den Würfel langsam auf den Tisch rollen lassen, wenn sie eine Eins brauchen.

In vielen Aufzügen hat der Tür-auf-Tür-zu-Knopf keine Funktion, er wird aber immer wieder gern gedrückt und wir glauben fest daran, dass die Tür auf unsere Bedienung des Knopfes reagiert. Genauso ist es bei den Drückknöpfen an Fußgängerampeln. In vielen Großstädten werden die Ampeln aber elektronisch zentral gesteuert. Der Knopf hat keine Funktion, außer der, die Menschen zum Warten zu veranlassen, nachdem sie den Knopf gedrückt haben.

Unser Tipp:
Sie sollten sich damit abfinden, nicht alles im Leben kontrollieren zu können. Konzentrieren Sie sich auf die Dinge, die Sie wirklich zu kontrollieren und zu beeinflussen in der Lage sind.

Besitztumseffekt – Was uns gehört, ist wertvoll

Ein Gut schätzen wir als wertvoller ein, wenn wir es besitzen, als wenn wir es erwerben sollen. Daraus folgt, dass die Zahlungsbereitschaft und die Bereitschaft zum Verkauf für ein und dasselbe Gut unterschiedlich sind. Bei einem rein rational denkenden Menschen wären beide identisch.

In einem Experiment schenkte Daniel Kahneman einer Gruppe der Teilnehmer jeweils eine Tasse und fragte, zu welchem Preis zwischen 9,25 Dollar und 0,25 Dollar sie bereit wären, diese wieder zu verkaufen. Die zweite Gruppe sollte angeben, wie viel sie für die Tassen zahlen würden. Als Verkaufspreis wurde durchschnittlich 7,12 Dollar genannt, als Ankaufspreis nur 2,87 Dollar.

Bei Immobilien kommt der Besitztumseffekt besonders häufig und deutlich zum Tragen. Besitzer von Grundstücken, Häusern und Wohnungen tendieren dazu, einen höheren Preis zu fordern als den eigentlichen Marktwert. Wenn sie ihren Wunschpreis erhalten, haben die Verkäufer das schlechte Gefühl, zu wenig gefordert und unter Wert verkauft zu haben.

Unser Tipp:

Wenn Sie etwas kaufen oder verkaufen wollen, sollten Sie immer versuchen, den Marktwert der Güter realistisch zu bewerten. Immobilien können Sie schätzen lassen oder mit ebenfalls zum Verkauf stehenden Objekten in der Region vergleichen. Wenn Sie sich von anderen Dingen trennen wollen, sollten Sie sich bei Ebay oder ähnlichen Internetplattformen informieren, welche Preise am Markt möglich sind.

Der Ikea-Effekt – Selbstgemachtes ist wertvoller

Wir schätzen den Wert von Gegenständen höher ein, wenn wir sie selbst entworfen und hergestellt oder zumindest selbst zusammengebaut haben.

In einem Experiment ließ Dan Ariely die Teilnehmer Origamifiguren basteln. Anschließend sollten die Teilnehmer angeben, wie viel sie für ihre eigenen Kreationen zu zahlen bereit wären, und wie viel für die der anderen. Alle schätzten die eigenen Figuren als wertvoller ein als die der anderen.

Was wir selbst herstellen, das mögen wir eben besonders gern. Dies gilt sogar, wenn wir Regale und Schränke nur selbst zusammengebaut haben, wie wir es bei den Ikea-Möbeln tun. Dazu sind wir gerne bereit, aber eben nicht wegen des günstigen Preises, sondern auch, weil wir nachher umso glücklicher über das Ergebnis sind. Ariely und seine Kollegen haben auch im Experiment herausgefunden, dass die Teilnehmer ihre eigene Arbeit nur dann höher einschätzten, wenn sie von Erfolg gekrönt war.

Der NASA-Effekt – nur die eigenen Ideen zählen

Menschen neigen dazu, ihre eigenen Ideen und Konzepte überzubewerten und an ihnen festzuhalten. Fremde Ideen werden von vornherein verworfen, ohne sie zu prüfen und zu bewerten. Aber auch ganze Unternehmen und Organisationen tendieren dazu, fremdes, bereits bestehendes Wissen zu ignorieren. Ebenso mangelt es oft am internen Wissensaustausch zwischen deren Teams oder Abteilungen.

Beim Apollo-Programm der NASA erkannte man, dass die verschiedenen Abteilungen nicht ausreichend miteinander kommunizierten und andere Erfahrungen nutzten, um die Sicherheit der Astronauten optimal zu gewährleisten. Deshalb wurden neue Stellen geschaffen, die keiner Abteilung zugeordnet waren. Diese Personen erhielten die Aufgabe, Informationen zwischen den verschiedenen Abteilungen auszutauschen. Das soll die Zuverlässigkeit der NASA-Projekte stark positiv beeinflusst haben. Die damals neu geschaffenen Stellen gibt es auch heute noch.

Unser Tipp:

Hüten Sie sich davor, fremdes Wissen und die Ideen anderer Menschen von vornherein zu ignorieren. Ihr eigenes Können und Wissen sollten Sie weder überbewerten noch anderen vorenthalten.

Bloß keine Verluste

Die Abneigung gegen einen möglichen Verlust ist größer als die Aussicht auf einen möglichen Gewinn. Aus diesem Grund werden oft auch Vorteile nicht wahrgenommen, weil man möglicherweise später eintretende Verluste vermeiden möchte. Am deutlichsten wird diese Verlustaversion im Zusammenhang mit Aktiengeschäften.

Die meisten Menschen kaufen eine Aktie nicht zu dem Zeitpunkt, wenn sie den niedrigsten Preis hat, sondern erst, wenn der Kurs im Steigen begriffen ist. Hat der Aktienkurs dann allerdings ein bestimmtes Niveau erreicht, werden die Aktien nicht etwa wieder verkauft, sondern weiter gehalten, weil man sich noch weitere Kurssteigerungen erhofft und man den Verkauf zu einem niedrigeren Preis als Verlust ansehen würde.

Viele Aktienbesitzer verkaufen ihre Aktien erst dann, wenn der Höchstpreis überschritten worden ist und der Kurs wieder sinkt, weil sie ein noch weiteres Absinken befürchten. Da sie die Aktien gekauft haben, als die Kurse auf dem Weg nach oben waren, kann es ihnen sehr leicht passieren, dass der aktuelle Kurs nun unter ihren Einkaufspreis sinkt. Deshalb werden sie auch sinkende Aktien zunächst im Portfolio behalten, bis der Kurs so tief gefallen ist, dass die Angst vor weiteren Verlusten größer ist als die Hoffnung auf erneut steigende Kurse.

Häufig sieht es dann so aus, dass der Aktienkurs kurz nach dem Verkauf wieder anzieht. Hier kommt dann die alte Börsenregel zur Geltung: »Hin und her macht Taschen leer«.

Um seinen Studenten die Angst vor Verlusten und die daraus resultierende Verhaltensweise plastisch vor Augen zu führen, entschied sich ein Universitätsprofessor, einen 20-Dollar-Schein zu versteigern. Allerdings legte er eine ganz spezielle Regel fest. Die Banknote erhielt derjenige, der das höchste Gebot abgab, aber derjenige mit dem zweithöchsten Gebot musste ebenfalls zahlen.

Am Anfang kam die Auktion gut in Gange. Einer bot einen Dollar, der nächste zwei, dann drei, dann vier. Wenn die Auktion bei Preisen zwischen zwölf und 16 Dollar angekommen war, dämmerte den meisten Studenten, dass es nun an der Zeit wäre, nicht weiter zu bieten. Denn wenn man überboten würde, müsste man eine Menge Geld zahlen, ohne etwas dafür zu bekommen.

Meist blieben zwei Bieter übrig, die einen möglichen Verlust um jeden Preis vermeiden wollten. Wenn der Meistbieter 20 Dollar für den 20-Dollar-Schein bot, sah sich derjenige, der 19 geboten hatte, in der Regel gezwungen, nun auf 21 zu gehen. Der Verlust von einem Dollar wäre immer noch leichter zu verschmerzen als der Verlust von 19. Doch genauso sah es der andere auch. Lieber zwei Dollar verlieren als 20 Dollar.

Der höchste Preis, den der Professor jemals für seine 20-Dollar-Note erzielt haben soll, war, wenn man den Informationen glauben darf, 400 Dollar. Übrigens, das Geld hat er nicht in die eigene Tasche gesteckt, sondern für wohltätige Zwecke gespendet. Und damit niemand glaubt, dass nur Studenten Opfer ihres eigenen Verhaltens werden, wurden diese Versteigerungen auch schon im Rahmen von Managerseminaren durchgeführt und, wie sollte es anders sein, mit dem gleichen Ergebnis. Wenn es um Verluste geht, sind die Entscheider in der Wirtschaft offensichtlich auch nicht schlauer.

Unser Tipp:

Bevor Sie eine Entscheidung treffen, versuchen Sie sich nicht nur die positiven Folgen vorzustellen, sondern auch die negativen. Bei der Versteigerung der 20-Dollar-Note war das Ergebnis vorherzusehen. Aber Gier frisst Hirn. Beim

Kauf von Aktien oder Fondsanteilen achten Sie auf Provisionsjäger. Stellen Sie sich immer die Frage: Wer gewinnt, wer verliert und wer verdient? Lesen Sie bei Verträgen auch das Kleingedruckte ganz genau. Machen Sie keine Geschäfte, die Sie nicht verstehen.

Schade um das schöne Geld

Wer eine falsche Entscheidung getroffen und dadurch einen Verlust erlitten hat, verwendet in der Regel viel Zeit darauf, diesen Verlust zu bedauern. Es mag schmerzhaft sein, ist aber nicht mehr zu ändern. Trotzdem geht uns diese Fehlentscheidung nicht so leicht aus dem Kopf.

Das mag daran liegen, dass das Schmerzzentrum, das auch für Verluste zuständig ist, nachhaltiger arbeitet als das Belohnungszentrum. Während das Belohnungszentrum sich schon längst wieder nach neuen Aufgaben umsieht, wird das Schmerzzentrum einen Verlust erst dann wieder vergessen, wenn ein noch größerer eingetreten ist. Deshalb können sich Menschen auch an Gewinnen nicht so sehr freuen, wie sie Verluste fürchten.

Unser Tipp:
Verluste lassen sich im Leben nicht vermeiden. Oft geht es um sehr viel Wichtigeres als Geld. Wenn es einen Grund gibt zu trauern, versuchen Sie Ihre Trauer in Symbolen und Ritualen auszudrücken, die Ihnen die Last von der Seele nehmen können.

Das Gesetz der Trivialität

Eine der Annahmen über die Wahrnehmungsverzerrungen in der neuen Erwartenstheorie lautet, dass Menschen unverhältnismäßig viel Zeit für kleine Entscheidungen aufwenden und unverhältnismäßig wenig Zeit für große. Das beschrieb der Professor für Verwaltungswissenschaften C. Northcote Parkinson bereits 1980 in seinem Buch *Parkinsons neues Gesetz*. Sein Gesetz der Trivialität lautet: Die auf einen Punkt der Tagesordnung verwendete Zeit ist umgekehrt proportional zur Größe der Summe, um die es geht.

Als Beispiel brachte Parkinson die Vorstandssitzung einer großen Firma, bei der der Vorstandsvorsitzende und die zehn Vorstände über den Bau einer neuen Fabrik im Wert von 100 Millionen Pfund entscheiden müssen. Vier von ihnen wissen gar nicht, wie die Fabrik funktioniert, drei haben keine Ahnung, wozu sie dient. Von den restlichen vier Vorständen wissen nur zwei, was so eine Fabrik überhaupt kosten darf, von denen der eine noch ein paar persönliche Freunde ins Geschäft bringen will, was abgelehnt wird, und der letzte überhaupt keine Lust hat, den anderen zu erklären, worum es überhaupt geht. Also wird der Neubau innerhalb von 15 Minuten beschlossen.

Der nächste Tagesordnungspunkt ist dann die Entscheidung über den Bau eines Fahrradunterstandes für die Räder der Angestellten hinter dem Hauptgebäude. Die Kosten liegen bei 3 500 Pfund. Über diesen Tagesordnungspunkt wird eineinviertel Stunden diskutiert, um ihn dann zu vertagen. Schließlich hat jeder eine Vorstellung davon, was ein Fahrrad ist und wie man es tagsüber ordentlich verwahren sollte.

Die Geschichte von Parkinson ist zwar sehr lustig zu lesen, entspricht aber leider dem, was uns bei Entscheidungen tagtäglich selbst widerfährt. Wir wissen, was ein Füllhalter kann, wie er aussehen und was er kosten sollte. Deshalb fällt uns die Entscheidung im Schreibwarengeschäft unendlich schwer. Was die technischen Beschreibungen eines Personal Computers besagen oder auch nicht, ist für die meisten Menschen ein Buch mit sieben Siegeln, deshalb gehen sie zum Discounter, wenn es dort ein zeitlich befristetes Sonderangebot gibt. Die aufgewendete Zeit für diese Entscheidung ist in den meisten Fällen wahrscheinlich ebenfalls deutlich kürzer als beim Kauf eines Füllhalters.

Unser Tipp:
Versuchen Sie die tatsächliche, zukünftige Bedeutung einer Entscheidung zu erkennen. Wenn es Ihnen schwer fällt, sich zu entscheiden, ist der Gegenstand der Entscheidung wahrscheinlich gar nicht so wichtig, um glücklich zu sein.

Überzogenes Selbstvertrauen als Fehlerquelle

Selbstvertrauen und Selbstbewusstsein gehen Hand in Hand und beruhen beide auf einem aktiven Belohnungssystem, einem stabilen emotionalen System, auf Wissen, Fähigkeiten und auf positiven Erinnerungen. Während das Selbstbewusstsein eher auf das ausgerichtet ist, was wir von anderen für uns selbst erwarten, bestimmt das Selbstvertrauen die Erwartungen an uns selbst. Beide sollten ruhig hoch sein, um heil durchs Leben zu kommen, aber eben nicht so hoch, dass sie die Verbindung zur Realität verlieren.

Überzogenes Selbstvertrauen beruht meist auf der Überschätzung der eigenen Fähigkeiten und der Beurteilungsfähigkeit. Ein gutes Beispiel dafür sind sicherlich die zahlreichen Touristen, die jedes Jahr von der Bergwacht in den Alpen gerettet werden müssen. Mit Badelatschen und T-Shirts begeben sie sich in Bergregionen, die andere nur gut ausgerüstet in Angriff nehmen. Sie unterschätzen nicht nur die Schwierigkeiten des Geländes und des Wetters, sondern sie überschätzen auch ihre eigene körperliche Leistungsfähigkeit. Solche Fehlentscheidungen enden dann oft mit Knochenbrüchen und Erfrierungen, manchmal auch mit dem Tod.

Natürlich gibt es auch viel banalere und weniger schmerzliche Entscheidungen, die dennoch auf der Überschätzung der eigenen Fähigkeiten beruhen. Denken wir nur an Hobbyhandwerker, die glauben genau zu wissen, wo die Elektroleitungen liegen, und dann mit einer Bohrmaschine die Stromversorgung eines ganzen Hauses lahmlegen, oder an die Hobbyarchitekten, die zunächst das Dach einer günstig erstandenen Bauruine sanieren lassen und erst dann merken, dass Grundmauern, Wände oder Decken den Winter nicht mehr überstehen. Die Liste der Selbstüberschätzungen ließe sich beliebig fortsetzen.

Auch der eigene Einfluss auf die Zukunft wird oft überschätzt. Wie sicher ist der Arbeitsplatz wirklich? Sollte man sich das Haus mit Hilfe einer Riesenhypothek wirklich kaufen oder lieber noch abwarten und weitersparen?

Überzogenes Selbstvertrauen beruht auch darauf, dass wir die Fähigkeiten und Handlungsweisen möglicher Konkurrenten oder Wettbewerber geringer einschätzen, als es tatsächlich der Fall ist, egal ob es sich nur um eine kleine Beförderung oder um eine Bewerbung auf einen neuen Arbeitsplatz bei einem anderen Arbeitgeber handelt. Viele Menschen glauben, selbst gute Chancen zu haben, ohne Informationen über diejenigen zu besitzen, die gegen sie antreten.

Unser Tipp:
Schärfen Sie Ihre Wahrnehmungen und versuchen Sie sich selbst besser kennenzulernen.

Wie Ängste und Machtlosigkeit unsere Wahrnehmung verzerren

Wer unter Ängsten leidet, wie zum Beispiel einer Spinnenphobie, hält die Tiere für größer, als sie tatsächlich sind, und er glaubt auch häufiger, dass die Spinnen ihn zum Ziel ihrer Aktionen haben.

Auch das Gefühl der Machtlosigkeit und Hilflosigkeit verzerrt unsere Wahrnehmung. Es gibt eine Studie von Jennifer Whitson von der University of Texas. Im ersten Teil eines Experiments mussten die Teilnehmer erleben, dass sie die Fähigkeiten, bestimmte Probleme zu lösen, nicht besitzen. Im zweiten Teil des Experiments kam es dann dazu, dass sie in willkürlich gemusterten Flächen eine bestimmte Ordnung erkannten. Offensichtlich hatte das Gehirn den Wunsch, bei Machtlosigkeit Ordnung zu schaffen, auch wenn die Strukturen nur eingebildet waren. Ein weiteres interessantes Ergebnis war, dass Menschen, die sich als machtlos empfinden, auch empfänglicher für Verschwörungstheorien und Aberglauben sind.

Zusammenfassung Kapitel 2

- Das menschliche Gehirn wurde durch die Umwelt geformt. Alle sensorischen Systeme im Gehirn haben einen gemeinsamen Grundbauplan.

- Die Wissenschaft ist sich einig, dass der Mensch über mehr als nur fünf Sinne verfügt. Uneinig ist man allerdings darüber, wie man sie definieren und beschreiben will. Beim Sehen, Hören, Riechen und Schmecken besteht weitgehend ein Konsens. Die Sinne der Körperwahrnehmung dienen der gegenseitigen Information von Körper und Geist. Die Sinne der Inhaltswahrnehmung sind darauf ausgerichtet, die Wahrnehmungen der anderen Sinne zu deuten und ihnen Bedeutung zu verleihen.

- Alle Sinne arbeiten zusammen. So wird das, was wir sehen, auch durch das, was wir schmecken oder riechen, beeinflusst. Und weil alle Sinneswahrnehmungen zusammenarbeiten, sollten sie auch gemeinsam trainiert werden.

- Gefühle gehören zu den inneren Wahrnehmungen, die sowohl im Gehirn als auch im Körper verarbeitet werden. Emotionen hingegen dienen den Sinnen der Inhaltswahrnehmung als Bewertungshilfe und sie lösen Gefühle aus.

- Unsere Wahrnehmungen sind kein reales Abbild der Wirklichkeit, sondern dienen dazu, die bestehenden Vorstellungen von der Welt zu korrigieren und zu ergänzen sowie unser Verhalten zu steuern.

Im Netzwerk der Wahrnehmungen

Schon immer hat der Mensch versucht, andere Menschen in seinem Sinne zu beeinflussen. Dabei waren ihm im Laufe der Menschheitsgeschichte alle Mittel recht und es wurden auch alle erprobt und angewendet. Von Folter und Drohungen reichte es über die Rhetorik und die Anwendung logischer Argumente bis hin zu allem, was heute die moderne Motivations- und Verkaufspsychologie zu bieten hat.

Inzwischen hat man festgestellt, dass nicht die Ansprache der Vernunft die größten Erfolge im Hinblick auf das gewünschte Resultat bringt, sondern die Ansprache der Emotionen. Die besten Resultate erzielten Verkäufer nicht, wenn sie ihre Kunden bedrängten oder überredeten, sondern überzeugten. Wenn ein Mensch bei dem, was er tut, gute Gefühle hat, wird er es auch gern wieder tun.

Hier kommen nun wieder die Neurowissenschaften ins Spiel, die entdeckt haben, dass es doch so eine Art zentralen Schalter im Gehirn gibt, den man tätigen muss, nämlich das Belohnungssystem. Denn nichts möchte das Gehirn lieber, als sich selbst für sein Denken und Entscheiden zu belohnen. Allerdings bleibt im Einzelfall zumindest heute meist noch die Frage offen, weshalb das Belohnungssystem in bestimmten Fällen anspringt und in anderen nicht. Sicherlich werden die Neurowissenschaften schon bald klarere und bessere Antworten darauf geben, als es die Marketingpsychologie allein in der Vergangenheit konnte.

Die Impulse kommen von außen

Der Neurobiologe Henry Markram sagt: »Jeder äußere Reiz, jede Wahrnehmung, jeder Gedanke beeinflusst das Gehirn. Es verändert sich ständig – und es hängt von unserem Verhalten ab, in welcher Weise es das tut.« Wir haben eine Vorstellung von dem, was uns umgibt, im Kopf. Das Gehirn vergleicht dieses innere Modell mit unseren Wahrnehmungen, um Vorhersagefehler zu minimieren und das innere Modell von unserer Umwelt zu optimieren. Dies hatten wir bereits beschrieben.

Hier geht es jetzt um die Beschaffenheit dieser inneren Wirklichkeit. Sie ist eine komplexe und durchaus subjektive Konstruktion aus dem, was wir gerade in diesem Moment erleben, aber auch aus Erinnerungen, Erfahrungen und Erwartungen, die wir ganzheitlich bewerten. Unsere innere Wirklichkeit umfasst also wesentlich mehr als das, was uns umgibt.

Je älter wir werden, desto komplexer wird diese innere Wirklichkeit, weil wir ständig neue Erlebnisse und Erfahrungen hinzufügen und uns auch an frühere Bewertungen und Erwartungen erinnern können. Allerdings ruht dieser Erfahrungsschatz normalerweise in unserem Unbewussten, das wahrscheinlich 99 Prozent unseres gespeicherten Wissens und unserer Denkkapazität ausmacht. Nur ein Prozent ist mit aktuellen Wahrnehmungen und Gedankengängen beschäftigt.

Ein Schlüsselerlebnis ist ein Ereignis, das unser Verhältnis zu bestimmten Menschen, Dingen oder Situationen nachhaltig prägt. Es muss uns nicht dauernd im Bewusstsein herumspuken und uns ständig verfolgen. Es muss nicht so sein, dass dieses Ereignis von uns selbst oder auch von anderen Menschen in seiner besonderen Tragweite erkannt wird. Ja, es ist nicht einmal notwendig, dass das Ereignis selbst tatsächlich von besonderer Bedeutung ist. Es kommt einzig und allein darauf an, wie der betroffene Mensch es in seinem Erfahrungsschatz ablegt und wie es mit Gefühlen und anderen Erfahrungen eine Verbindung eingeht.

Nicht jedes einschneidende oder dramatische Ereignis muss zu einem Schlüsselerlebnis werden, es können auch die Banalitäten des Alltags sein. Ein Schlüsselerlebnis kann oft für Jahre oder sogar Jahrzehnte im Unbewussten versinken und trotzdem dort seine Wirkung entfalten. Aber plötzlich passt ein aktuelles Erlebnis wie ein Schlüssel ins Schloss und öffnet unversehens eine lange Zeit verschlossen gebliebene Tür.

Das merken wir zum Beispiel daran, wenn wir über eine Person nachdenken, die wir schon seit unserer Jugend oder unserer Kindheit kennen. Je nachdem, wie alt wir selbst sind, werden uns detaillierte Erinnerungen einfallen, die vielleicht schon 50 Jahre alt sind. Ohne unser Zutun werden dann immer neue Erinnerungen auftauchen, die wir zur Bearbeitung aktueller Situationen in den vergangenen Jahrzehnten nie gebraucht haben.

Der Lawineneffekt bringt alte Erinnerungen ans Tageslicht

Trotzdem haben diese Erinnerungen einen Platz in unserem Gedächtnis und werden wie eine Lawine durch ein einzelnes Ereignis oder hier eine einzelne Erinnerung zu einer immer stärker werdenden Bewusstseinsaktivität. Dieser Lawineneffekt wird auch Avalanche-Effekt genannt. Wir haben plötzlich das Gefühl, über den Menschen oder die Dinge, an die wir denken, ein ganzes Buch schreiben zu können, wenn wir alles erfassen wollten, was uns im Detail einfällt und mit diesem ersten Gedanken in Zusammenhang steht.

Wenn ein Freund oder eine Freundin in den kommenden Tagen Geburtstag hat, kann uns zum Beispiel einfallen, welchen Wagen er oder sie vor vielen Jahren gefahren hat. Ich, Friedhelm Schwarz, möchte das einmal an einer Erinnerung von mir demonstrieren. Der erste Gedanke von mir war der, dass dieser Freund in wenigen Tagen Geburtstag hat. Plötzlich fiel mir wieder ein, dass er in den 1970er-Jahren einen braunen VW Käfer gefahren hatte. Mit diesem Auto hatte er im Winter auf glatter Straße in der Nordheide einen Unfall gehabt, wobei einige Rotweinflaschen, die auf dem Rücksitz lagen, zu Bruch gingen.

Dieses Ereignis hatte überhaupt nichts mit seinem Geburtstag zu tun. Trotzdem öffneten sich sofort wieder neue Gedankenfenster. Ich selbst habe auch einmal einen VW Käfer besessen. Wohin bin ich mit diesem Wagen gefahren? Ich hätte aber auch an dem Begriff Nordheide andocken und überlegen können, was ich dort schon erlebt hatte. Zum Beispiel, dass wir einmal einen Klassenausflug dorthin gemacht hatten und auch Pilze gesammelt haben. Allerdings war einer davon bitter gewesen und die ganze Mahlzeit verdorben.

Wir hoffen, dass wir am Beispiel dieser Gedankengänge deutlich gemacht habe, wie der Lawineneffekt funktioniert. Jeder kann ausprobieren, wie ein Gedanke den nächsten weckt und aus dem Unbewussten mit allen damit verbundenen Wahrnehmungen auferstehen lässt. Jedes innere Erleben beruht also auf einem äußeren Impuls. Das kann jeder selbst ausprobieren. Wir können aus dem Unbewussten keine Erinnerungen hervorzaubern wie ein Magier ein Kaninchen aus einem Hut zieht. Wenn nicht irgendwo der Anfang für eine Gedankenkette wahrgenommen wurde, werden auch keine spontanen Erinnerungen auftauchen. Und das ist auch gut so.

Wir haben so viel in unserem Kopf gespeichert, dass wir sofort krank werden würden, wenn all diese Erinnerungen gleichzeitig präsent werden würden. So ergeht es der US-Amerikanerin Jill Price geboren im Dezember 1965. Sie hat eine Endlosschleife im Kopf und erinnert sich an vieles aus ihrer frühen Kindheit, an das meiste, was ihr zwischen dem neunten und 15. Lebensjahr passiert ist und an alles, was danach kam, lückenlos. Jill Price hat wie nur ganz wenige andere Menschen ein ständig präsentes biografisches Gedächtnis. Ständig wird sie durch die Gegenwart an ihre Vergangenheit erinnert, nicht nur an die schönen Momente des Lebens oder an besonders tragische Augenblicke, nein, sie erinnert sich auch an die banalsten Einzelheiten.

Wenn es in einem Restaurant nach gebratenem Fisch riecht, fällt ihr sofort ein, wann bei welcher Gelegenheit sie diesen Geruch schon einmal in ihrem Leben wahrgenommen hat. Sie weiß wieder, wer dabei war, wie das Wetter war, welche Kleidung sie trug, einfach alles. Und wenn der Kellner ihr zur Nachspeise Eiskrem empfiehlt, erin-

nert sie sich sofort daran, wie ihr einmal eine Eistüte auf die nagel-
neuen Schuhe gefallen ist, wie sie einmal zu viel Eis gegessen hatte
und Bauchschmerzen bekam, welche Eissorte ihre Freundin ausgewählt hat, als sie mit 20 am Strand waren und so weiter und so weiter.

Die totale Erinnerung richtet im Kopf von Jill Price ein perma-
nentes, wildes Durcheinander aus vergangenen Ereignissen an, das
sie nur mit größter Anstrengung in den Griff bekommen kann.
Doch die Erinnerungsfähigkeit, die sie hat, bezieht sich nur auf ihre
persönlichen Erlebnisse, sogenanntes Faktenwissen speichert sie
nicht besser und nicht schlechter als alle Durchschnittsmenschen.
Deshalb war sie in der Schule auch nur eine mittelmäßige Schülerin.

Die Blackbox des Unbewussten kann man nicht öffnen

Unser Unbewusstes müssen wir uns wie eine Art Blackbox vorstellen, die man nicht öffnen kann. Wir wissen nicht, was sie alles enthält, wie die Inhalte strukturiert und miteinander verbunden sind.
Ebenso wissen wir nicht, was wir in dieser Blackbox gerade denken
oder welche Handlungen wir vorbereiten. Wir wissen nicht einmal,
welche Informationen diese Blackbox gerade wahrnimmt, während
wir bewusst etwas denken, wie zum Beispiel diesen Text zu formulieren.

Wir haben vielleicht eine Ahnung, wie der nächste oder auch
übernächste Satz ausschauen kann, aber was danach kommt, bleibt
im Dunkeln, bis im Bewusstsein Platz für den nächsten Gedanken
geschaffen wird. Womit sich das Unbewusste gerade beschäftigt, erkennen wir nur am Output, das ist das, was uns bewusst durch den
Kopf geht. Und nur an diesem Output können wir erkennen, was
ungefähr als Input gewirkt hat. Es gibt nur eine Beeinflussung von
außen. Und wenn jemand als innengesteuert erscheint, heißt das
nichts anderes, als dass er nicht von aktuellen äußeren Stimulatio-
nen geleitet wird, sondern von jenen, die er früher erworben und
gespeichert hat.

Für unser Verhalten ist es nicht wichtig, zu wissen, worum es gerade geht. Viele Experimente zum Thema Embodiment funktionieren nur, wenn die Teilnehmer nicht darüber informiert sind, welche Verhaltensweisen erforscht werden sollen. Dies ist bei vielen Versuchen, die John Bargh durchgeführt hat, der Fall gewesen. So wurde zum Beispiel Studenten erklärt, dass sie an einer Verbraucherbefragung teilnehmen, in der ein therapeutisches Kissen auf seine Wirksamkeit hin bewertet werden soll. Die eine Hälfte der Studenten erhielt ein warmes Kissen, die andere Hälfte ein kaltes. Nachdem sie das Kissen eine Zeit lang in der Hand gehalten hatten, sollten sie dessen Wirksamkeit bewerten und sagen, ob sie es weiterempfehlen würden.

Als Belohnung für die Teilnahme konnten die Studenten zwischen einem Erfrischungsgetränk für sich selbst und einem kleinen Geschenk für eine befreundete Person wählen. Von den Teilnehmern, die ein kaltes Kissen getestet haben, entschieden sich 75 Prozent für das Erfrischungsgetränk. Von denen, die ein warmes Kissen gehalten hatten, 54 Prozent für ein Geschenk, dass sie an ihre Freunde weitergeben konnten.

Etwas zu schenken, hängt meist mit der emotionalen Situation zusammen, in der wir uns befinden. Wenn wir kurz zuvor Wärme gespürt haben, sind wir bereit, diese auch weiterzugeben. Das betrifft auch das Vertrauen, das wir anderen Personen, egal ob in Beziehungen, Freundschaften oder bei geschäftlichen Entscheidungen, entgegenbringen. Dies wurde auch in einem Anlagespiel nachgewiesen.

Die Geldgeber hielten wiederum ein warmes Kissen mit einer Temperatur von 41 Grad in den Händen oder ein kaltes Kissen mit nur 15 Grad Celsius. Sie sollten entscheiden, wieviel Geld sie einem Unternehmer zur Verfügung stellen wollten. Die Investitionsbereitschaft derjenigen, die das kalte Kissen gehalten hatten, war signifikant geringer als die der Teilnehmer mit dem warmen Kissen. Zumindest kurzfristig macht die Erfahrung von wärmer oder kälter uns großzügiger oder misstrauischer.

Was uns unbewusst verändert und beeinflusst

Die Elemente des Erlebens

Der Frage, welche Werbung wirkt und warum, gehen die Hirnforscher gemeinsam mit Marketingleuten schon seit den Jahren 2000/2001 nach und inzwischen liegen durchaus praxisrelevante Ergebnisse vor, die über die Grundlagenforschung hinausreichen. Auch wenn es zunächst so schien, als würden die Hirnforscher nur bereits bekannte Tatsachen bestätigen, wie etwa »starke Marken wirken«, so zeichnet sich jetzt doch eine neue Art von Psychologie ab, die sich immer mehr mit den einzelnen Elementen der Werbung und ihrer impliziten Wirkungsweise befasst.

Starke Marken wirken, denn sie erzeugen immer die gleichen Muster im Gehirn. Also muss sich auch feststellen lassen, was dieses Muster bei den Konsumenten sowohl im Zusammenhang mit einer Biermarke als auch im Zusammenhang mit einem Haushaltsreiniger erzeugt. Welcher Reiz sorgt dafür, dass ein Kunde beim Gang durch den Supermarkt zu bestimmten Produkten greift und zu anderen nicht? Ist es allein das Rabattzeichen oder doch mehr?

Professor Ernst Pöppel von der Ludwig-Maximilians-Universität in München geht davon aus, dass vier Bereiche des Gehirns möglichst gleichzeitig angesprochen werden müssen, nämlich die Wahrnehmung, die Erinnerung, die Gefühle und das individuelle Wollen.

Der Autopilot steuert 95 Prozent unseres Verhaltens

Einen besonders wichtigen Beitrag hat der Diplompsychologe Dr. Christian Scheier mit dem von ihm entwickelten System des impliziten Marketings geleistet. Dabei greift er zunächst die Vorstellung auf, dass im Gehirn zwei Systeme, das explizite, bewusste und das implizite, unbewusste arbeiten, die er mit den Bezeichnungen Pilot und Autopilot versieht.

Dabei ist für die Entscheidung für oder gegen Marken der Autopilot am wichtigsten, weil er 95 Prozent des Verhaltens unbewusst steuert. Das implizite Marketing geht davon aus, dass der Autopilot zunächst die Bedeutung einer Information entschlüsselt, was wiederum in zwei Schritten erfolgt. Erst wird geklärt, was es ist, dann wofür es steht. Danach erfolgt eine Bewertung, ob die eingehende Information für den Rezipienten mit einer Belohnung verbunden ist.

Grundsätzlich beurteilt das Gehirn Marken und Produkte immer in einem Kontext, den Scheier den »Framing Effect« nennt. Beim Erkennen und Bewerten von Marken spielt aber nicht nur der Kontext eine Rolle, sondern auch die Erinnerungen, die Scheier mit »Imprints« bezeichnet. Diese haben eine neurologische, eine kulturelle und eine individuelle Ebene.

Der Autopilot ermöglicht es einem Menschen, eingehende Signale innerhalb von 1,7 Sekunden zu dekodieren. Signale sind deshalb nicht nur Reize, sondern eine Aktivierung des impliziten Wissens. Die Dekodierung von Signalen erfolgt auf drei unterschiedliche Arten, die sensorische, wie etwas aussieht oder sich anfühlt, die semantische, was es wirklich bedeutet und wofür es steht, und die episodische, wann und wo es im Zusammenhang mit der eigenen Person Bedeutung erlangt hat.

Diese Kodierung entspricht auch den verschiedenen Gedächtnisarten. Die Bedeutung eines Signals basiert auf den vier Bedeutungsträgern Sensorik, Symbole, Episode und Sprache. Zur Sensorik gehören Formen, Farben, Musik, Geräusche und auch Eindrücke wie Wärme, Kälte oder haptische Wahrnehmungen. Bei den Symbolen spielen Gesichter, Figuren, Zeichen und Symbole, aber auch Rituale und Szenerien eine Rolle. Den Episoden sind Geschichten und Archetypen zuzuordnen und der Sprache natürlich Worte, Wortklänge und Wortkombinationen.

All diese Dekodierungsvorgänge finden nicht nur in Bezug auf Produkte und Werbung statt, sondern auch in Bezug auf Situationen, in denen wir uns befinden, oder Ereignisse, an denen wir teilnehmen.

Erlebtes hat den größten Einfluss auf unser Leben

Die Bedeutung eines Ereignisses wächst mit der Zahl der Teilnehmer. Erstaunlich ist dabei immer wieder, dass sich eine Menschenmasse anders verhält als eine Summe von Individuen. Die Sozialwissenschaftler sind sich heute darüber einig, dass eine Menschenmasse etwas anderes ist als einfach nur viele Menschen. Viele Menschen finden sich zur Weihnachtszeit in den Innenstädten, um Einkäufe zu tätigen, oder zu Beginn der Urlaubszeit auf den Flughäfen, um abzureisen, und einige Wochen später, um wieder anzukommen. Doch diese Menschen verhalten sich nicht wie eine Masse.

Gefühle sind ansteckend

Das entscheidende Merkmal für eine Menschenmasse ist die Synchronisation durch einen gemeinsamen Gefühlszustand. Die Gefühle der Trauer, der Freude, des Glaubens oder der Liebe, wie bei der Love Parade, lassen die Menschen jubeln, weinen, lachen oder tanzen. Dass Gefühle ansteckend sind, ist bekannt, und dass man dies auch noch fördern kann, zum Beispiel durch das gemeinsame Singen von Liedern oder Hymnen, ebenfalls. Aus neurowissenschaftlicher Sicht haben solche Aktivitäten allerdings eher eine stärkende Wirkung auf die Erinnerung als auf das gegenwärtige Befinden.

Menschenmassen haben offensichtlich eine magische Anziehungskraft, denn sie neigen dazu, zu wachsen. Wo viele Menschen sind, kommen noch mehr dazu. Einer der Gründe kann sein, dass das Gehirn den einzelnen Menschen schon seit Urzeiten dafür belohnt, wenn er sein Zugehörigkeitsgefühl zu einer Gruppe unter Beweis stellt, indem er das tut, was andere auch tun.

Menschenmassen wollen sich aber auch »entladen«. Eine Menschenmasse wird nicht auf Dauer stumm und bewegungslos sein. Diese Entladung kann sich ebenso in frenetischem Jubel, im kollektiven Wahn oder auch in einer plötzlich aufkommenden Panik äußern, bei der manchmal Hunderte zu Tode getrampelt werden. Genau davor haben viele Organisatoren Angst, deshalb versuchten gerade in jüngerer Zeit immer mehr Forscher, das Verhalten von Menschenmassen zu ergründen.

Menschenmassen verhalten sich wie Tierschwärme

Als Modell diente dabei der Schwarm. Menschenmassen verhalten sich nicht anders als Tierschwärme, seien es nun Fische, Vögel oder Wanderheuschrecken. Auch für den menschlichen Schwarm gelten im Prinzip nur zwei Regeln. Die eine lautet »Bleibe in Bewegung«, die andere »Halte eine gewisse Distanz zu den anderen Schwärmern um dich herum«.

Bei Experimenten zeigte sich, dass nach diesen Regeln ganz von allein und sehr schnell eine bestimmte Formation entsteht. Man nennt sie Thorus, das ist eine rotierende Walze mit einem Loch in der Mitte. Wahrscheinlich werden die meisten Leser sofort daran denken, wie die Muslime zur Pilgerzeit in Mekka sieben Mal das Heiligtum der Kaaba umrunden.

Massen scheinen also eine Eigendynamik zu haben, es sei denn, die Teilnehmer marschieren in Reih und Glied. Doch was ist mit unorganisierten Massen? Auch das wurde im Experiment erforscht, und es zeigte sich, wenn in einem Schwarm nur fünf Prozent der Teilnehmer ein bestimmtes Ziel verfolgen, bringen sie die restlichen 95 Prozent dazu, ihnen zu folgen. Ist die Zahl der gezielt Handelnden jedoch kleiner, hat sie keine Wirkung auf die Masse.

Andere Untersuchungen, die von Netzwerktheorien ausgingen, kamen zu dem Ergebnis, dass anders als beim Schwarmverhalten auch die Zusammensetzung der Masse eine Rolle spielen kann. Dabei hängt es von dem Schwellenwert eines jeden Einzelnen ab, wann er dem Verhalten anderer folgt. Liegt dieser Schwellenwert niedrig, kann das Massenverhalten sehr schnell eskalieren. Liegt der Schwellenwert hoch, passiert nichts.

Es ist sehr schwer vorherzusagen, ob jemand selbst einen Pflasterstein wirft, wenn er sieht, dass es ein anderer tut, oder ob er ihn erst wirft, wenn es bereits hundert andere Menschen machen. Ob es dann zu Ausschreitungen kommt wie in manchen Berliner Stadtbezirken in der Vergangenheit oder zu panikartigen Fluchtreaktionen wie in manchen Fußballstadien, ist nur schwer zu prognostizieren. Tatsache ist jedoch, dass die meisten Menschen weder die Ersten noch die Letzten sein möchten. Die Masse besteht hauptsächlich aus Mitläufern.

Wichtig ist allerdings, dass auch große Massen durch Autoritätspersonen gelenkt werden können, wenn diese anders aussehen als die gesichtslose Masse. Polizisten in Uniformen, schwarz gekleidete Priester oder buddhistische Mönche in Orange haben eine andere Wirkung als Zivilisten, allerdings nur bei friedlichen Veranstaltungen.

Menschenmassen verfügen über eine Schwarmintelligenz

Doch Menschenmassen folgen nicht nur ihren Gefühlen. Sie verfügen auch über eine ganz eigene Intelligenz. Man nennt sie Schwarmintelligenz oder auch Wisdom of the Crowd. Die Menschen sind auch in großen Gruppen durchaus zu klugen Entscheidungen fähig, wie ein Experiment in den USA gezeigt hat. 5 000 Teilnehmer saßen dort vor einer großen Leinwand, auf die ein Flugsimulator den Flug eines Jets projizierte.

Mit farbigen Kärtchen konnte jeder der Teilnehmer das Flugzeug steuern. Eine Kamera nahm die Zahl der empor gereckten Karten auf und verwandelte sie in einen Befehl an den Flugsimulator. Die 5 000 Teilnehmer koordinierten sich unproblematisch so gut, dass das Flugzeug nicht abstürzte und sogar ohne Schaden landen konnte. Doch auch diese Selbstorganisation lief nicht ohne ein Gefühl ab. Das Gefühl, es gemeinsam geschafft zu haben, versetzte die 5 000 Teilnehmer in rauschhafte Freude.

Das Geheimnis, warum Gefühle und Verhalten ansteckend sind, liegt in den Spiegelneuronen. Wir wissen ja, dass geistig gesunde Menschen in der Lage sind, mit anderen mitzufühlen, und sie dieses Mitgefühl, selbst wenn sie es wollen, nicht ohne weiteres abschalten können.

Dadurch, dass wir mit Hilfe dieser Neuronen intern Handlungen simulieren und ihren Ausgang vorwegnehmen, können wir auch die Absicht fremder Aktionen verstehen. Experimente unter dem Einsatz bildgebender Verfahren wiesen nach, dass die Spiegelungsphänomene in vielen Hirnregionen vorkommen.

Diese emotionalen Resonanzphänomene kann man, wenn überhaupt, nur begrenzt mit dem Verstand beeinflussen, denn sie reagieren auf Signale, die sich einer bewussten Wahrnehmung entziehen. Dadurch sind sie sehr schnell, erfordern keine Aufmerksamkeit und sind vor dem Hintergrund der eigenen Erfahrungen auch in gewisser Weise unbestechlich.

Bei Veranstaltungen werden unbewusste Gefühle übertragen

In der Psychotherapie wird viel mit dem Phänomen der Übertragung gearbeitet. Übertragung bedeutet, dass jemand ein Gefühl überträgt, ohne es ausgesprochen zu haben. Wir alle kennen eine solche Situation, wenn wir einem anderen Menschen gegenüber stehen und plötzlich eine Aggression gegen diesen verspüren. Die muss nicht aus uns selbst heraus kommen, weil wir diesen Menschen kennen oder über ihn negative Informationen haben, sondern wir stellen fest, dass dieser Mensch offensichtlich eine Aggression gegen uns hat, die er auf uns überträgt. Das heißt, wir reflektieren quasi ein Gefühl unseres Gegenübers.

Bei Veranstaltungen, sei es nun ein großes Fest, eine Pressekonferenz, eine Hauptversammlung einer Aktiengesellschaft oder ein Parteitag, ist es außerordentlich problematisch, wenn jemand, der sich vor dem Publikum produzieren muss, plötzlich bemerkt, dass die andere Seite gar nicht, falsch oder mit Aggression reagiert. Stellen Sie sich vor, ein Moderator macht einen Witz und niemand lacht. Beim ersten Mal geht das. Wenn es aber drei Mal hintereinander passiert und die ersten Zuhörer ihre Aggression darüber, dass er nicht lustiger oder einfallsreicher ist, übertragen, artet die ganze Veranstaltung letztendlich in eine ganz große Peinlichkeit aus.

Aus neurowissenschaftlicher Sicht kann die Bedeutung der Gefühlsübertragung bei Veranstaltungen jeder Art gar nicht hoch genug angesetzt werden. Solange die Vortragenden auf der Bühne geschulte Moderatoren, Redner oder Entertainer sind, sollten sie durch ihre Professionalität in der Lage sein, die Gefühlsübertragungen, die sie auslösen, sehr genau zu kalkulieren und zu kontrollieren.

Emotionale Regungen lassen sich nur schlecht unterdrücken

Deutlich schwieriger wird es jedoch bei Menschen, die ihre Alltagssituationen selbst nur durch Vernunft definieren und Emotionalität nicht ins Kalkül ziehen. Oft versuchen sie bei Veranstaltungen jede emotionale Regung zu unterdrücken. Dabei vergessen sie, dass das Prinzip »Man kann nicht nichtkommunizieren« auch für alle Arten mimischer oder stimmlicher Mikrosignale gilt. Entweder senden sie ständig sich widersprechende Signale aus, was die Zuschauer verwirren wird. Oder ihre versteinerten Mienen werden in einer Art und Weise gedeutet, die nicht zu den von ihnen angestrebten Zielen passt.

Vielleicht werden sich einige Leser noch an den VW-Chef Ferdinand Piëch erinnern, der bei dem Versuch zu lächeln seinen Mund stets so verzerrte, dass es aussah, als würde er im nächsten Moment zubeißen. Leider ist kein Mensch in der Lage, sich seiner unbewussten Gedanken, Motive und Wertvorstellungen bewusst zu werden. Also kann er auch die damit verbundenen Signale nicht kontrollieren.

Die Mimik eines Verkäufers hat in ihren kleinsten von ihm selbst unbewusst erzeugten Details den größten Einfluss auf den Käufer. Nur ist es fraglich, wie der Verkäufer diese Signale, die er ja unbewusst aussendet, in den Griff bekommen soll, selbst wenn er um ihre Wirkung weiß. Wahrscheinlich müsste er zu diesem Zweck seine eigene innere Haltung entsprechend verändern. Ob ihm das aber möglich ist?

Schon immer hat es gute und schlechte Verkäufer, gute und schlechte Schauspieler sowie überzeugende und weniger überzeugende Politiker gegeben. Die Guten müssen etwas anders gemacht haben als die Schlechten, nur was dies war, konnten sie meist selbst nicht erklären. Und wenn sie es doch versuchten, entstanden meist Anleitungen, die zwar rational nachvollziehbar waren, die aber letzten Endes für die schlechten Vertreter ihres Gewerbes keine Hilfe darstellten.

Gesichter wirken besser als ein Logo

Zu den bisher vorliegenden Ergebnissen zählt zum Beispiel die Erkenntnis, dass Gesichter für emotions- und gedächtnisbezogene Hirnprozesse von größerer Bedeutung sind als sogenannte Wort-Bild-Marken. Die Forschungsgruppe Neuromarketing am Life&Brain-Institut in Bonn hat im Rahmen eines Fernsehbeitrags in einem Supermarkt folgenden Test durchgeführt:

Zunächst wurde eine Weinmarke mit einem Logo und Informationen über Herkunft und Qualität beworben. Das Interesse der Kunden war stärker als bei den anderen Angeboten des Supermarkts. Dann wurde die Werbung durch die Abbildung eines Gesichts ergänzt. Die Beachtung des Weinangebots verstärkte sich durch das Gesicht signifikant.

In der dritten Testphase wurde das unbekannte Gesicht durch das Bild einer Person ersetzt, die im Fernsehen eine gewisse Prominenz erlangt hat. Die Aufmerksamkeit der Kunden steigerte sich nochmals. Allerdings waren die Unterschiede zwischen dem unbekannten und dem prominenten Gesicht nicht so stark wie die zwischen dem Logo und der Abbildung des unbekannten Gesichts. Daraus könnten wir folgern, dass die Werbung mit prominenten Köpfen mehr bringt als ein noch so raffinierter Schriftzug.

Die Bedeutung von Symbolen und symbolischen Handlungen

Ein Bereich, den wir in seiner Bedeutung für unser Alltagsleben auf keinen Fall unterschätzen dürfen, ist der der Symbolik und Mythologie. Symbole stehen nicht nur, wie wir aus der Psychoanalyse wissen, für andere Objekte, wie zum Beispiel die Phallussymbole, sondern oft auch für sehr komplexe Sachverhalte, wie der Ring für Freundschaft und Verbundenheit. In der Werbung sind sie ein wichtiges Element zur Kodierung von Botschaften.

Viele Symbole wurzeln in den Mythen der Völker oder spiegeln mythologische Handlungen und Ereignisse wider. Die Mythen selbst sind wiederum ein Deutungsmuster für soziale, kulturelle oder religiöse Sachverhalte. Im modernen Gewand begegnen uns Mythen und Archetypen praktisch auf Schritt und Tritt, allerdings ohne dass wir uns dessen bewusst werden.

Es ist sicherlich noch eine große Aufgabe für die Disziplin des Neuromarketings, diesen Bereich der Symbole, der Mythen und der Archetypen zu entschlüsseln und die entsprechenden Verbindungen im Gehirn nachzuvollziehen. Dass es diese Verbindungen gibt und dass sie eine starke Wirkung entfalten, wissen wir ja bereits aus der Untersuchung einzelner Marken. Schließlich sind Marken und die mit ihnen verbundenen Bilder nichts anderes als Mythen und Symbole, die uns ein Produktversprechen geben. Wahrscheinlich ist es sogar so, dass Mythen und Symbole wichtige Instrumente sind, die uns helfen, bestimmte Prozesse des Denkens, des Erinnerns und des Wahrnehmens effektiver zu gestalten.

Symbole gibt es wie Sand am Meer

Es gibt abstrakte Symbole, wie den Kreis, der für Unendlichkeit, Geschlossenheit, aber auch für Gemeinsamkeit steht. Man trifft sich am runden Tisch. Oder man hat die Himmelsrichtungen, um die Gegensätze zwischen Ost und West, Nord und Süd zu symbolisieren. Unsere Sprache ist voller Symbole. Denken wir nur an das Boot, das voll sein kann und keinen Platz mehr bietet, das aber auch das Symbol für den Aufbruch zu neuen Ufern sein kann. Es kommt also immer auf den Kontext an, in den man ein Objekt stellt, um es mit entsprechender symbolischer Kraft aufzuladen.

Lassen wir doch einfach einmal ein paar Symbole an uns vorüberziehen, um uns ihrer großen Rolle für unsere Denkweise und Vorstellungswelt bewusst zu werden. Das Ei gilt nicht nur als Symbol für Leben und Fruchtbarkeit, sondern es gibt eine große Zahl von Kulturen, die den Ursprung der Welt ebenfalls in einem Ei sehen. Wenn etwas Neues entsteht, wird ein Ei aufgebrochen. Das Ei steht aber auch für einen neuen Gedanken, den man ausbrütet.

Viele Symbole sind kosmischer Natur, so wie Sonne und Mond, aber natürlich auch die schon erwähnten vier Himmelsrichtungen. Auch die Elemente Luft, Feuer, Erde und Wasser haben einen starken symbolischen Charakter. Die Sternenbilder spiegeln in den verschiedenen Teilen der Welt unterschiedliche Mythen wider. Man erkennt den Orion als Jäger und den großen Bären am Himmel.

In vielen Kulturen werden sogar die Häuser als Abbild des Kosmos angelegt, was sich dann in ihrer Aufteilung wiederfindet. Manche Dörfer sind quadratisch entsprechend den Himmelsrichtungen oder oval, um dem kosmischen Ei zu entsprechen. Auch das Bild der Zwillinge hat einen symbolischen Gehalt. Es sind die Geschwister Himmel und Erde, die sich darin widerspiegeln. Selbst übernatürliche Wesen haben in unserer ach so rationalen und ökonomisierten Welt durchaus ihren Platz. Die Engel tauchen als Business Angels wieder auf und der Höllenhund Cerberus bewacht den Schatz eines Investmentfonds.

Das Wasser hat fast unendlich viele symbolische Bedeutungen. Es wirkt lebensspendend, erfrischend, es kann kühlen, es kann verdampfen und sich in nichts auflösen oder es kann als Flut das Schlechte der Vergangenheit hinwegspülen. Die Rettung bietet dann wieder das vorhin schon erwähnte Boot in Form einer Arche. Die Flut hebt und senkt die Schiffe, der Ozean steht für unendliche Weite und Chancen, wie in der Blue-Ocean-Strategie, denn wir wissen alle, hinter dem Horizont geht es weiter. Ähnlich wichtig wie das Wasser ist das Feuer. Es kann alles verschlingen, aber es lässt sich auch im Feuer Neues schmieden. Feuer spendet Licht und Wärme, doch man kann sich auch daran verbrennen.

Eine fast unendliche Quelle an Symbolen bietet die Tierwelt. Man denke nur an das ängstliche Kaninchen, an das geduldige Schaf, an die listige Schlange oder an die uralte Schildkröte. Das Schwein bringt Glück, der Stier ist kraftvoll. Wir finden sicherlich für fast jeden Zweck ein passendes symbolisches Tier.

Aber auch Formen und Orte haben uns schon immer fasziniert. Säulen symbolisieren Stolz, Pyramiden Geheimnisse. Die Transparenz gläserner Bauten entfaltet ebenso einen eigenen Zauber wie dumpfe Gewölbe einer ehemaligen Burg oder eines Bunkers. Gebäude können bedrohen oder beschützen. Sie können erheben oder erdrücken. Dabei kommt es stets darauf an, und das im wahrsten Sinne des Wortes, in welchem Licht man hinsieht.

Symbolcharakter haben aber nicht nur Dinge und Orte, sondern auch Handlungen und Handlungsweisen, die mit einer ganz bestimmten Bedeutung aufgeladen sind. Häufig sind es nur einfache Gesten, wie eine einladende Bewegung und die Art und Weise der Begrüßung. Wer darf wem einen Kuss geben und wem nicht? Alles, was wir zur Etikette zählen, hat mehr oder weniger symbolische Bedeutung. Diese steigert sich dann in Ritualen oder gar in Zeremonien.

Rituale bringen Sicherheit und Ordnung in den Alltag

Als Rituale kann man alle Handlungen definieren, die einen Menschen von einem emotionalen Zustand in den nächsten bringen oder ihm eine neue Bedeutung verleihen. Rituale sind auch immer wiederkehrende Handlungen, die wir im Alltag finden. Eine Zeremonie unterscheidet sich von einem Ritual durch den festlichen Charakter und durch die Einhaltung spezieller Regeln und Abläufe.

Nehmen wir einmal als Beispiel das Händewaschen. Ganz pragmatisch betrachtet dient es der Reinigung. Symbolischen Charakter erhält es, wenn es den Menschen auf eine nächste Handlung oder ein bestimmtes Ereignis vorbereitet. Zum Ritual wird das Händewaschen, wenn es wiederkehrend zum Beispiel im Rahmen religiöser Handlungen vorgeschrieben ist. Dann kann es auch in spezielle Zeremonien eingebettet sein. Händewaschen kann auch ganz bestimmte Bedeutungen haben, zum Beispiel »ich wasche meine Hände in Unschuld«.

Manche Rituale haben nur für bestimmte Gruppen oder in einem bestimmten Kontext eine Bedeutung. Oft geben sie aber auch den Menschen einfach nur Sicherheit und Orientierung im Alltag. Viele Menschen pflegen am Morgen ganz bestimmte Rituale, um sich für den Arbeitstag vorzubereiten. Durch bestimmte Verhaltensweisen wird dann am Abend die Arbeitszeit von der Freizeit getrennt, und das gemeinsame Essen mit der Familie dient nicht nur der Nahrungsaufnahme, sondern auch dazu, den Zusammenhalt zu stärken.

Inzwischen ist es so, dass viele Alltagsrituale mit ganz bestimmten Produktmarken verbunden sind. Wir bedanken uns mit Merci-Schokolade und schenken Freunden ein Ferrero-Küsschen. Überreichen wir jemandem eine Uhr mit eingravierter Widmung, dann steckt meist ein Jubiläum oder eine besondere Ehrung dahinter. Ähnlichen Symbolcharakter hat auch die Übergabe eines Schlüssels beim Bezug eines neuen Gebäudes.

Die unbekannte Macht der Farben

Wenn wir uns mit dem Sehen von Farben befassen, so sollte uns bewusst sein, dass die Farben letztlich im Gehirn entstehen. Die Farbwahrnehmung, bestimmt durch Farbton, Sättigung und Helligkeit, ist keine physikalische Eigenschaft des betrachteten Gegenstandes. Der Farbsinn kann 500 Helligkeitsstufen und 4 000 unterschiedliche Farbarten unterscheiden, sodass wir auf zwei Millionen verschiedene Wahrnehmungen kommen können.

Interessant ist in diesem Zusammenhang, dass wir keineswegs in der Lage sind, alle Farbeindrücke zu benennen. In den verschiedenen Sprachen fehlen oft einfach Farbnamen oder sie sind an bestimmte Objekte geknüpft. So wie im Deutschen der Begriff Blond an die Bezeichnung der Farbe menschlicher oder tierischer Haare geknüpft ist und nicht etwa als Autofarbe Verwendung findet, so gibt es Urwaldbewohner, die mehr als 40 unterschiedliche Begriffe für das Grün der verschiedenen Blätter haben. Es ist allerdings noch ungeklärt, wie es im Gehirn zu Farbeindrücken kommt.

Wie Farben wirken

Farben können die Wahrnehmung verändern, unsere Emotionen beeinflussen und Gefühle in uns auslösen. Farben haben die Macht, unsere Aufmerksamkeit und unser Gedächtnis zu verbessern, und können uns sogar davon überzeugen, bestimmte Entscheidungen zu treffen.

Die Wirkung von Farben wird von Neurowissenschaftlern weltweit experimentell erforscht. Die Neuromarketingforschung richtet sich auf den ganz konkreten ökonomischen Nutzen, der mit der richtigen Auswahl von Farben verbunden ist.

In der Grundlagenforschung geht es darum, wie sich Farben auf unsere Gefühle und unser Wohlbefinden auswirken. Deshalb zeigte man an der Johannes-Gutenberg-Universität Mainz Versuchsteilnehmern auf einer großen LED-Wand vier Farben, Rot, Grün, Blau und Grau, in unterschiedlicher Sättigung und Helligkeit. Einerseits wurde über die Hautleitfähigkeit der Erregungszustand der Probanden gemessen, andererseits sollten sie gleichzeitig ihre Gefühlszustände notieren. Im Bereich Anregung hatten sie die Möglichkeit, zwischen entspannt, gelassen bis zu angeregt, aufgeregt und nervös zu wählen. Im Bereich Wohlbefinden lag die Auswahl bei unglücklich, traurig, angenehm oder vergnügt.

Neben dem Farbton und der Helligkeit gehört die Sättigung zu den drei vom Menschen als grundlegend empfundenen Merkmalen einer Farbe. Grundsätzlich stellte sich bei der Wahrnehmung stark gesättigter Farben ein unangenehmes Gefühl ein. Die meisten Teilnehmer fühlten sich am wohlsten bei Farben in einer mittleren Intensität, unabhängig davon, ob es sich um Rot, Grün oder Blau handelte. Die körperlichen Reaktionen waren bei stark gesättigten Farben besonders intensiv. Die Messungen zeigten Ergebnisse, die von angeregt über aufgeregt bis hin zu nervös gingen. Das Rot spielte bei den gesättigten Farben eine besondere Rolle.

In einem anderen Experiment mit zwei Testgruppen versuchte man herauszufinden, wie weit die Temperaturwahrnehmung von der Farbwahrnehmung abhängt. Die Gruppen saßen jeweils in einem Raum mit einer Temperatur von 24 Grad, die langsam auf 20 Grad abgesenkt wurde. Der eine Raum war mit rotem Licht beleuchtet, der andere mit blauem Licht. Bei 22 Grad fingen die Teilnehmer der beiden Versuchsgruppen an zu frösteln und zogen sich meist einen Pullover über.

Als die Temperatur weiter sank, hörte die Gruppe im bläulichen Licht nicht auf zu frieren. Im rötlichen Licht wurde auch die sinkende Temperatur immer noch als ausreichend empfunden. Hier waren es nur sechs Prozent, die sich noch zusätzlich eine Jacke überzogen, im blauen Licht waren es fast 60 Prozent. Wenn wir von warmem oder kaltem Licht sprechen, werden die optischen Wahrnehmungen also auch in körperliche Reaktionen zur Temperaturwahrnehmung umgesetzt, die nicht von der Haut stammen.

Die psychologische Wirkung bestimmter Farben hat bei Menschen desselben Kulturkreises in der Regel viele Gemeinsamkeiten. Das wissen wir zum Beispiel aus Farbtests, mit deren Hilfe man auf die Persönlichkeit der Testpersonen schließen kann. Aber wir müssen es auch akzeptieren, dass Menschen aus unterschiedlichen Kulturen Farben unterschiedlich interpretieren.

Die Farbe Rot zeigt viele Wirkungen

Die Farbe Rot ist eine der auffälligsten Farben. Sie wird im Kontrast zu Weiß, wie wir alle wissen, als Warnfarbe eingesetzt. Rot steht in Europa für Liebe und Leidenschaft, aber auch für Aggression. In China ist Rot die Farbe der Freude, des Glücks und des Wohlstands. Sie wird für alles Festliche verwendet, und auch eine Braut trägt hellrote Kleidung. In Indien ist Rot die Farbe der Reinheit und die Farbe der Freude. Wenn bei uns etwas wichtig ist, streichen wir es im Kalender rot an. In Afrika dagegen gibt es Regionen, in denen Rot die Farbe der Trauer ist und dunkelrote Bekleidung bei Beerdigungen getragen wird.

Die Farbe Rot ist am tiefsten in unseren Empfindungen verankert. Wahrscheinlich gehört das, was wir mit Rot verbinden, zu unserem evolutionären Erbe. In verschiedenen Tests wurde untersucht, wie sich die Farbe Rot auf die intellektuelle Leistungsfähigkeit der Versuchsteilnehmer auswirkt. Einmal waren die Teilnehmernummern auf den Testbögen rot, grün oder schwarz, ein anderes Mal war das Deckblatt der Hefter mit den Testaufgaben auch rot, grün oder weiß. Jedes Mal schnitten die Teilnehmer mit den roten Teilnehmernummern oder den roten Deckblättern deutlich schlechter ab als die beiden anderen Vergleichsgruppen.

Diese Ergebnisse konnten nicht nur bei Sprachaufgaben festgestellt werden, sondern auch bei der Lösung einfacher mathematischer Probleme.

Aber die Farbe Rot wirkt sich unbewusst nicht nur auf intellektuellen Leistungen aus, sondern auch auf die Motivation. Teilnehmer in Tests litten stärker unter Versagensängsten und Vermeidungsverhalten, wenn sie die Farbe Rot zuvor wahrgenommen hatten. Wahrscheinlich hängt das damit zusammen, dass mit Rot auch das Gefühl der Gefahr assoziiert wird. Durch unsere Lernprozesse wird dieses ursprüngliche Gefühl noch weiter vertieft. Denken Sie nur an rote Ampeln, auf die wir schon als Kinder achten mussten, oder an rote Stopschilder, die in der Führerscheinprüfung auf keinen Fall übersehen werden durften.

Um die negativen Auswirkungen der Farbe Rot auf die Leistungen von Schülern und Studenten zu vermeiden, wies die Schulbehörde der australischen Provinz Queensland die Lehrer an, künftig keine roten Stifte mehr zu verwenden, wenn sie Hausaufgaben korrigieren oder kommentieren.

Untersuchungen bei Sportlern haben gezeigt, dass die Gewinner häufiger rote Trikots trugen als andere Farben. Der Grund lag wahrscheinlich weniger in der Wirkung der roten Farbe auf den Trikotträger selbst, sondern in der Wirkung auf seine Gegner. Offensichtlich wurden dessen Ängste geschürt und seine Leistung gemindert.

Aber auch die Schiedsrichter scheinen aufgrund ihrer Erfahrungen rotgekleidete Sportler eher zu Siegern zu erklären. In einem Experiment spielte man den Schiedsrichtern Videos vor, in denen ein Kampfsportler ein blaues und der andere ein rotes Trikot trug. Allerdings wurden mithilfe von Bildbearbeitungsprogrammen die Farben ausgetauscht. Die Schiedsrichter gaben den Kämpfern im roten Trikot mehr Punkte. Und erstaunlicherweise taten sie es auch, nachdem derselbe Kampf mit den ausgetauschten Trikotfarben vorgespielt wurde. Offensichtlich spielte hier nicht das tatsächliche Kampfgeschehen eine Rolle, sondern das unbewusste Vorwissen, dass rotgekleidete Kämpfer häufiger zu den Siegern gehören.

Orange, Grün, Blau, Gelb und Weiß

Die Farbe Orange ist bei uns zwischen Rot und Gelb eingeordnet. Sie gilt in der Psychologie als stimmungsaufhellend und stimulierend. Aber Orange ist auch eine Warnfarbe. Im Buddhismus steht sie für selbstlosen Dienst, Mönchtum und Entsagung und in der westlichen Politik der Gegenwart für Opposition und Widerstand.

Die Farbe Grün ist nach Rot die ambivalenteste. Wenn etwas im grünen Bereich ist, ist es normal und unproblematisch. Grün steht auch für Aktivität und freie Fahrt. Da die Farbe Grün die Hauptfarbe der Vegetation ist, wird sie auch mit Natur und Umweltschutz gleichgestellt. Aber es gibt auch ein Giftgrün, das dämonisch und negativ wirkt. Nicht zuletzt steht Grün als Symbol für die Unreife. Aber auch die Hoffnung ist grün. Für Hindus und Buddhisten kann die Farbe Grün sowohl Leben als auch Tod bedeuten.

Grün ist auch die Farbe des Islam, da der Prophet Mohammed sich bevorzugt grün gekleidet haben soll und deshalb das Grün auch in den Flaggen vieler islamischer Staaten auftaucht. In Irland steht Grün für den Katholizismus, während Orange die Farbe der Protestanten ist. Die Situation in Irland ist aber besonders kompliziert, denn die Farbe Grün steht dort auch für Unglück und sollte sich aus diesem Grund nicht in der Kleidung finden, während Grün gleichzeitig die irische Nationalfarbe ist und deshalb als ein Zeichen für Hoffnung gilt.

Die Farben Blau und Grün werden nicht in allen Kulturen auf dieselbe Weise wie bei uns unterschieden. Blau ist jedoch die Lieblingsfarbe der meisten Deutschen, obgleich diese Farbe auf einen Großteil der Menschen kalt wirkt und für Ferne steht. In vielen Kulturen symbolisiert Blau die Farbe der Götter und in China bedeutet Blau Unsterblichkeit. Blau ist wahrscheinlich die erste Farbe, die die Menschen selbst hergestellt haben, und Blau findet sich heute bei vielen Nationen als Nationalfarbe wieder.

Gelb ist eine Warnfarbe. In Kombination mit Schwarz wird hier die größtmögliche Signalwirkung zweier Farben erreicht. Gelb steht aber auch für Licht oder für Gold. Nur in Deutschland ist sie die

Farbe des Liberalismus, während in China Gelb zwar einerseits die Farbe des Kaisers ist, aber gerade in jüngerer Zeit auch als negativer Begriff etabliert wurde. Auch in unserem Kulturraum hat Gelb einen negativen Aspekt, es steht oft auch gleichbedeutend mit Neid, Geiz, Eifersucht, Verlogenheit und Egoismus.

Während Weiß bei uns Reinheit und Unschuld bedeutet, ist es in Asien, besonders in China, das Symbol für Trauer und Tod. Wer weiße Blumen schenkt, begeht einen großen Fauxpas, denn sie gelten als letzter Gruß. Weiß steht aber auch für Frieden und Reinheit. Mediziner und Wissenschaftler trugen früher ausschließlich weiße Kittel, die jedoch in letzter Zeit stärker durch funktionellere Farben abgelöst worden sind. Schwarz bedeutet bei uns konservativ, Trauer oder Anarchie, aber auch Macht.

Es kommt darauf an, woran sich das Gehirn erinnert

Wichtig ist jedoch immer, dass nicht das für den Sehvorgang entscheidend ist, was das Auge wahrgenommen hat, sondern welche Erinnerung das Gehirn mit dem Sinneseindruck verbindet. Deshalb hat sich der Begriff Gedächtnisfarben herausgebildet. Farbgefühle sind unbewusst, weil sie oft auch mit Universalobjekten, dem blauen Himmel, der gelben Sonne und den grünen Bäumen verbunden sind oder mit Universalsituationen wie der schwarzen Nacht und dem hellen Tag.

Die Bedeutung der Farben wird im lateralen Temporalcortex (LTC) entschlüsselt. Der LTC weist einer Farbe je nach dem Kontext, in dem sie steht, eine bestimmte Bedeutung zu. Gerade bei ambivalenten Farben, wie zum Beispiel dem Grün, ist es daher sehr wichtig, stets das Umfeld im Auge zu behalten, um keine Fehldeutungen zuzulassen. Dabei spielen Formen und Orte eine große Rolle.

Wir müssen uns stets vergegenwärtigen, dass die Erinnerungen über ein weitaus größeres Interpretationsrepertoire verfügen, als wir es uns selbst bewusst machen können. Das Gehirn beurteilt weder

Objekte noch Ereignisse, indem es sie in ihre Einzelteile zerlegt, sondern stets im Kontext. Deshalb gehören Farben, Formen und Orte zusammen und müssen in ihrer Wirkung auch als Einheit beurteilt werden. Alle gemeinsam ergeben die zu kommunizierende Botschaft.

Gerüche wirken direkt auf das Unbewusste

Forschungen in Großbritannien haben gezeigt, dass Gerüche das Verhalten von Autofahrern mehr beeinflussen, als man bisher geahnt hat. Gerüche wirken direkt auf das Unbewusste und schalten dort ganz bestimmte Denkmuster ein. Der Geruch von frisch geschnittenem Gras mobilisiert offensichtlich die Erinnerung und verleitet den Autofahrer zu Tagträumereien. Riecht es nach Brot oder Fast Food, beschleunigt der Fahrer unwissentlich, weil der aufkeimende Hunger ihn schneller ans Ziel treibt. Auch Parfums lenken vom Verkehrsgeschehen ab, weil sexuelle Phantasien angeregt werden.

Merkwürdigerweise wirkt sogar der Geruch eines Neuwagens in bestimmter Weise auf das Fahrverhalten. Der Fahrer wird vorsichtiger, weil er das neue Auto nicht beschädigen möchte. Es spielt also nicht das konkrete Wissen über das Alter eines Wagens die Hauptrolle, sondern einzig und allein das, was die Nase registriert. Autovermieter werden für diese Information dankbar sein.

Kraftfahrzeughersteller wissen inzwischen, dass man mit einem entsprechenden Duft im Innenraum des Autos Geborgenheit und Ruhe erzeugen oder auch den Fahrer anregen und vor dem Einschlafen bewahren kann. Dass der Duft von Zitronen oder Kaffee nicht nur beim Autofahren ein klareres Denken fördert, wissen wir auch aus anderen Situationen. Schließlich soll schon Friedrich Schiller duftende Apfelschalen in seiner Schreibtischschublade liegen gehabt haben, die ihn beim Dichten inspirierten.

Mit Duftmarketing wurde im Jahr 2017 weltweit ein Umsatz von 35 Milliarden Euro gemacht. Dabei geht es längst nicht mehr nur um Grillhähnchen- oder Kaffeeduft, um den Appetit von Supermarktkunden anzufeuern, sondern darum, das soziale Miteinander auf höchst komplexe Weise zu lenken.

Doch auch wenn Duftmarketing heute eine boomende Branche ist, sind die meisten Fragen hinsichtlich der Wirkung von Düften noch offen. Was allerdings bisher bekannt ist, lässt noch eine ganze Reihe von Veränderungen überall dort erwarten, wo viele Menschen zusammenkommen und zusammenarbeiten. Düfte bleiben stärker in der Erinnerung als ein Werbespruch, sagen Experten. Und sie funktionieren besonders gut, wenn sie knapp unterhalb der Wahrnehmungsgrenze liegen.

Die verschiedenen Gerüche werden auf immer komplexere Weise aus verschiedenen Wirkstoffen zusammengesetzt, beim Röstkaffee sind es 600 und beim Bier immer noch 250. Folglich besteht beim Einsatz von Duftmischungen durchaus die Gefahr, dass sich völlig unerwartete und kontraproduktive Wirkungen ergeben. Außerdem erscheint es vielen Verbraucherschützern inzwischen schon zweifelhaft, ob man auf diese unterschwellige Weise Konsumenten überhaupt beeinflussen darf.

Richtig ist aber auch, dass Duftassoziationen besonders dann als störend empfunden werden, wenn sie mit den übrigen Sinneseindrücken nicht übereinstimmen. Neuwagenduft in einer Buchhandlung dürfte den Absatz ebenso wenig fördern wie Zitronenduft. Zitrone macht munter und führt eher dazu, dass der Kunde aktiviert und damit veranlasst wird, den einen Laden zu verlassen, um den nächsten aufzusuchen.

Situatives Verhalten und Neuroplastizität

Wie schon häufiger erwähnt, spielt die Situation, in der man sich gemeinsam mit anderen Menschen befindet, eine große Rolle für die gegenseitige Wahrnehmung und für das eigene Verhalten. Sozialpsychologen sprechen von situativem Verhalten oder auch von der Macht des Ortes.

Der US-amerikanische Wissenschaftler Philip Zimbardo hat mit seinem berühmten Stanford-Prison-Experiment schon vor vielen Jahren nachgewiesen, dass aus einer beliebigen Auswahl von Durchschnittsmenschen durch die Situation, in die sie gestellt wurden, einerseits sadistische Aufseher und andererseits hilflose Gefangene wurden.

Die Menschen sind nicht so, wie sie zu sein glauben, und sie verhalten sich in einer anderen Situation auch nicht so, wie sie es in einer vorhergehenden von sich angenommen haben. Es gibt das sogenannte das Ultimatumspiel, in dem einer Versuchsperson eine bestimmte Summe Geldes zur Verfügung gestellt wurde, die diese mit einer anderen in einem frei zu wählenden Verhältnis teilen sollte. Derjenige, dem etwas abgegeben wurde, durfte dann entscheiden, ob er die gebotene Summe annimmt, jeder hätte dann seinen Teil behalten. Hätte er die gebotene Summe abgelehnt, dann hätte keiner von beiden etwas bekommen. Diese Experimente gingen so aus, dass niedrige Anteile von weniger als 30 Prozent meist abgelehnt wurden, um denjenigen, der einen ungerecht behandelt hat, altruistisch zu bestrafen.

Solch situatives Verhalten entfaltet aber nicht nur in extremen Situationen seine Wirkung, sondern auch im ganz normalen Alltag. Wenn jemand einem Menschen eine bestimmte Funktion überträgt und bestimmte Erwartungen an ihn stellt, wird dieser sich anders verhalten, als wenn er die eigene Position selbst definieren darf.

Ein und derselbe Mensch kann als Chef ein harter Hund sein, der seine Mitarbeiter scharf kontrolliert und vielleicht sogar auch drangsaliert, während er im Sportverein hingegen der joviale Kumpel ist. Oder wer als KZ-Aufseher tagsüber Verdächtige mit brutalen Methoden verhört hat, ist abends ein sensibler Familienvater, der sich rührend um seine Kinder kümmert und ihnen bei den Hausaufgaben hilft.

Die Plastizität unseres Gehirns ermöglicht es uns, nicht nur berufsbezogen bestimmte Fähigkeiten auszubauen. Taxifahrer haben einen besseren Orientierungssinn als andere, Musiker beherrschen virtuos ihre Instrumente. Wir können auch verschiedene Verhaltensweisen an den Tag legen, die sich vom Privatleben deutlich unterscheiden. Wenn der Philosoph Richard David Precht die Frage stellt »Wer bin ich – und wenn ja, wie viele?«, kann man ihm die Antwort geben: »Wir sind so viele, wie es die Situationen erfordern, in denen wir agieren müssen«.

Autorität als Quelle von Vorurteilen

Vorurteile sind fest im Kopf verankerte Muster, die das Gehirn nutzt, um daraus sein Bild von der Welt zu konstruieren. Eines dieser Muster, die zu falschem Verhalten führen können, ist die Vorstellung von Autorität.

Es gibt unterschiedliche Formen von Autorität. Eine davon kann zum Beispiel von einer Menschenmasse ausgehen. Die Skepsis gegenüber einer solchen Autorität im Spannungsfeld zur Individualität äußerte sich zum Beispiel durch folgenden Text, der auf die Wand eines Universitätsgebäudes gesprüht war: »Leute, esst Scheiße. Milliarden von Fliegen können sich nicht irren«.

Autorität entsteht auch durch Prominenz. Allerdings müssen wir ganz klar zwischen Prominenz und Kompetenz unterscheiden. Prominenz reicht wahrscheinlich schon, um Aufmerksamkeit zu wecken, doch die kann man auch mit einem unbekannten Gesicht erzeugen. Bei der Kompetenz steht mit ziemlicher Sicherheit die in den Köpfen verankerte Rolle eines Darstellers eher im Zentrum.

Wer in einer Fernsehserie einen Arzt spielt, kann glaubhafter Tipps zur Gesundheit geben, während der Zuschauer einem Fernsehkommissar wahrscheinlich eine größere Kompetenz bei Autos oder Geldanlagen zuspricht. Bei Kosmetika oder Haarprodukten fallen die dargestellten Charaktere einer Schauspielerin wiederum weniger ins Gewicht. Was aber wie genau wirkt, muss noch im Detail erarbeitet werden.

Eine ganz andere Form von Autorität stellt die der Führungspersönlichkeit dar. Es kann der Vater für den Sohn oder die Tochter sein, aber auch der Papst für die Gesamtheit aller Katholiken oder der Chef eines Unternehmens für seine Mitarbeiter. Die Vorurteile beruhen dann weder auf Schlüsselerlebnissen, noch auf einem Mangel an Erfahrung, sondern allein auf der Akzeptanz derjenigen oder desjenigen, dem die Autorität für eine bestimmte Frage zugesprochen wird.

Dabei wird all das, was die jeweilige Autorität als Ansicht verbreitet, nicht im allgemeinen Sinne als Vorurteil wahrgenommen, sondern ungeprüft als richtig oder zumindest als allgemein verbindlich akzeptiert. Vorurteile sind in diesem Falle nichts anderes als Meme, die sich verbreiten und als Denkmuster verfestigen.

Meme – Gedanken, die ansteckend sind

Auch Meme steuern unser Denken von außen. Als Meme bezeichnet man Gedankeneinheiten, die als ein in sich geschlossenes Muster gespeichert und weitergegeben werden. Meme sind reproduzierbar und wirken als Replikator, das heißt als sich selbst vervielfältigende Struktur. Der Begriff des Mem wurde erstmals 1976 durch den Zoologen Richard Dawkins in seinem Buch *Das egoistische Gen* verwendet. Heute ist die englische Psychologin Susan Blackmore wohl die wichtigste Vertreterin der Memtheorie.

Während die Spiegelneuronen für die Imitation, Ausführung und das Verständnis von Handlungen und Gefühlen zuständig sind, sind es die Meme vor allem für intellektuelle Inhalte. Für ihre Verbreitung ist aber die direkte Beziehung von Mensch zu Mensch nicht in gleichem Maße notwendig wie bei Gefühlen und Handlungen. Was Meme aber brauchen, um wirksam zu werden und um wirklich Einfluss ausüben zu können, sind wieder Netzwerke. Und die sind als moderne Medien in Form von Internet, sozialen Medien, Fernsehen und Radio geradezu im Überfluss vorhanden.

Meme reproduzieren sich besonders schnell, wenn sie nicht nur den Intellekt des Menschen ansprechen, sondern in besonderem Maße auch seine Gefühle. Kein Wunder also, dass ein Witz besser haften bleibt und schneller weitergegeben wird als eine chemische Formel.

Meme müssen aber gar nicht unbedingt bewusst gemerkt und gelernt werden. Auch sie haben das Talent, sich über unbewusste Informationen in den Köpfen einzunisten, wenn es ihnen gelingt, den berühmten Tipping Point zu überwinden, also in einer bestimmten Häufung in der Gesellschaft aufzutreten. So entstehen spontane Moden und letztendlich auch Buchbestseller.

Manche Meme überdauern nur wenige Tage oder Wochen, andere wie zum Beispiel die Filmreihe *Krieg der Sterne* Jahrzehnte oder wie die Komödien von Molière oder antike Theaterstücke Jahrhunderte. Sie alle steuern uns in einer gewissen Weise zunächst von außen und werden dann zu festen Bestandteilen unserer Denkmuster.

Zu den mächtigsten Memen, die heute das Denken breiter Schichten bestimmen, gehören all jene, die wirtschaftlichen Vorgängen und Prinzipien zuzuordnen sind. Heute ist die Mehrzahl der Bevölkerung in den industrialisierten Ländern bereit zu akzeptieren, dass alles, was in der Gesellschaft geschieht, sich im Einklang mit den Regeln der Ökonomie befinden muss. Zu ihren Memen gehören zum Beispiel »Alles hat seinen Preis« oder »Die Nachfrage regelt das Angebot«. Auch die Vorstellung, dass es im Prinzip jedermann vom Tellerwäscher zum Millionär bringen kann, ist ein ökonomisches Mem, das unser Denken beeinflusst und bestimmt.

Bis solche Gedankeninhalte durch neue ersetzt werden, bedarf es entweder einer langen Zeit oder einschneidender Veränderungen in der tatsächlichen Lebenssituation großer Teile der Bevölkerung, wie wir es heute durch die Corona-Pandemie erleben. Meme führen ein langes und zähes Leben, nicht nur dadurch, dass sie gespeichert und bei jeder sich bietenden Gelegenheit weitergegeben und wahrgenommen werden, sondern auch dadurch, dass sie sich durch die Massenmedien geradezu seuchenartig verbreiten können.

Meme haben wie Krankheitskeime die Eigenschaft, in höchstem Maße ansteckend zu sein. Sie besetzen die wichtigsten Schaltstellen im Gehirn, sind jederzeit präsent und verdrängen andere Gedanken, die vielleicht richtiger oder wertvoller sind.

Ein individuelles Vorurteil, das auf persönlichen Erfahrungen beruht, wie zum Beispiel »alle Hunde beißen«, »Schlittschuhlaufen ist gefährlich« oder »die Pizza der Marke Soundso schmeckt nicht«, hat nur wenig Chancen, sich als Mem zu verbreiten. Solche Vorurteile verbreiten sich allenfalls innerhalb von Familien oder kleinen Gruppierungen, erlangen aber kaum Allgemeingültigkeit. Dass Vorurteile zu Memen werden, ist nur dann möglich, wenn Vorurteile als Stereotypen eine gewisse Konsistenz erreicht haben, die bestimmte Kriterien erfüllt.

»Erfolgreiche« Vorurteile müssen sowohl für den Einzelnen als auch für eine größere Gruppe identitätsstiftend sein, indem sie den Einzelnen und die Gruppe aufwerten. Sie müssen eine generelle Orientierung bieten, sodass Abweichungen vom Vorurteil stets als Ausnahme dargestellt werden können. Außerdem müssen sie inhaltlich unscharf sein. Ein solches Stereotyp war zum Beispiel die »Herrenrasse«. Es wertete diejenigen, die sich dazu zählten, sowohl persönlich als auch als Gruppe auf, es gab ihnen eine Identität und es war, wenn man es auf Tatsachen abklopfte, praktisch inhaltsleer.

Stereotype haben die unangenehme Eigenschaft, dass sie sich instrumentalisieren lassen, um andere Menschen zu manipulieren, und dass sie sich, da es sich um Meme handelt, auch gut reproduzieren und vervielfältigen lassen. Um Menschen zu manipulieren, kann man sich natürlich auch des Priming und Framing bedienen. Dabei werden Situationen geschaffen, in denen bestimmte Informationen besonders gut aufgenommen werden. Oder man stellt sie in ein Umfeld, das ihnen eine überproportionale Aufmerksamkeit gewährleistet.

Wie Worte unsere Motorik beeinflussen

Um Menschen zu lenken, bedarf es weder komplizierter Suggestionstechniken noch der Hypnose, sondern es reicht vollkommen aus, dem Gehirn bestimmte Stimmungen, Informationen oder Eindrücke zu vermitteln, die die Gefühle beeinflussen.

So gibt es zum Beispiel ein Experiment, in dem die Versuchspersonen gebeten wurden, an einem Computer innerhalb einer bestimmten Zeit beliebige Worte entweder nach ihrer Länge zu sortieren oder sie auch zu Sätzen zusammenzustellen. Man erklärte den Probanden, dass es sich um einen Test zum Sprachvermögen handelt. Während die eine Hälfte der Teilnehmer Begriffe sortieren musste, die sich auf Alter, Krankheit und Gebrechlichkeit bezogen, hatte die andere Hälfte Begriffe zu sortieren, die sich mit Leistung, Sport und Erfolg befassten.

Nachdem der Test beendet war, wurden die einzelnen Teilnehmer gebeten, das Gebäude über eine Treppe, die sie hinaufsteigen mussten, zu verlassen. Für die Probanden war das Experiment jetzt zu Ende, doch für die Forscher begann es erst. Sie stoppten nämlich die Zeit, die die verschiedenen Teilnehmer brauchten, um die vorgegebene Strecke zurückzulegen. Diejenigen, die sich mit Alter, Krankheit und Gebrechlichkeit befasst hatten, stiegen die Treppe wesentlich langsamer nach oben als diejenigen, die sich mit Leistung, Sport und Erfolg beschäftigt hatten.

Ganz offensichtlich wurden die Menschen in ihrer Motorik durch nichts anderes als Worte beeinflusst, die sie nur zu sortieren hatten und die sie selbst in keiner Weise betrafen. Doch halt, diese Formulierung ist nicht richtig. Ganz offensichtlich fühlten sie sich schon betroffen, nur war es ihnen nicht bewusst.

Da dieser Test ein so erstaunliches Ergebnis lieferte, wurde er in den unterschiedlichsten Konstellationen an verschiedenen Universitäten immer wieder durchgeführt. Dabei war das generelle Ergebnis immer gleich. Bestimmte Worte beeinflussen uns, auch wenn wir sie gar nicht auf uns selbst beziehen müssen.

Aber nicht nur die Geschwindigkeit des Treppensteigens lässt sich auf diese Weise manipulieren. Auch Freundlichkeit, Geduld und Ehrlichkeit sind auf einfache Weise formbar und sogar die Leistungsfähigkeit in Rechentests lässt sich durch negative oder positive Denkmuster beeinflussen.

Zusammenfassung Kapitel 3

- Unsere innere Wirklichkeit ist eine komplexe und durchaus subjektive Konstruktion aus dem, was wir gerade in diesem Moment erleben, aber auch aus Erinnerungen, Erfahrungen und Erwartungen, die wir ganzheitlich bewerten.

- Unser Unbewusstes müssen wir uns wie eine Art Blackbox vorstellen, die man nicht öffnen kann. Im Gehirn gibt es zwei Systeme, das explizite, bewusste und das implizite, unbewusste, welches 95 Prozent unseres Verhaltens unbewusst steuert.

- Die Bedeutung eines Ereignisses wächst mit der Zahl der Teilnehmer. Das entscheidende Merkmal für eine Menschenmasse ist die Synchronisation durch einen gemeinsamen Gefühlszustand. Doch Menschenmassen folgen nicht nur ihren Gefühlen.

- Das Neuromarketing ist darum bemüht, den Bereich der Symbole, der Mythen und der Archetypen zu entschlüsseln und die entsprechenden Verbindungen im Gehirn nachzuvollziehen. Rituale sind immer wiederkehrende Handlungen, die einen Menschen von einem emotionalen Zustand in den nächsten bringen oder ihm eine neue Bedeutung verleihen.

- Zu den bisher vorliegenden Ergebnissen zählt zum Beispiel die Erkenntnis, dass Gesichter für emotions- und gedächtnisbezogene Hirnprozesse von größerer Bedeutung sind als sogenannte Wort-Bild-Marken.

- Die Situation, in der man sich gemeinsam mit anderen Menschen befindet, spielt eine große Rolle für die gegenseitige Wahrnehmung und für das eigene Verhalten.

- Vorurteile sind fest im Kopf verankerte Muster, die das Gehirn nutzt, um daraus sein Bild von der Welt zu konstruieren. Eines dieser Muster, die zu falschem Verhalten führen können, ist die Vorstellung von Autorität.

- Auch Meme steuern unser Denken von außen. Als Meme bezeichnet man Gedankeneinheiten, die als ein in sich geschlossenes Muster gespeichert und weitergegeben werden. Meme sind reproduzierbar und wirken als Replikator, das heißt als sich selbst vervielfältigende Struktur.

4
Ihr Leben gestalten durch Selfinfluencing

Wenn wir unsere Wahrnehmungen ändern, ändert sich auch unser Leben. Was wir emotional empfinden und wie unser generelles Befinden ist, hängt ganz stark von unserer Umgebung ab. Entscheiden Sie daher selbst, welche Wahrnehmungen Sie machen wollen.

In den vorangegangenen Kapiteln haben wir gezeigt, welche Bedeutung Wahrnehmungen haben, wie sie funktionieren und zusammenarbeiten, aber auch, wie sie uns in die Irre führen können. Weiter haben wir beschrieben, wodurch wir beeinflusst werden. Jetzt geht es darum, welche Konsequenzen wir aus diesen Erkenntnissen ziehen können.

Selfinfluencing als eine Form der Autosuggestion baut auf drei Säulen auf. Dem Placeboeffekt, den Affirmationen und der Inspiration.

Wie der Placeboeffekt funktioniert

Bei Placebos handelt es sich um Scheinmedikamente, die keinen Wirkstoff enthalten, aber trotzdem die Wirkung von Therapien verbessern.

Eine ganz besondere Bedeutung haben Vorhersagen und Erwartungen in Zusammenhang mit diesen Arzneimitteln. Es ist nachgewiesen, dass wirkstofflose Medikamente durchaus heilen können, man wusste bisher nur nicht warum. Inzwischen konnten Wissenschaftler mit Hilfe bildgebender Verfahren erkunden, wie der Placeboeffekt funktioniert.

Experimente an den Universitäten Michigan, Columbia und Princeton haben gezeigt, dass Scheinmedikamente gegen Schmerzen fast genau so gut wirken wie ein echtes Schmerzmittel. Den Versuchspersonen wurden schmerzhafte Stromstöße und Hitze zugeführt. Nach einigen Durchgängen verabreichte man den Gequälten eine angebliche Antischmerzsalbe, die aber tatsächlich keinen Wirkstoff enthielt. Trotzdem fühlten die meisten Teilnehmer während der folgenden Durchgänge eine deutliche Linderung der Schmerzen.

Placebopillen, die sie drei Wochen lang täglich schluckten, verhalfen auch Patienten mit chronischen Bauchschmerzen zu einer deutlichen Besserung, wie ein Experiment an der University of California gezeigt hat. Ihre Schmerzen ließen fast ebenso stark nach wie die der Patienten, die ein echtes Medikament erhielten.

Mithilfe eines bildgebenden Verfahrens erkannten die Wissenschaftler, dass, je stärker der Schmerz subjektiv nachließ, auch die Aktivitäten in bestimmten schmerzsensiblen Teilen des Gehirns zurückgingen. Dafür herrschte in einem anderen Areal des Gehirns, das mit emotionalen Erfahrungen und der Hemmung von Impulsen in Verbindung gebracht wird, eine auffällig starke Betriebsamkeit.

Man geht davon aus, dass genau dort entschieden wird, wann körpereigene Opiate ausgeschüttet werden, die dann den Schmerz betäuben. Außerdem hat man festgestellt, dass sich der Placeboeffekt verflüchtigt, wenn die körpereigenen Opiate mit Medikamenten blockiert werden. Es sind also die körpereigenen Stoffe, die den Placeboeffekt ausmachen.

Den Placeboeffekt nutzen

Die Wissenschaftler sind zu dem Schluss gekommen, dass Schmerz unter entscheidender Mitwirkung der Psyche vom Gehirn erzeugt und bei Bedarf auch wieder beseitigt wird. Dabei darf die Rolle des »Wirkstoffs Zuversicht« nicht unterschätzt werden. Die Vorhersagen, die das Unbewusste hinsichtlich der Wirkung der Arzneimittel trifft, führen dazu, dass die gewünschte Wirkung auch eintritt.

Auch die empirisch belegte Tatsache, dass rote Placebopillen bei Herz-Kreislauf-Erkrankungen wirksamer sind als grüne, die bei Schlafstörungen besser wirken, lässt sich nur mit kognitiven Einflüssen erklären. Denkt man diesen Placeboeffekt einmal zu Ende, kann das weitreichende Folgen nicht nur für die Medizin, sondern auch im sozialen Bereich haben.

»Unser Gehirn macht aus Worten Chemie«, sagt der Placeboforscher Fabrizio Benedetti. Das hat er mit Studien bewiesen, bei denen Testpersonen in 3 500 Meter Höhe ohne Sauerstoffzufuhr genauso leistungsfähig und so wenig höhenkrank wurden wie solche, die Sauerstoff erhielten. Beide Testgruppen trugen Sauerstoffmasken, doch in einer Testgruppe wurde statt Sauerstoff nur ganz normale Luft zugeführt. Inzwischen sind die Neurowissenschaftler davon überzeugt, dass man mithilfe von Placebos das Gehirn anleiten kann, nicht nur Körperfunktionen zu steuern, sondern auch das Immunsystem und die eigenen Gefühle zu beeinflussen. Das ist der Grund, weshalb auch Rituale und Symbole wirken. Sie führen über Wahrnehmungen zu Veränderungen im Gehirnsystem und damit auch zu Veränderungen des Selbst.

Affirmationen öffnen verschlossene Türen

Affirmationen sind bestätigende Wörter oder Sätze, die als Vorsatz oder als Beschreibung der gewünschten Wahrnehmung oder Veränderung formuliert werden. Grundsätzlich geht es bei Affirmationen meist darum, die unbewussten Grundüberzeugungen zu überschreiben. Inzwischen gibt es schon ganze Bücher mit Sammlungen von Affirmationen für alle Lebenslagen. Affirmationen zeichnen sich dadurch aus, dass sie kurz und prägnant sind. Zum Beispiel »ich bin glücklich«, »ich mag mich« oder »ich fühle mich wohl in meiner Haut«.

Inspirationen sind mehr als künstlerisch arbeiten

Inspirationen kommen durch Wahrnehmungen von außen und werden als nicht erwartete, plötzlich auftauchende Ideen wahrgenommen. Meist verbindet man Inspiration mit künstlerischer Kreativität. Doch diese Vorstellung fasst die Wirkungsweise von Inspiration zu eng. Inspiration ist die Grundlage jeder schöpferischen Handlung. Dabei ist es egal, ob man ein Gedicht schreibt, ein Bild malt, seine Wohnung umräumt oder nur eine neue Ordnung in seinem Kleiderschrank einführt.

Das Wichtigste bei Placebos, Affirmationen und Inspirationen ist die Offenheit für neue Wahrnehmungen und die Bereitschaft, diesen Wahrnehmungen eine innere Bedeutung beizumessen.

Bringen Sie Freude in Ihr Leben

Die US-amerikanische Designerin Ingrid Fetell Lee beschreibt in der Einleitung zu ihrem Buch *Joyful*, dass zu Anfang ihres Studiums bei einer der ersten Prüfungen der Professor nach langem Schweigen zu ihr sagte: »Ihre Arbeit löst ein Gefühl der Freude in mir aus.« Sie hatte eine seesternförmige Lampe, ein Teetassenset mit rundem Boden und ein Trio von Hockern aus geschichtetem, gefärbtem Schaumstoff vorgestellt.

Sie fragte sich, wie solche einfachen Gegenstände, die sie vorgestellt hatte, Freude in uns hervorrufen können. Als sie um eine Erklärung bat, druckste der Professor herum »Das tun sie eben einfach«. Diese Antwort empfand Ingrid Fetell Lee nicht als befriedigend. Seitdem ging ihr die Frage nicht mehr aus dem Kopf, wie materielle Gegenstände ein immaterielles Gefühl von Freude in uns hervorrufen können.

Deshalb begann sie zu recherchieren. Unzählige Experten aus Philosophie und Psychologie waren sich darüber einig, dass die wirklich wichtige Art von Freude nicht außen, sondern in unserem

Inneren zu finden sei. Doch dann stieß sie auf Forschungsarbeiten, die einen klaren Zusammenhang zwischen unserer Umgebung und unserer seelischen Gesundheit darstellten. Menschen, die in sonnigen Räumlichkeiten arbeiten, schlafen besser und sind aktiver als ihre Kollegen in schwach beleuchteten Büros.

Der Einfluss der Architektur wird unterschätzt

1984 beschrieb der texanische Architekturprofessor Roger Ulrich erstmals seine Studie zum Thema Krankenhausumgebung. Er kam dabei zu dem Ergebnis, dass die Patienten, die durchs Fenster in die Natur blicken konnten, nach einer Operation deutlich schneller gesund wurden, weniger Komplikationen durchlebten, weniger Schmerzmittel einnahmen und seltener unter Depressionen litten. Diese damals als revolutionär empfundenen Erkenntnisse wurden inzwischen in unzähligen Studien bestätigt, deren Ergebnisse in die moderne Krankenhausarchitektur eingeflossen sind.

Diese »Healing Architecture«, also »Heilende Architektur«, hat als gesundheitsfördernde Einflussfaktoren natürliches und künstliches Licht, Farben, Naturbezug, aber auch die Geräuschkulisse und die Möblierung identifiziert. In einer solchen Umgebung geht es nicht nur den Patienten, sondern auch dem Pflegepersonal besser.

Zehn Gesichtspunkte einer Ästhetik der Freude

Als Ergebnis ihrer eigenen Recherchen hat Ingrid Fetell Lee zehn Gesichtspunkte einer Ästhetik der Freude zusammengefasst.

1. Energie: kräftige Farben und strahlendes Licht;

2. Fülle: Üppigkeit, Vielfalt, Buntheit;

3. Freiheit: Natur, Wildheit, Weite;

4. Harmonie: Ausgewogenheit, Symmetrie, freies Fließen;

5. Spiel: Kreise, Kugeln, Blasenformen;

6. Überraschung: Kontraste und Macken;

7. Erhabenheit: Erhöhung, Leichtigkeit, Transzendenz;

8. Magie: Unsichtbare Kräfte und Trugbilder;

9. Festlichkeit: Synchronizität, Glitzern, explodierende Formen;

10. Erneuerung: Blüten, Ausdehnung, Kurven.

Empirisches Wissen als Grundlage

Die Grundlagen für ihre Theorie der Ästhetik der Freude hat Ingrid Fetell Lee empirisch gelegt, indem sie zunächst ihren Freundes- und Bekanntenkreis befragte. Dann begann sie, diese Umfragen auf immer größere Personengruppen auszudehnen und die inzwischen veröffentlichten Studien auszuwerten. Sie wollte herausfinden, wie was wahrgenommen wird, emotional und subjektiv.

Der nächste Schritt war, die speziellen Wahrnehmungen zu systematisieren und zu generalisieren. Wie der Professor von Ingrid Fetell Lee konnten die meisten Befragten ihre Wahrnehmungen und

Gefühle zwar beschreiben, aber nicht rational mit Worten erklären. Vielleicht liegt das auch daran, dass diese Wahrnehmungen eher von der rechten als von der linken Hirnhälfte verarbeitet werden und daher einer sprachlichen Beschreibung nicht zugänglich sind.

Einen genauen Maßstab für die Fröhlichkeit des Umfelds gibt es nicht. Aber Ingrid Fetell Lee forderte ihre Leser dazu auf, über folgende Fragen nachzudenken:

- Wie oft lachen Sie?
- Wann haben Sie das letzte Mal tiefe, grenzenlose Freude verspürt?
- Welche Gefühle kommen in Ihnen hoch, wenn Sie abends Ihr Zuhause betreten?
- Welche Gefühle verspüren Sie, wenn Sie jedes Ihrer Zimmer betreten?
- Wie sehr weiß Ihre Lebensgefährtin oder Ihr Lebensgefährte beziehungsweise Ihre Familie Freude zu schätzen?
- Wer sind die fröhlichsten Menschen in Ihrem Leben?
- Wie oft sehen Sie diese?
- Wie oft bereitet Ihnen die Arbeit Freude?
- Engagiert sich das Unternehmen, für das Sie tätig sind, für ein fröhliches Umfeld?
- Ist es ihm gleichgültig oder arbeitet es sogar dagegen an?
- Wie kommt es dort an, wenn man in lautes Gelächter ausbricht?
- Welche Beschäftigungen machen Ihnen die größte Freude?
- Wie oft gehen Sie Ihnen nach?
- Können Sie ihnen zu Hause oder in der Nähe Ihres Zuhauses nachgehen?
- Wie viel Freude lässt sich in Ihrer Stadt oder Gemeinde entdecken?
- Wie viel Freude lässt sich in Ihrer direkten Nachbarschaft entdecken?
- Was sind Ihre Wohlfühlorte?
- Liegen manche davon innerhalb eines Radius von zehn Kilometern?

Ob und wie Sie Fragen selbst beantworten würden, überlassen wir Ihnen.

Ingrid Fetell Lee verspricht: »Schon kleinste gestalterische Veränderungen in unserer Umgebung können unser Wohlbefinden verbessern und uns freudige Momente bescheren.«

Anregungen für das Training positiver Wahrnehmungen

Energie – woraus wir Kraft schöpfen

Um Energie zu tanken, sollte unsere Umgebung lebhaft, farbenfroh, warm und hell sein. Die dominierenden Elemente für Energie sind das Sonnenlicht und die Farbe Gelb. Uns scheint nicht jeden Tag die Sonne und oft genug sind auch die Arbeitsplätze in Großraumbüros, in der Produktion, in Krankenhäusern, aber auch im Handel und bei Dienstleistungsunternehmen fensterlos und künstlich beleuchtet.

Wenn in einem japanischen Unternehmen ein Mitarbeiter seinen Schreibtisch ans Fenster stellen darf, bedeutet das häufig, dass dies mit einer Beförderung verbunden ist. Führungskräfte sitzen am Fenster und nicht in der Raummitte. Ersatz für fehlendes Sonnenlicht kann eine lebhafte und dynamische Beleuchtung sein, aber auch gesättigte Farben, vielleicht sogar Neontöne, die eine eigene Leuchtkraft entwickeln, aber nicht tristes Neonlicht. Am Arbeitsplatz sollten Leuchtmittel verwendet werden, die das Tageslicht möglichst genau in seinem vollen Spektrum abbilden. Zu Hause ist es gut, wenn ein warmer Lichtcharakter vorherrscht.

Um Kraft zu schöpfen, sind weiße Wände oder besser noch Wände in hellen Farben dunklen Tönen vorzuziehen. Auch dunkle Möbel sind ungünstig. Man braucht sie aber nicht auf den Sperrmüll zu stellen und durch neue zu ersetzen, oft reicht es auch, sie in fröhlichen Farben zu lackieren. Wenn es nicht genügend Fenster gibt, die Sonnenlicht hereinlassen, gestalten Sie das Lichtambiente in Ihrem Raum mit unterschiedlichen Lampen, die besondere Akzente setzen.

Um mehr Energie aufzunehmen und auch auszustrahlen, entscheiden Sie sich für eine farbenfrohe Mode statt für eine Kleidung, in der Schwarz und Grau dominieren. Auch mit Accessoires lassen sich farbige Akzente setzen. Sie werden überrascht sein, wie positiv farbige Kleidung von Ihrem Umfeld aufgenommen wird. Denn farbige Kleidung kann durchaus seriös wirken und trotzdem fröhlich sein.

Die wichtigsten Orte, um Kraft zu schöpfen, finden Sie in der freien Natur oder in der Stadt in großen Gärten und öffentlichen Parks. Doch auch in Kunstmuseen und Galerien werden Sie Wahrnehmungen finden, die Sie als energiespendend empfinden. Diese Ausstellungen lassen sich auch unter den Hygieneregeln, durch die Infektionen vermieden werden sollen, besuchen. Meist sind gerade die Räume in Kunstausstellungen gut klimatisiert und man kann zu den anderen Besuchern genügend Abstand halten.

Wenig Lebensfreude werden Ihnen Farbtöne schenken wie Grau und Beige. Auch mattes und zu flaches Licht weckt keine Lebensgeister.

Die Wahrnehmung der Fülle und Vielfalt ist immer eine Bereicherung

Die Vielfalt unserer Umwelt wird bestimmt durch Abwechslungsreichtum und unterschiedliche Strukturen. Regenbögen sind dafür ein natürliches Beispiel, doch man wird sie wahrscheinlich zu selten zu sehen bekommen. Aber es gibt auch außerhalb der Natur die Möglichkeit, seine Umgebung durch Mehrfarbigkeit und verschiedene Texturen zu gestalten. Setzen Sie farbige Akzente mit Gardinen, einer bunt tapezierten Wand oder durch bunte einzelne Fliesen, wenn ohnehin eine Renovierung ansteht.

Für Wohnräume gibt es herrlich bunte Teppiche oder Läufer, die nicht einmal teuer sein müssen. Vielleicht können Sie in größeren

Räumen sogar gleich mehrere verschiedene Muster kombinieren. In Möbelhäusern werden Sie auch preiswerte Kunst- oder Dekorationsobjekte finden, die Farbe in Ihr Leben bringen. Verfügen Sie über etwas mehr Geld, können Sie natürlich Reproduktionen oder Serigrafien von bekannten Kunstobjekten, Bildern oder Fotografien aufstellen beziehungsweise an die Wand hängen. Diese farbige Vielfalt lässt sich auch in der Kleidung, bei Ansteckern, Halsketten und Armbändern aus Farbsteinen fortsetzen.

Wenn Sie Fülle und Vielfalt erleben wollen, finden Sie diese auf Flohmärkten und in Antiquitätengeschäften. Aber auch Süßwarengeschäfte in Einkaufszonen bieten meist eine farbige Vielfalt. Das Gleiche gilt auch für Parfümerien, Gewürzläden oder Wochenmärkte, die es heute in jeder Stadt gibt.

Das Gegenteil von Vielfalt und Fülle ist Armseligkeit, die sehr oft durch eine minimalistische Ausstattung vermittelt wird, wie man sie in billigen Hotels auf der Durchreise entdecken kann oder auch durch einen frugalistischen Lebensstil. Der französische Soziologe Pierre Bourdieu sprach vom »Geschmack der Armut«, der sich dadurch auszeichnet, dass hässliche Dinge ausgewählt werden, die ebenso viel kosten wie Schönes.

Das Gefühl von Freiheit und Unabhängigkeit wahrnehmen

Das Gefühl von Freiheit und Unabhängigkeit stellt sich bei den meisten Menschen in einer Savannenlandschaft ein. Sanfte Hügel, eine Grasfläche, unterbrochen von einzelnen Baum- oder Buschgruppen, werden wahrscheinlich deshalb als angenehm empfunden, weil es die Landschaft ist, aus der die Menschheit vor Tausenden von Jahren in alle Welt aufgebrochen ist.

Große und teure Golfplätze sind meist in dieser Weise gestaltet, nur ist das Gras kürzer. Doch auch das Küstenhinterland in Deutschland und Dänemark vermittelt einen ähnlichen Eindruck. Wichtig ist, dass die Farbe Grün dominiert und der Mensch das Gefühl hat, eine weite Sicht zu genießen und gleichzeitig die Möglichkeit hat, unter Bäumen Zuflucht zu finden.

Auch im städtischen Bereich lassen sich in Wohnungen und am Arbeitsplatz Elemente einsetzen, die uns mit der Natur in Verbindung bringen. Getrocknete Wildblumen wecken entsprechende Erinnerungen genauso wie Bilder und Objekte aus der Tier- und Pflanzenwelt. Wer mit dem Meer das Gefühl von Freiheit und Ungebundenheit verbindet, kann auch gesammelte Muscheln oder Steine in Gläsern oder Schalen als Erinnerungsstücke einsetzen. Auch Gräser und Pflanzen auf Balkonen oder in Gärten vermitteln eine gelockerte Atmosphäre, wenn man die Gelegenheit hat, ihnen Raum zu geben.

Wer ein Futterhäuschen an sein Fenster hängt, auf seinen Balkon stellt oder im Garten platziert, wird damit Vögel, die typischen Symbole für Freiheit und Ungebundenheit, anlocken können. Besteht diese Möglichkeit nicht, können Sie sich auch für Vogelstimmen und Naturgeräusche entscheiden, die Sie über Ihre Musikanlage abspielen. Nicht jeder wird Glastüren oder Panoramafenster haben, durch die er in die Natur blicken kann. Wünschenswert wäre es natürlich schon.

Zumindest eine fließende und lockere Kleidung helfen, das Gefühl von Freiheit zu erleben. Dazu tragen auch Kleidungsstücke aus Naturfasern bei. In der Nähe von Städten gibt es oft leicht erreichbare Natur- und Tierschutzgebiete, die so gestaltet sind, dass sich ein Gefühl von Freiheit und Ungebundenheit einstellt. Es gibt auch Erlebnisparks, in denen man nicht nur unterschiedliche Gelände betrachten, sondern auch spüren kann, weil dort das Barfußgehen möglich ist. Generell vermittelt Barfußgehen eher ein Gefühl von Freiheit, als wenn man auch in seiner Freizeit die Füße in festes Schuhwerk zwängt.

Vermeiden Sie es, Ihre Wohnung mit übergroßen Möbeln oder gewaltigen Sitzecken vollzustellen. Die sehen zwar im Ausstellungsraum eines Möbelhauses ganz einladend aus, wirken aber in kleinen Zweizimmerwohnungen meist sehr bedrückend.

Die Suche nach Harmonie und Einklang

Die meisten Menschen wünschen sich ein harmonisches Leben im Einklang mit ihrer Umwelt, und auch das lässt sich gestalten. Die wesentlichen Elemente sind hier Ordnung und Symmetrie. Auch geometrische Muster oder sich wiederholende Muster unterstützen dieses Gefühl. Gerade im Privatbereich gibt es viele Möglichkeiten, seine Umgebung entsprechend zu gestalten. Gruppieren Sie ähnliche Objekte zusammen. Auch mit Hilfe von Spiegeln lassen sich Symmetrien akzentuieren.

Versuchen Sie immer wieder, Einheiten von gleichen Gegenständen zu schaffen, zum Beispiel, indem Sie Ihre Bücher nach Farben sortieren. Das geht natürlich nur, wenn Sie nur wenige Bücher besitzen. Für uns wäre das nichts, weil wir sehr viele Bücher haben und einen schnellen Zugriff brauchen, weil wir sie zum Arbeiten benötigen.

Wenn Sie Sammler sind, können Sie Ihre Objekte entsprechend präsentieren. Ob es nun Münzen, Schmetterlinge, Briefmarken, Automodelle oder Überraschungseifiguren sind, eine schön präsentierte Sammlung vermittelt immer das Gefühl von Harmonie und Einklang. Überflüssiges sollten Sie in Schränke verbannen. Das gilt auch und in besonderer Weise für den Eingangsbereich Ihrer Wohnung. Unübersichtlichkeit, Unordentlichkeit oder gar Gerümpel sind die natürlichen Feinde von Harmonie und Einklang.

Das Leben leichter nehmen

Das Leben leichter zu nehmen, bedeutet, sich ihm auf eine spielerische Art zu nähern. Dieses Gefühl wird durch runde und kurvige Anmutungen gefördert. Punktemuster statt glatter Farbflächen, Kreise und Kugeln sind die typischen Elemente einer eher spielerischen Lebenseinstellung. Möbel mit abgerundeten Ecken statt spitzer Winkel und scharfer Kanten können ebenso die Wahrnehmungen in die gewünschten Richtungen bewegen. In Freizeitparks oder auf Jahrmärkten werden Sie ebenfalls viele spielerische Elemente entdecken können. Auch Haustiere, wenn man sie halten darf, machen das Leben leichter, wenn man sich ihnen zuwendet, mit ihnen spielt oder spazieren geht.

Positive Überraschungen bringen Freude

Positive Überraschungen sind häufig etwas unpassend, auffällig oder auch unperfekt. Sie sind anders als das Übliche und oft damit verbunden, etwas Verstecktes zu entdecken. Ein wichtiges Element von positiven Überraschungen sind Kontraste, selbst wenn man weiß, dass sie existieren. Sie könnten also zum Beispiel das Schubladeninnere oder die inneren Schranktüren mit kräftigen Farben oder Mustern dekorieren oder auch der Gästetoilette besondere Farbakzente verleihen.

Ersetzen Sie blasses Porzellangeschirr durch anderes in bunten Farben. Suchen Sie ruhig nach ausgefallenen oder auch verschrobenen Dekorationsobjekten, die Ihren Alltag nicht dominieren, aber Sie stets daran erinnern, was für Sie eine Überraschung war. Leben Sie mit anderen Menschen zusammen, dann können Sie denen wahrscheinlich mit kleinen Gegenständen, Süßigkeiten oder auch nur handgeschriebenen Zetteln, die diese zufällig entdecken, eine Freude machen. Ungewöhnliche und überraschende Objekte lassen sich leicht in 1-Euro-Läden, Secondhandgeschäften oder auf Flohmärkten finden.

Viele Menschen suchen in der heutigen Zeit neue und ungewöhnliche Erlebnisse, indem sie sich einen Zweitwohnsitz zulegen. Das kann ein Wohnwagen oder auch ein Tiny House sein, die vielleicht auf einem kleinen Campingplatz stehen, der zu einem Ökobauernhof gehört. Immer mehr Menschen entscheiden sich aber auch für Wohnmobile, mit denen sie am Wochenende ihrem Alltag entfliehen können.

Leichtigkeit und Weite erleben

Um in Räumen das Gefühl von Leichtigkeit und Weite zu erzeugen, sollten Decke und Wände hell gestrichen werden, damit der Raum höher wirkt. Farbverläufe oder wolkengleiche Tupfen auf himmelblauem Grund erzeugen die Illusion, im Freien zu stehen. Lampen oder Mobiles an der Decke lenken den Blick nach oben. Leichtes Mobiliar, Tische und Stühle, die auf Beinen stehen und nicht auf Sockeln und vielleicht sogar aus durchscheinendem Material bestehen, verstärken das Gefühl der Leichtigkeit. Wer über entsprechenden Platz in seinen Räumen verfügt, kann sich ein Podest einbauen, sodass verschiedene Ebenen entstehen. Ideal für das Gefühl der Weite sind Lofts mit hohen Decken und Oberlichtern.

Suchen Sie nach Orten, die Ihnen einen Überblick verschaffen. Wenn es in Ihrer Umgebung keine Hügel gibt, besuchen Sie gelegentlich den oberen Teil eines Kirchturms, setzen Sie sich in ein Restaurant in einem Fernsehturm oder im oberen Stockwerk eines Hochhauses. Schauen Sie aber nicht nur über die Dächer, sondern nehmen Sie sich auch Zeit, um Wolken oder Sterne zu betrachten. Wenn Sie mit dem Flugzeug unterwegs sind, buchen Sie einen Fensterplatz.

Wenn Sie die Möglichkeit haben, versuchen Sie es doch einmal mit Trampolinspringen oder mit einer Fahrt im Heißluftballon oder einem Rundflug in einem Ultraleichtflugzeug. Was Sie meiden sollten, sind Höhlen, Keller und andere unterirdische Räume.

Magie – Das Verborgene spüren

Charakteristisch für das Erleben von Magie sind optische Illusionen, perlmuttartiges Schillern, geheimnisvolle Lichter und Bewegungen sowie Dinge, die scheinbar den Naturgesetzen trotzen. Dies finden wir zum Beispiel in einem Prisma, das an einem sonnigen Fenster hängt, oder auch bei Dekoobjekten, die an einer fast unsichtbaren

Angelschnur aufgehängt werden, um die Illusion zu erzeugen, dass die frei schweben. Pop-Art-Bilder und Spiegel können die Raumwahrnehmung verändern. Objekte aus Perlmutt wechseln die Farben je nach Betrachtungswinkel. Auch ein Windspiel auf dem Balkon kann durch seine Beweglichkeit faszinieren, und vielleicht ist es sogar noch in der Lage, Geräusche zu erzeugen.

Orte mit eigenwilligem Wettergeschehen lassen uns ebenfalls das Verborgene spüren. Bergkuppen, über die der Wind fegt, Moore, die im Nebel versinken oder Seen, aus denen vulkanische Gase aufsteigen. Da wir in der Eifel leben, haben wir vom Hohen Venn bis zum Laacher See all diese Naturphänomene vor der Haustür. Im Sternenpark, von denen es in Deutschland inzwischen mehrere gibt, ist es nachts so dunkel, dass man auch Meteoriten und Asteroiden am Himmel entdecken kann. Zu den magischen Momenten, in denen wir die Kraft des Verborgenen spüren, gehört auch, Drachen steigen zu lassen oder auf einem Segelboot mitzufahren. Was Sie vermeiden sollten, sind Geisterbahnen auf dem Jahrmarkt.

Wie Sie Festlichkeit entstehen lassen können

Festlichkeit verbindet die meisten Menschen mit funkelnden und glitzernden Lichtern, Musik und glänzenden Oberflächen. Feiern brauchen oft einen überdimensionierten Blickfang. Das reicht von Jubiläumszahlen an der Tür über den Weihnachtsbaum bis hin zu einem großen Lagerfeuer oder einer Feuerschale auf der Terrasse. Die Musik ist energiegeladen und rhythmisch.

Auch mit kleinen Minilichtern, die Konturen nachzeichnen und die Nacht zum Funkeln bringen, kann eine festliche Atmosphäre erschaffen werden. Ein Fest zeichnet sich häufig dadurch aus, dass die Kleidung der Gäste entweder sehr einheitlich ist oder sich einem Motto unterordnet. Anlässe für Feste finden sich im Jahreskreis genug. Es ist sogar möglich, einfach so eine Party mit Freunden zu feiern.

Erneuerung – den natürlichen Wandel gestalten

Die Symbole für die Erneuerung sind im Wandel der Jahreszeiten von der Natur vorgegeben. Sie können zu jeder Jahreszeit passend entsprechende Pflanzen ins Haus holen und dekorieren. Die Spirale ist das Symbol der Erneuerung. Wenn Sie den jahreszeitlichen Wandel in größerem Stil erleben wollen, sollten Sie öfter einen botanischen Garten aufsuchen.

Beobachten Sie, wie sich im Laufe eines Jahres Sonnenaufgang und Sonnenuntergang verändern. Gehen Sie in die Natur hinaus und schauen Sie sich den Vollmond an, wenn er der Erde am nächsten ist. Wenn Sie die Möglichkeit haben, allein oder gemeinsam mit anderen Menschen einen Garten zu bewirtschaften, werden Ihnen die Veränderungen und Erneuerungen von der Natur auch ohne Ihr Zutun vor Augen geführt werden.

So trainieren Sie Ihre Wahrnehmungen

Lawrence B. Katz, Professor für Neurobiologie an der Duke University in Durham, North Carolina hat sogenannte Neurobics-Übungen für das Gehirn entwickelt, entsprechend dem Körpertraining Aerobics. Indem man verschiedene Sinneseindrücke miteinander kombiniert und das Gehirn mit neuen oder ungewohnten Reizen konfrontiert, sollen die Sinneswahrnehmungen und die Hirnregionen, die sie verarbeiten, gezielt trainiert werden.

Mehrere Übungen zielen darauf, die visuelle Wahrnehmung auszuschalten und sich auf Fühlen, Riechen und Hören zu konzentrieren. Katz empfiehlt zum Beispiel, mit geschlossenen Augen zu duschen, um den Tastsinn, den Riechsinn und die Wahrnehmung der Haut zu trainieren. Am Morgen beim Aufwachen sollten Sie einen Duft wahrnehmen, der für Sie besonders stark mit Emotionen und positiven Erinnerungen verbunden ist, zum Beispiel an einen Mittelmeerurlaub. Stellen Sie diesen Duft in einer verschlossenen Flasche neben Ihr Bett. Nach dem Aufwachen öffnen Sie diese Flasche und riechen vielleicht einen Zitronen-, Lavendel- oder Rosmarinduft, der sofort die gewünschten Gedanken wachruft, um positiv in den Tag zu starten.

Ändern Sie Ihren gewöhnlichen Tagesablauf. Dies hilft nicht nur, schlechte Gewohnheiten loszuwerden, wenn Sie diese durch neue ersetzen, sondern verbessert auch Ihre Wahrnehmungen. Man muss es nur häufig genug tun. Wenn Sie normalerweise gewohnt sind, am Morgen schnell eine Tasse Kaffee zu trinken, aus dem Haus zu laufen und am nächsten Kiosk ein Brötchen mitzunehmen, sollten Sie einmal zuerst zu Hause frühstücken, bevor Sie sich anziehen. Oder sie können auch statt Nutellabrot ein Müsli zum Frühstück essen.

Katz empfiehlt, Dinge in der Wohnung und auf dem Schreibtisch neu zu arrangieren. Es kann in der Tat sinnvoll sein, Möbel umzustellen und neue Farben sowie eine neue Beleuchtung hinzuzufügen. In der Elektro- und Farbenabteilung eines Baumarktes werden Sie auf jeden Fall Anregungen finden. Und allein schon sich dort in Ruhe alles anzusehen, fördert Ihre Wahrnehmungen.

Die Neurobics betreffen die verschiedensten Lebensbereiche. Auch zum Thema Sex hat Katz sich geäußert. Sex stimuliere unsere Sinne mehr als alle routinemäßigen Aktivitäten des Alltags, sagt er. Seine konkreten Vorschläge für Übungen gehen aber nicht über das Übliche hinaus, das heißt die Augen schließen und sich auf den Tastsinn verlassen, Duftkerzen abbrennen, mit Duftöl massieren, Blütenblätter im Bett verteilen, Champagner trinken sowie romantische Musik hören.

Es lohnt sich durchaus, die Vorschläge von Professor Katz als Anregung zu sehen, einmal darüber nachzudenken, was Sie alles an Ihrem Verhalten und an Ihrer Umgebung verändern könnten. Welche Ihrer Gewohnheiten wollen und könnten Sie ändern? Wie könnten Sie sich neue Reize für Ihre Sinne verschaffen und damit Ihre Wahrnehmung trainieren? Sie werden viele kleine Dinge finden.

Statt in den Supermarkt um die Ecke gehen Sie zum Beispiel zu Spezialgeschäften in Großmärkten, in denen normalerweise nur Gastronomen einkaufen oder in asiatische oder türkische Läden.

Sie werden erstaunt sein, wie viele Produkte es gibt, die Sie noch nicht kennen. Vielleicht haben Sie auch Lust, die Küche fremder Länder kennenzulernen, im Restaurant oder auch in der eigenen Küche?

Wollen Sie in Ihrem Urlaub oder auch nur am Wochenende einmal etwas anderes tun als sonst? Fahren Sie an einen neuen, unbekannten Ort. Hätten Sie Lust, etwas Neues zu lernen oder ein neues Hobby zu beginnen? Es gibt vielfältige Möglichkeiten, die Neuroplastizität unseres Gehirns und unsere Wahrnehmungen zu verbessern und zu verstärken.

Fünf Verhaltensweisen, die Ihr Leben ändern können

Auch wenn die meisten Menschen davon überzeugt sind, über ein großes Repertoire unterschiedlichster Verhaltensweisen zu verfügen, die sie jeweils nach dem verfolgten Ziel oder der Situation, in der sie sich befinden, einsetzen können, lassen sich doch fünf Grundmuster erkennen, die im Prinzip nur variiert werden. Der Psychologe Paul Watzlawick stellte fest, dass man nicht nichtkommunizieren kann, und dasselbe gilt auch für das Verhalten. Man kann sich nicht nichtverhalten. Wir reagieren und verhalten uns ständig. Aber nicht jedes Verhalten ist von Erfolg gekrönt.

Das älteste Verhaltensmuster des Menschen ist die Flucht. Es war in der Anfangszeit der Menschheit sicherlich immer günstiger, abzuhauen statt gefressen zu werden. Nur wenn die Flucht unmöglich war, entschied sich der Mensch, standzuhalten oder in Vorwegnahme einer ungünstigeren Verteidigung auch anzugreifen.

Die Menschen begannen dann, nicht mehr nur als Jäger und Sammler zu leben, sondern als Bauern sesshaft zu werden oder als Viehzüchter mit ihren Herden durch die Weidegründe zu ziehen. Zu diesem Zeitpunkt gewannen zwei neue Verhaltensweisen an Bedeutung, die Anpassung an die Umwelt und die Veränderung der Umwelt.

Bereits als die Menschen die ersten Formen von Kultur entwickelten, woran zum Beispiel die Höhlenmalereien erinnern, begannen sie damit, bestimmte Ereignisse, aber auch ihre eigenen Verhaltensweisen umzudeuten. Die Blitze, die vom Himmel fuhren, waren nicht mehr unerklärliche Naturereignisse, sondern die Äußerung eines zornigen höheren Wesens, das man durch Opfer besänftigen konnte. Bestimmte Handlungen und Rituale erhielten plötzlich eine ganz neue Bedeutung.

Dieser Schnelldurchmarsch durch die Entwicklungsgeschichte der Menschheit soll keine endgültigen Erklärungen liefern, sondern zunächst nur deutlich machen, dass der Mensch über fünf grundlegende Verhaltensmuster verfügt, mit deren Hilfe er in allen Lebenssituationen klarzukommen versucht.

Fliehen – nichts wie weg hier

Das Thema Flucht findet sich nicht nur in metaphorischen Erzählungen, sondern auch in Romanen und Filmen. *So weit die Füße tragen* oder *Auf der Flucht* sind nur zwei Beispiele dafür. In dem Märchen *Die Bremer Stadtmusikanten* der Gebrüder Grimm sind vier Tiere, ein Hahn, eine Katze, ein Hund und ein Esel, auf der Flucht vor ihren Besitzern, die sie töten wollten, weil sie alt und für diese unnütz geworden sind.

Die Tiere beschließen, gemeinsam ein neues Leben zu beginnen. Aus einer bestimmten Situation zu fliehen, bedeutet also nicht, ein Leben lang auf der Flucht zu sein, sondern kann auch der Beginn eines Neuanfangs sein.

Zunächst einmal ist Fliehen aber ein ungeplantes, reaktives Verhalten, um sich aus einer bedrohlichen, gefährlichen oder unangenehmen Situation zu befreien. Der Fluchtreflex wird nicht rational vom Verstand gesteuert, sondern ist emotional durch Angst oder Panik begründet. Nur wenn man den Fluchtzeitpunkt selbst bestimmen kann, ist die Flucht auch rational zu planen. Die Flucht der

Menschen aus Ostpreußen über das Kurische Haff zum Ende des Zweiten Weltkriegs verlief deshalb ganz anders als viele erfolgreiche Fluchtversuche aus der ehemaligen DDR. Fluchtverhalten wird weniger durch ein Ziel, das man erreichen will, begründet als durch die Situation, in der man sich befindet.

Flucht wird häufig mit dem Begriff Feigheit negativ besetzt. Doch das ist falsch, denn das Fluchtverhalten selbst kann von demjenigen, der flieht, nicht mehr rational kontrolliert werden. In unserer Gesellschaft führt Existenzangst unter anderem durch die Flucht aus der Realität zu irrationalem und für den Einzelnen schädlichem Verhalten, wenn jemand zum Beispiel Ratenzahlungen einstellt.

Natürlich kennen wir auch die Flucht aus Partnerschaften, die meist aus Angst vor Gewalt stattfindet. Oder die Flucht aus dem Job, wenn Mobbingopfer »ohne Grund« kündigen, ohne eine neue Tätigkeit in Aussicht zu haben. Auch die Flucht in eine Krankheit, also der Zustand des Krankseins, kann unbewusst als Befreiung aus einer unerträglichen Situation erlebt werden.

Niemand flieht ohne Grund oder wenn er noch einen anderen Ausweg sieht. Jede Flucht sollte als Chance für einen Neubeginn gesehen werden. Deshalb sollte Fliehen auch keine dauernde Lebenshaltung darstellen. Das Fluchtverhalten kann allerdings selbst krankhafte Züge annehmen, wenn sogar kleinste Belastungen vermieden werden.

Standhalten als Fels in der Brandung

Standzuhalten ist die Alternative zum Fliehen. Wer standhält, stellt sich dem Kampf oder der Auseinandersetzung. Wer standhält, handelt zielorientiert, fokussiert und hat seine Reaktionen unter Kontrolle. Das

Standhalten kann emotional begründet sein und durch Traditionen gestützt werden, erwächst aber in erster Linie aus einem Zusammenspiel des Belohnungs- und des Entscheidungssystems. Wer standhält, verfügt in der Regel über ein ausgeprägtes Selbstbewusstsein, Disziplin und strategisches Denken.

Wer sich entschließt, standzuhalten, tut dies in der Regel planmäßig und wohl kalkuliert. In den meisten Fällen soll die Strategie des Standhaltens zu einem Sieg oder zumindest zu einem Erfolg führen. Sie kann jedoch auch als Opfer für die Gemeinschaft verstanden werden wie die Schlacht bei den Thermopylen, bei der der spartanische König Leonidas mit 300 Soldaten das persische Heer aufgehalten haben soll, um den Rückzug des griechischen Hauptheeres zu decken.

Anpassen – Man kann sich an vieles gewöhnen, muss es aber nicht

Anpassen ist das Gegenteil von Verändern. Auf äußere Wahrnehmungen durch die Variation des eigenen Verhaltens und der eigenen Handlungen zu reagieren, ist eine Basisstrategie der Menschheit. Die Anpassungsfähigkeit an die unterschiedlichsten Lebensbedingungen hat wahrscheinlich ihr Überleben gesichert.

Anpassung erfordert Orientierung an der Gegenwart und eine flexible Verhaltensweise. Ob es nun um die Anpassung an die verschiedenen klimatischen Bedingungen geht, an eine andere Nahrung oder soziale Gruppen, um sich verändernde Gesellschaftsformen oder um die Corona-Pandemie, stets spielt das Lernen und damit die Plastizität des Gehirns eine wichtige Rolle.

Verändern – die Ärmel aufkrempeln

Während das Anpassen als passives Verhalten, auch wenn es sich rational begründen lässt, eher negativ besetzt ist, gilt die Veränderung als aktives und gestaltendes Verhalten als positiv. Etwas nicht hinzunehmen, neue Lösungen zu suchen und diese durchzusetzen, rückt das Verändern in die Nähe des Standhaltens. Auch Veränderungen beruhen auf Wahrnehmungen, Lernen und der Plastizität des Gehirns, beinhalten aber auch gleichzeitig Vorstellungen von Kreativität und schöpferischem Denken.

Eine Veränderung kann auch negative Folgen haben, doch wird sie gemeinhin als Chance für eine Weiterentwicklung zum Guten gesehen. Veränderungen in der Gesellschaft als Teil der kontinuierlichen Fortentwicklung sind heute eine Selbstverständlichkeit. Ebenfalls erwarten wir, dass die Technik sich verändert und sich den neuen Wünschen der Konsumenten und Benutzer anpasst.

Doch wurden Veränderungen von den Menschen keineswegs schon immer als positiv angesehen, sondern sind eher eine Erfindung der Aufklärung und der Industrialisierung. Im Mittelalter gehörte es zum Beispiel zu den Aufgaben der Zünfte, darauf zu achten, dass kein Handwerksmeister Methoden oder Verfahren einführte, die eine schnellere, bessere oder billigere Produktion von Gütern zur Folge gehabt hätten. Der Erhalt des Bestehenden, auch wenn er mit Nachteilen verbunden war, wurde als Wert an sich betrachtet. So ist es auch nicht verwunderlich, dass Wissenschaft und Forschung zu jener Zeit nur im Verborgenen blühen konnten und auch nur dann, wenn sie zum Nutzen der Herrschenden waren.

Umdeuten – das Pippi-Langstrumpf-Prinzip

Umdeuten bedeutet, einem Sachverhalt einen neuen Sinn zu geben oder ihn anders zu interpretieren. So kann man aus persönlichen Schwächen durchaus auch Stärken machen. Man muss nur den Blickwinkel ändern. Ist ein Glas Wasser nun halbvoll oder halbleer? Der Optimist hat eine andere Wahrnehmung als der Pessimist.

Wie wir bestimmte Situationen und Ereignisse deuten, hängt von unserer emotionalen Verfassung, von unseren Erinnerungen, von der Aktivität des Belohnungssystems und unserem Wertesystem ab. Durch das Deuten oder auch Umdeuten geben wir der Realität nicht nur einen ganz bestimmten Sinn, sondern stellen auch Zusammenhänge zwischen Ursache und Wirkung her.

Wahrscheinlich müssen wir akzeptieren, dass die Menschen und deren unterschiedliche Gehirne auch andere Sinnzusammenhänge konstruieren, die es ihnen in der Regel leichter machen, das eigene Leben zu bewältigen. Solange dadurch kein Schaden entsteht, sollten wir anderen die entsprechende Freiheit geben, aber sie auch für uns selbst beanspruchen.

Sie wollen sich selbst ändern

Wir sind der Überzeugung, dass das Ich aus dem Zusammenspiel aller Elemente des Denkens entsteht. Es gibt im Gehirn keinen festen Ort, an dem das Ich gespeichert ist.

Wir wissen, wer wir jetzt sind und können uns auch anderen Menschen gegenüber erklären. Dabei setzt sich das Ich aus einem Kaleidoskop der unterschiedlichsten Elemente zusammen. Wir sind, was wir gerade fühlen, was wir uns wünschen. Aber zum Ich gehören auch unsere Körper, unser Familienstand, unser Beruf, unsere politischen Ansichten und selbst unsere Freunde, unser Haus und unser Auto. Alles gehört irgendwie zu uns dazu.

Das Ich reicht also über die Person hinaus und manifestiert sich in vielen Attributen, die uns alle so lange gar nicht bewusst sind, bis wir sie ins Bewusstsein rufen oder sie uns von anderen ins Bewusstsein gerufen werden, zum Beispiel mit der Frage, ob wir etwas mögen oder nicht.

In einem ganz engen Kernbereich mag das Ich vielleicht unveränderbar sein, doch es reagiert höchst empfindlich auf Wahrnehmungen aus seiner Umgebung. Je nach der Situation, in der man sich gerade befindet, tritt ein bestimmter Aspekt des Ich in den Vordergrund.

Auch das Kern-Ich verändert sich ganz sicherlich aufgrund neuer Erfahrungen. Dabei ist es nicht so, dass der Mensch diese Veränderungen in der Regel bewusst steuert, ja nicht einmal steuern kann, sondern dass sie eher von anderen Personen an ihm bemerkt werden. Zur Selbstwahrnehmung gehört immer eine gewisse Distanz. Wir wissen deshalb, wer wir vor zehn Jahren oder vor dreißig Jahren waren. Zumindest weiß man es aus heutiger Sicht besser als damals.

Die Diskussion darüber, was den Menschen mehr prägt, seine Gene oder die Gesellschaft, reicht bis weit ins 19. Jahrhundert zurück. Die Vorstellung, dass der Mensch als unbeschriebenes Blatt auf die Welt kommt und ihn erst die Erziehung zu dem macht, was er sein Leben lang ist, geht auf den Philosophen John Locke (1632 – 1704) zurück. Diese Idee hat jedoch ebenso zu falschen Vorstellungen und Verhaltensweisen geführt wie die Ansicht, dass allein die Gene darüber entscheiden, was für ein Mensch man wird und welches Leben man führt. Heute ist die Wissenschaft bei einem Sowohl-als-auch gelandet. Es gilt nicht mehr »nature versus nurture«, sondern »nature via nurture«.

Gene steuern nicht nur den Aufbau und die Entwicklung des Körpers, sondern auch des Gehirns, denn schließlich ist es auch nur ein Teil des ganzen Menschen. Ebenso wie die Gene im Körper auf Umweltreize und auf körpereigene Informationen reagieren und biologische Prozesse an- oder abschalten, geschieht dies auch mit den Gehirnzellen. Diese genetische Ausstattung wirkt nicht nur während der äußerlich sichtbaren Entwicklungsphasen Kindheit und Jugend, sondern ein Leben lang.

Die Gene halten Vorgaben bereit, die sich allerdings nur in einer geeigneten Umwelt entwickeln können. Nur wenn die vorgegebenen Eigenschaften gefördert und gefordert werden, entwickeln sie sich zu brauchbaren Fähigkeiten. Ohne Förderung und Forderung verkümmern sie und lassen anderen Eigenschaften den Vortritt. Ein Muskel, der nicht benutzt wird, verkümmert, und ähnliches gilt auch für Gehirn und Geist. Insofern sind Veranlagung und Umwelt eng aufeinander bezogen.

Raus aus der Einflussfalle – fremde Einflüsse erkennen und entmachten

»Am liebsten würde ich in meinem Leben etwas ganz anderes tun, als ich es jetzt tue«. Wer hat diesen Satz nicht schon einmal selbst gesagt oder ihn schon in seinem Freundeskreis gehört. Normalerweise passiert außer einem tiefen Seufzer nichts oder es wird gleich eine Begründung nachgeschoben, weshalb das, was man »wirklich« möchte, ja ohnehin nicht zu realisieren sei.

Da sind die Kinder, die die Schule nicht wechseln können, da gibt es ein Haus, das man verkaufen müsste, man hat einen Arbeitsplatz, der zwar nicht sicher ist, den man aber trotzdem nicht aufgeben möchte, und meist spielt das fehlende Geld ohnehin die größte Rolle als Hindernis für ein erfülltes Leben. Aber stimmen diese Argumente wirklich?

Die Macht des kollektiven Denkens darf man nicht unterschätzen. Ob Optimismus oder Pessimismus, Stimmungen sind ebenso ansteckend wie Krankheiten. Wir wissen, dass es die Spiegelneuronen sind, die kleinste unbewusste Körpersignale lesen, und wir spüren deshalb genau, wenn das, was einer sagt, nicht das ist, was er denkt und fühlt.

Das deutsche Denken steht heute ganz offensichtlich vor einem großen Konflikt. Einerseits hat das menschliche Gehirn von Natur aus einen unersättlichen Hunger auf Veränderungen, andererseits sind aber die kollektiven Muster in den Köpfen mehrheitlich so angelegt, dass sie sich gegen jede Veränderung wehren.

Eines der häufigsten Argumente, das gegen Veränderungen ins Feld geführt wird, ist das Alter. Viele sehen schon mit Mitte 30 keine Chance mehr, auch nur an einen Ausbruch aus ihrer Routine zu denken. Heute wissen wir, dass die Entwicklung des Gehirns und der Persönlichkeit des Menschen keineswegs mit der Pubertät oder dem 30. Lebensjahr abgeschlossen ist, sondern die Entwicklung bis zum Lebensende weitergeht.

Verhalten vom Unbewussten ins Bewusstsein heben

Im Prinzip ist kein Mensch in der Lage, sich seiner unbewussten Gedanken, Motive und Wertvorstellungen im Voraus bewusst zu werden. Also kann er auch die damit verbundenen Signale nicht kontrollieren. Entwickelt man jedoch ein bestimmtes Körperbewusstsein und achtet man selbst in verzwickten Situationen auf die eigenen Reaktionen, dann kann man sein eigenes Verhalten vom Unbewussten ins Bewusstsein heben und zumindest zu einem bestimmten Teil darauf reagieren.

Das bedeutet allerdings nicht, dass es in jeder Situation sinnvoll ist, seine Gefühle zu unterdrücken, besonders dann nicht, wenn sie positiver Natur sind. Leider ist es aber so, dass gerade das des Öfteren geschieht, während negativen Signalen freier Lauf gelassen wird.

Achtsamkeit – ein Weg zur besseren Selbstwahrnehmung

Der Begriff Achtsamkeit wird in der deutschen Sprache hauptsächlich im Zusammenhang mit Spiritualität, speziell im Buddhismus, und in der Verhaltenstherapie verwendet. Dabei geht es einerseits um eine verbesserte Selbsterfahrung, andererseits um die Beeinflussung von Krankheitssymptomen und den Erhalt der Gesundheit, zum Beispiel durch Stressreduzierung.

Das ist in den USA anders. Hier existiert bereits ein Arbeitsbereich, der sich Neuroscience of Mindfulness nennt und in dem einerseits mit neurowissenschaftlichen Methoden untersucht wird, was im Gehirn von meditierenden Menschen geschieht, und andererseits, wie weit die daraus gewonnenen Erkenntnisse auch auf Alltagssituationen angewandt werden können.

Übungen, um die Sinne zu schärfen

Trinken Sie am Morgen Ihren Kaffee oder Tee mit geschlossenen Augen, behalten Sie ihn einige Zeit im Mund und lassen die Aromen voll wirken. So schulen Sie nicht nur Ihre Sinne, Sie beginnen Ihren Tag auch mit einem entspannenden Morgenritual.

Nehmen Sie auch Ihr Essen hin und wieder mit geschlossenen Augen oder in einem dunklen Raum ein. Lassen Sie sich beim Kauen Zeit und versuchen Sie bewusst, den Geschmack, das »Mouthfeeling« und die verschiedenen Aromen wahrzunehmen. Wenn jemand anders das Essen gekocht hat, sollten Sie auch die verschiedenen Zutaten identifizieren.

Nehmen Sie Sträuße von verschiedenen Gewürzkräutern und versuchen Sie, mit verbundenen Augen herauszufinden, um welches Gewürz es sich handelt. Oder entzünden Sie Räucherstäbchen oder Duftkerzen und versuchen Sie, die verschiedenen Düfte zu identifizieren.

Nehmen Sie mit geschlossenen Augen die verschiedenen Geräusche Ihrer Umgebung wahr und versuchen Sie, die jeweilige Geräuschquelle zu identifizieren. Das kann an den verschiedensten Orten stattfinden, zum Beispiel im Wald, auf der Terrasse, aber auch in der Stadt auf dem Balkon oder in einem Park.

Bitten Sie jemanden verschiedene Gegenstände in einen Karton zu legen. Versuchen Sie dann, diese mit verbundenen Augen zu ertasten.

Bewusstes Barfußgehen

Beim Barfußgehen können Sie mit den Fußsohlen ganz bewusst den Untergrund erfühlen. Das ist in der eigenen Wohnung möglich, besser aber draußen am Strand, auf Gras, Steinen oder speziellen Barfußpfaden. Ganz nebenbei trainieren Sie dabei, vor allem wenn Sie mit geschlossenen Augen gehen, auch ihr Gleichgewicht.

Beschreibung aus dem Gedächtnis

Die folgende Übung können Sie am besten in einer Gruppe durchführen. Betrachten Sie ein anderes Gruppenmitglied eine Minute lang aufmerksam und intensiv. Danach drehen Sie sich um und beantworten Fragen zur Person, die Ihnen von anderen Gruppenmitgliedern gestellt werden. So schulen Sie Ihre Wahrnehmungsfähigkeit und lernen, andere Menschen schnell und aufmerksam zu betrachten.

Wahrnehmung durch mentales Training

Sportler müssen ständig trainieren. Manchmal reicht es aber auch aus, wenn die Übungen bloß im Kopf stattfinden. Dass mentales Training helfen kann, bestimmte Bewegungsabläufe zu automatisieren, weiß man im Sport schon längere Zeit. Forscher der Eidgenössischen Technischen Hochschule in Lausanne (EPFL) haben herausgefunden, dass mentales Training nicht nur beim Sport hilft, sondern auch bei der Sinneswahrnehmung.

Bisher ging man davon aus, dass zu einer Verbesserung der Wahrnehmung immer wieder ein und derselbe Sinneseindruck nötig ist. Denn durch die ständige Wiederholung werden mit der Zeit die Synapsen zwischen bestimmten Nervenzellen im Gehirn verstärkt beziehungsweise neue Synapsen gebildet. Die Schweizer Forscher haben gezeigt, dass es ausreicht, die zu lösende Aufgabe mehrmals vor sein geistiges Auge zu holen, anstatt sie tatsächlich wiederholt durchzuspielen.

Es ging in der Studie um das sogenannte perzeptuelle Lernen, bei dem die Fähigkeit trainiert wird, geringe Unterschiede in einem Bild oder Abweichungen vom Hintergrund wahrzunehmen. In einem Experiment sollten die Probanden den Abstand zwischen Linien schätzen. Es galt, auf Abbildungen von drei parallelen Linien zu erkennen, ob die mittlere näher an der rechten oder der linken lag.

Dabei sollten die Probanden möglichst schnell auf kleine Veränderungen in einem Strichmuster reagieren.

Eine Gruppe der Teilnehmer sollte mental trainieren, das heißt sie sahen nur zwei Linien und mussten sich die mittlere nur vorstellen. Die andere Gruppe sah immer wieder ein Bild aus drei Linien, von denen die mittlere mal etwas näher an der rechten und mal etwas näher an der linken auftauchte. Beide Gruppen hatten ihre Fähigkeiten während des Trainings ähnlich stark verbessert. Offenbar hatte auch das mentale Üben geholfen, die Wahrnehmungsfähigkeit zu verbessern. Und noch ein weiteres Phänomen zeigte sich bei der Auswertung: In beiden Fällen umfasste der Lerneffekt nicht nur die trainierten senkrechten Linien, sondern auch zuvor nicht getestete waagerechte – ein Effekt, der beim perzeptuellen Lernen gewöhnlich nicht auftritt und den die Wissenschaftler bisher nicht erklären können.

»Sich etwas von der Seele reden« hilft

Jeder von uns kennt wahrscheinlich die befreiende Wirkung, die es hat, wenn man mit einem anderen Menschen über Ärger, Trauer oder andere Dinge, die einen bedrücken, sprechen kann. »Sich etwas von der Seele reden« hat befreiende und erleichternde Wirkung. Doch warum ist das so? Dieser Frage ging der Neuropsychologe Matthew D. Lieberman mit seinem Team an der University of California, Los Angeles nach. Er kam zu dem Schluss, dass man unerwünschte Gefühle gar nicht bewusst unterdrücken oder ihre Ursachen hinterfragen muss, um sie abzuschwächen, es reicht, sie zu benennen. Inzwischen gibt es bereits Trainingsprogramme, um auf der Basis dieser Erkenntnis das eigene Verhalten vom Unbewussten ins Bewusstsein zu heben und damit zu kontrollieren. Vertreter der Neuroleadership in den USA gehen davon aus, dass man auf diese Weise nicht nur sich selbst besser kontrollieren kann, sondern auch sein Einfühlungsvermögen schult, bessere Entscheidungen treffen kann und Stress vermeidet.

Erinnerungen ändern sich ständig

Das Erinnerte und das Erinnerbare sind höchst komplizierte Konstruktionen, die nicht nur aus einer Mischung des Erfahrenen, Erlebten und Erlernten bestehen, sondern die auch noch bewertet und bearbeitet worden sind und immer weiter bearbeitet werden.

Die Erinnerungen sind einem ständigen Veränderungsprozess unterworfen, den wir allerdings nur selten und eher in Ausnahmefällen selbst bewusst wahrnehmen können. Hierbei spielt besonders das Alter eine Rolle, denn dadurch werden am ehesten Veränderungen ins Bewusstsein gehoben. Das eigene Denken, die Wahrnehmungen der Wirklichkeit und die Deutung der Erfahrungen werden in der Erinnerung verändert und neu zugeordnet.

Gerade im Zusammenhang mit Überzeugungen, politischen Meinungen und Werteorientierungen erleben wir am ehesten die Veränderungen in unserer Erinnerung. Das, was 2019 noch ganz »normal« war, wird heute, in einer anderen Lebenssituation, ganz anders gesehen. Unsere Erinnerung verwandelt ständig »richtig« in »falsch« und »wichtig« in »unwichtig« oder ungekehrt.

In der Vergangenheit bauten die meisten Menschen ihre Erinnerungen aus Erfahrenem und Selbsterlebtem auf. Erfahrungen sind das, was einem selbst widerfahren ist, was man körperlich oder gefühlsmäßig zu spüren bekam. Erlebtes ist das, woran man selbst nicht beteiligt war, aber als Zuschauer oder Zuhörer in einer ganz bestimmten Situation mitbekommen hat.

Heute findet das Erleben in erster Linie indirekt durch Internet, soziale Medien, Fernsehen und Radio statt. Die Wahrnehmung dieser eingehenden Informationen ist, wie man sich gut vorstellen kann, von höchst unterschiedlicher Qualität. Eine Sturmflut gemütlich vom heimischen Sessel aus zu betrachten, spricht die verschiedenen Sinne weitaus weniger an als auf einem sturmumtosten Deich zu stehen oder gar im Wasser um das eigene Leben zu kämpfen.

Natürlich ist es nicht notwendig und auch nicht möglich, alle Erfahrungen selbst zu machen. Aber wenn man es selbst erlebt, wird man ein bestimmtes Ereignis mit allen Sinnen wahrnehmen und anders speichern und bewerten als beim Erleben aus zweiter Hand, wo Fiction und Nonfiction, Kriminalfilm und Dokumentarfilm mit den identischen Sinneswahrnehmungen, der Gemütlichkeit des Sessels und der Behaglichkeit einer sicheren Umgebung verbunden sind.

Erwartungen entstehen aus Erinnerungen und Werten

Ein ganz wichtiger Aspekt, der im Zusammenhang von Beziehungen zu anderen Menschen und zur Wirklichkeit eine ganz große Rolle spielt, sind die Erwartungen. Erwartungen entstehen nicht im luft-leeren Raum, auch wenn es uns oft so erscheint, sondern ihre Quelle sind die Erinnerungen. Erwartungen ergeben nur dann einen Sinn, wenn sich Erinnerungen und Werte darin spiegeln können.

Erwartungen sind allgegenwärtig. Sie können begründet oder unbegründet sein. Sie können die Erfüllung beeinflussen oder uns nur auf das Hoffen beschränken. Doch auch Hoffnung gründet sich auf Fakten. Dadurch unterscheidet sie sich von reinem Wunschden-ken, das keine konkreten Anlässe findet. Wunschdenken folgt einem Muster, das seine Beziehung zur Realität verloren hat.

Gewohnheiten können krank machen

Vieles von dem, was wir denken, entspringt nur einer Gewohn-heit. Wenn man etwas täglich tut, wird es so selbstverständlich, dass man sich überhaupt nicht mehr vorstellen kann, es nicht zu tun. Ge-wohnheiten entspringen einerseits bestimmten Mustern, aber sie geben ihnen auch Form. Dadurch verfestigen sie sich immer mehr. Natürlich gibt es sowohl gute als auch schlechte Gewohnheiten, nur fallen die schlechten anderen Menschen leichter auf als die guten.

Auch wenn man es nicht wahrhaben will, das Gehirn gibt einem körperliche Signale, wenn das Bewusstsein selbst nicht bereit ist, die

Dissonanz zwischen Wollen und Handeln zu beseitigen. Die Liste solcher psychosomatischen Erkrankungen ist lang und bekannt, vom Kopfschmerz über Rückenschmerzen, Herz-, Magen- und Darmbeschwerden bis hin zum Zusammenbruch des Immunsystems sind alle Symptome und Erkrankungen möglich. Das Gehirn sorgt dafür, dass der Mensch aus dem Kreislauf herausgenommen wird, der nicht zu seinen Lebensmustern passt.

Auf Veränderungen in der Umwelt reagieren

Gedankenmuster lassen sich ändern. Allerdings hat das in der Regel tiefgreifende Folgen für die gesamte Lebensführung. Viele Menschen sind zwar mit ihren Beziehungen zur Umwelt unzufrieden, weil diese oft nicht so will, wie sie es wollen, halten aber ihr eigenes Denken für richtig und sehen sich mit dem, was sie tun, voll im Recht. Sie haben wenig Chancen, aus ihrem goldenen Käfig auszubrechen. Die dazu notwendigen mentalen Kräfte zu mobilisieren, erfordert Mühe und die Bereitschaft, Neues zu lernen und tatsächlich vieles anders zu machen.

Auch wer bessere Entscheidungen treffen möchte, muss gewohnte Denkgepflogenheiten aufgeben. All dies ist am leichtesten, wenn man selbst eine innere Unzufriedenheit spürt. Wer zu dieser Gruppe gehört, wird hier sicherlich Anregungen gefunden haben.

Zusammenfassung Kapitel 4

- Selfinfluencing als eine Form der Autosuggestion baut auf drei Säulen auf, dem Placeboeffekt, den Affirmationen und der Inspiration. Inzwischen sind die Neurowissenschaftler davon überzeugt, dass man mithilfe von Placebos das Gehirn anleiten kann, nicht nur Körperfunktionen zu steuern, sondern auch das Immunsystem und die eigenen Gefühle zu beeinflussen.

- Affirmationen sind bestätigende Wörter oder Sätze, die als Vorsatz oder als Beschreibung der gewünschten Wahrnehmung oder Veränderung formuliert werden. Grundsätzlich geht es bei Affirmationen meist darum, die unbewussten Grundüberzeugungen zu überschreiben. Inspirationen kommen durch Wahrnehmungen von außen und werden als nicht erwartete plötzlich auftauchende Ideen wahrgenommen. Das Wichtigste bei Placebos, Affirmationen und Inspirationen ist die Offenheit für neue Wahrnehmungen und die Bereitschaft, diesen Wahrnehmungen eine innere Bedeutung beizumessen.

- Schon kleinste gestalterische Veränderungen in unserer Umgebung können unser Wohlbefinden verbessern und uns freudige Momente bescheren, sagt Ingrid Fetell Lee. Sie hat eine Theorie der Ästhetik der Freude entwickelt.

- Lawrence B. Katz, Professor für Neurobiologie an der Duke University in Durham, North Carolina hat sogenannte Neurobics-Übungen für das Gehirn beschrieben, entsprechend dem Körpertraining Aerobics. Indem man verschiedene Sinneseindrücke miteinander kombiniert und das Gehirn mit neuen oder ungewohnten Reizen konfrontiert, sollen die Sinneswahrnehmungen und die Hirnregionen, die sie verarbeiten, gezielt trainiert werden.

- Auch wenn die meisten Menschen davon überzeugt sind, über ein großes Repertoire unterschiedlichster Verhaltensweisen zu verfügen, die sie jeweils nach dem verfolgten Ziel oder der Situation, in der sie sich befinden, einsetzen können, lassen sich doch fünf Grundmuster erkennen, die im Prinzip nur variiert werden. Das sind Flucht, Standhalten, Anpassen, Verändern sowie Umdeuten.

- Das Erinnerte und das Erinnerbare sind höchst komplizierte Konstruktionen, die nicht nur aus einer Mischung des Erfahrenen, Erlebten und Erlernten bestehen, sondern die auch noch bewertet und bearbeitet worden sind und immer weiter bearbeitet werden. Ein ganz wichtiger Aspekt, der im Zusammenhang von Beziehungen zu anderen Menschen und zur Wirklichkeit eine ganz große Rolle spielt, sind die Erwartungen. Erwartungen entstehen nicht im luftleeren Raum, auch wenn es uns oft so erscheint, sondern ihre Quelle sind die Erinnerungen. Erwartungen ergeben nur dann einen Sinn, wenn sich Erinnerungen und Werte darin spiegeln können.

5
Trainieren Sie Ihre Sinne

Sich selbst wahrzunehmen und zu verstehen, ist die Grundlage für Selfinfluencing. Diese Selbstwahrnehmung und das Selbstverständnis sind natürlich höchst subjektiv. Bemühen Sie sich gar nicht, hierbei zu objektiven Ergebnissen zu kommen. Es wird Ihnen nicht gelingen. Fragen Sie auch nicht im Freundes- oder Verwandtenkreis, welche Meinung man dort über Sie, Ihre Wahrnehmungen und die daraus resultierenden Verhaltensweisen hat. Das kann vielleicht zu einem späteren Zeitpunkt geschehen, wenn Sie Klarheit darüber haben, wie Sie sich selbst wahrnehmen.

Schreiben Sie die Antworten zu den nachfolgenden Fragen von Hand auf. Es reicht nicht, dass Sie sich Ihre Antworten, Meinungen und Absichten nur denken. Hier geht es darum, dass Sie durch Ihre Antworten Ihre eigenen Affirmationen, also Bekräftigungen und Vorsätze, formulieren, Ihre eigenen Placebos, Symbole, Rituale und neue Gewohnheiten finden und zu einer neuen Sicht auf die Welt inspiriert werden. Dadurch entsteht Ihr neues Mindset, mit dem Sie Ihre Zukunft gestalten.

Alles, was Sie aufschreiben, ist nur für Sie selbst gedacht. Natürlich steht es Ihnen offen, später mit Menschen, denen Sie vertrauen, darüber zu diskutieren. Wählen Sie das Schreibgerät und das Papier entweder danach aus, dass es Ihnen einen zügigen Schreibfluss gewährleistet, oder um ein spezielles von Ihnen gewünschtes Schriftbild als Ergebnis zu erhalten. Beginnen Sie den ersten Satz jeder Antwort mit »Ich« oder »Mein/e«.

Fragen und Anregungen zu den Sinnen der Umgebungswahrnehmung

Wie Sie sehen und was Sie sehen

1. Wie gut können Sie sehen?
2. Tragen Sie eine Brille? Wenn ja, wie alt ist diese Brille?
3. Wie gut können Sie in der Nähe sehen?
4. Wie gut können Sie in die Ferne sehen?
5. Wie scharf können Sie sehen?
6. Wie viel Licht brauchen Sie, um gut sehen zu können?
7. Wie gut sehen Sie in der Dämmerung?
8. Wie gut sehen Sie bei relativer Dunkelheit?
9. Wie gut können Sie Farben sehen?
10. Wenn Sie sich an dem Ort, an dem Sie sich jetzt befinden und schreiben, umschauen: Wie viele unterschiedliche Farben und Farbnuancen können Sie dort wahrnehmen und benennen?
11. Wie viele Oberflächen und Strukturen können Sie sehen und unterscheiden?

Wir sind Augenmenschen und versorgen unsere Sinne der Inhaltswahrnehmung mit Bildern von der Außenwelt. Leider verändern sich unsere Augen im Lauf der Zeit aus unterschiedlichen Gründen. Ohne dass wir es merken, kann zum Beispiel die Wahrnehmung von dunklen Farbtönen sich so verschlechtern, dass schwarze Socken mit blauem Garn gestopft werden, weil Sie den Unterschied nicht mehr erkennen können.

12. Können Sie nachts bei klarem Himmel die Sterne und die Milchstraße sehen?
13. Leben Sie in einer Stadt oder am Stadtrand, wo es viele Lichtimissionen gibt, also Lichtsmog?
14. Kennen Sie einen leicht für Sie erreichbaren Ort, an dem es nachts völlig dunkel ist?
15. Sind Sie schon einmal dort gewesen?

16. Möchten Sie einen solchen Ort aufsuchen und aus welchem
    Grund?

Der Mensch braucht nicht nur Licht, sondern auch Dunkelheit, um
sich wohlzufühlen. Am besten ist es, wenn beides mit einem Natur-
erlebnis verbunden ist. Wie viel Licht oder Dunkelheit jemand ver-
trägt, hängt unter anderem davon ab, wo er aufgewachsen ist. Die
Menschen, die am Polarkreis geboren wurden, können sehr gut damit umgehen, dass im Sommer um die Zeit der Sommersonnenwen-
de die Sonne praktisch nicht untergeht und dass sie im Winter mo-
natelang im Dunkeln leben. Sie haben ein »Wintertime Mindset«,
also die »richtige« Einstellung für den Winter, gefunden. Für sie geht
es nicht darum, die Polarnacht zu ertragen, sondern darum, sie zu
genießen. Denn Winter, Dunkelheit und Kälte nehmen sie nicht als
negativ wahr. Menschen, die erst später an den Polarkreis gezogen
sind, leiden in der Mittsommernacht häufiger unter Stress und in
der Polarnacht häufiger unter Depressionen. Dabei scheint es wichtig zu sein, dass man gegenüber seinen Wahrnehmungen, die man
ohnehin nicht ändern kann, die richtige innere Einstellung findet.

Sorgen Sie dafür, dass Sie genügend Tageslicht tanken. Denn die
Strahlen der Sonne machen munter und beeinflussen unsere Stimmung positiv. Licht kurbelt die körpereigene Produktion des Glücks-
hormons Serotonin an und der hohe Blauanteil im Tageslicht unter-
drückt die Produktion des Schlafhormons Melatonin. Das lässt uns
über den Tag wach und produktiv sein. Tageslicht ist auch an der Vita-
minbildung in unserem Körper beteiligt. Erst Sonnenstrahlen ermöglichen die Bildung von Vitamin D, das unser Immunsystem stärkt.
Schon durch ein Sonnenbad von wenigen Minuten wird der nötige Ta-
gesbedarf von Vitamin D produziert. Da wir an unserem Arbeitsplatz
einen Großteil des Tages verbringen, spielt hier die Beleuchtung eine
besondere Rolle. So erhöht kaltes, blaues Licht die Aufmerksamkeit
und Produktivität, rötlich-warme Farben entspannen und beruhigen.

Lebewesen brauchen phasenweise echtes, natürliches Dunkel.
Wenn wir schlafen wollen, brauchen wir möglichst absolute Dunkelheit. Im Dunkeln erhöht der Körper die Produktion des schlafför-

dernden Hormons Melatonin. Gibt es keinen echten Dunkelraum, wirkt sich das negativ auf unser Wohlbefinden aus und kann auch Krankheiten auslösen. Schon bei einer kurzen Zeit hellen Lichteinfalls kann der Schlaf negativ beeinflusst werden, weil der Körper sofort auf einen Wachmodus umschaltet.

Wir haben aber noch ein anderes Problem, und das ist die Menge der Bilder, mit denen wir überflutet werden. Dazu tragen besonders die sozialen Netzwerke bei. Ein Gegengewicht können Sie zum Beispiel dadurch schaffen, dass Sie selbst fotografieren, nicht mit dem Smartphone, sondern mit einem Fotoapparat, der noch über einen Sucher verfügt und nicht über einen Minibildschirm.

Machen Sie diese Fotos nur für sich selbst und nicht in der Absicht, sie in den Netzwerken mit anderen Menschen zu teilen. Versuchen Sie, sich auf das zu konzentrieren, was in Ihrer Nähe ist. Gehen Sie so dicht wie möglich an die Objekte heran und wählen Sie Farben und Strukturen aus, die Ihnen wichtig und bemerkenswert erscheinen. Dadurch ändern Sie nicht nur Ihre Sehweise, sondern auch Ihre Sichtweise, also die Bewertung des Gesehenen. Vielleicht haben Sie sogar die Möglichkeit, durch ein Mikroskop zu schauen. Entdecken Sie Dinge, die Sie mit bloßem Auge nicht wahrnehmen können, die aber dennoch existieren.

Wie Sie hören und was Sie hören

1. Wie gut können Sie hören?
2. Benutzen Sie eine Hörhilfe und wenn ja, warum?
3. Haben Sie Ohrgeräusche (Tinnitus) und haben Sie sich darüber informiert, was Sie dagegen tun könnten?
4. Was sind die höchsten Töne, die Sie hören können?
5. Was sind die tiefsten Töne, die Sie hören können?
6. Was sind die leisesten Töne, die Sie hören können?
7. Was sind die lautesten Töne, die Sie ohne Gehörschutz ertragen können?

8. Welche Töne mögen Sie am liebsten?
9. Welche Töne nerven Sie am meisten?
10. Welche Töne möchten Sie am liebsten vermeiden?

Lärm ist ein Stressfaktor. Er schädigt nicht nur das Gehör, sondern führt auch zu Veränderungen bei den biologischen Risikofaktoren und damit zu Herzkreislauferkrankungen. Immer mehr jüngere Menschen sind von Schwerhörigkeit oder Bluthochdruck betroffen, ohne dass sie es selbst wahrnehmen. Deshalb ist eine regelmäßige ärztliche Kontrolle oder ein gelegentlicher Online-Hörtest sinnvoll.

11. Waren Sie schon einmal in einer großen Kirche, einem Dom oder einer Kathedrale und haben die dortige Akustik wahrgenommen?
12. Waren Sie schon einmal in einem Musiksaal, wie zum Beispiel in der Hamburger Elbphilharmonie, und haben die dortige Akustik wahrgenommen?
13. Waren Sie schon einmal an einem Ort, an dem es keinen von Menschen gemachten Lärm gibt?
14. Waren Sie schon einmal an einem Ort, an dem es keine oder nur sehr wenige Naturgeräusche gibt?
15. Welche Naturgeräusche mögen Sie am liebsten?
16. Welche Naturgeräusche können Sie dort, wo Sie wohnen, hören?
17. Mögen Sie Musik?
18. Welche Musik hören Sie am liebsten?
19. Konzentrieren Sie sich auf die Musik, die Sie hören, oder lassen Sie diese nebenbei laufen?
20. Welche Rolle spielt die Lautstärke der Musik für Sie?
21. Spielen Sie ein Instrument?
22. Singen Sie selbst, wenn ja, wo beziehungsweise mit wem?

Hören ist immer eine flüchtige Wahrnehmung. Wir können uns zwar an die Situation erinnern, in der wir etwas gehört haben, genauso wie an eine Melodie oder einen Liedtext. Hörerlebnisse werden gespeichert, sodass wir eine bestimmte Musik schon nach wenigen Takten wiedererkennen können. Durch Musik werden auch Erinnerungen geweckt. Aber nicht nur Musik, sondern auch Erzähltes bleibt im Gedächtnis haften. Diese Eindrücke können uns positiv stimulieren oder auch stressen. Besonders entspannend ist es, Naturgeräusche wahrzunehmen oder auch sehr einfache künstliche Klänge, wie man sie mit Klangschalen oder Windspielen erzeugen kann.

23. Können Sie gut Stimmen unterscheiden?
24. Welche Stimmen sind Ihnen besonders sympathisch?
25. Welche Stimmen sind Ihnen besonders unsympathisch?

Menschliche Stimmen werden wie die Mimik und die Mikroexpressionen eines menschlichen Gesichts überwiegend unbewusst wahrgenommen. Auch hier sind es eine Art von Spiegelneuronen, die uns neben dem Inhaltsaspekt des Gesagten auch dessen Beziehungsaspekt wahrnehmen lassen. Nicht umsonst trainieren Redner ihre Stimme, um unsere Aufmerksamkeit zu wecken und uns beeinflussen zu können. Versuchen Sie deshalb Ihre Aufmerksamkeit nicht nur auf das zu lenken, was inhaltlich gesagt wird, sondern auch darauf, welche Emotionen und Gefühle bei Ihnen geweckt werden.

Was riechen Sie?

1. Wie gut können Sie riechen?
2. Was riechen Sie gerade?
3. Wie können Sie diesen Geruch beschreiben?
4. Halten Sie sich einmal das linke und einmal das rechte Nasenloch zu. Können Sie mit dem einen besser und mit dem anderen schlechter riechen?
5. An welche guten Gerüche erinnern Sie sich besonders stark?

6. Was war das Schlimmste, was Sie jemals gerochen haben?
7. Welche Orte und Ereignisse verbinden Sie mit diesen Geruchserlebnissen?
8. Gibt es Menschen, die Sie mit diesen Gerüchen verbinden?
9. Gibt es Personen, die Sie nicht riechen können?
10. Welche Gerüche lieben Sie?
11. Welche Gerüche vermeiden Sie?
12. Welche Rolle spielt der Geruch von Nahrungsmitteln und Getränken für Sie?
13. Welche Rolle spielt der Duft von Kräutern und Blumen für Sie?
14. Benutzen Sie Parfum oder Eau de Toilette und wenn ja, welchen Duft bevorzugen Sie?
15. Können Sie beschreiben, wie Wasser riecht?
16. Können Sie beschreiben, wie die verschiedenen Jahreszeiten riechen?
17. Können Sie beschreiben, wie der Wald riecht?

Hanns Hatt, einer der weltweit renommiertesten Geruchsforscher, hat im *Kleines Buch vom Riechen und Schmecken* auch eine Anleitung für das Nasentraining und Gehirnjogging gegeben. Er sagt, dass schon ein regelmäßiges Training von ein paar Minuten täglich das Riechvermögen verbessern kann. Statt Kreuzworträtsel und Sudokus empfiehlt er seinen Lesern, an Früchten, Kräutern und allem, was duftet oder stinkt, zu riechen und möglichst viele neue Gerüche kennenzulernen. Das fördere die Neuroplastizität und halte das Gehirn jung. Aber es geht nicht nur darum, das Gehirn mit neuen Düften zu trainieren, sondern sich auch bekannte Gerüche bewusst zu machen. Denn sie sind mit Erinnerungen und Emotionen verbunden, die vielleicht schon in Vergessenheit geraten sind. Hanns Hatt empfiehlt nicht nur, mit Kräutern einen Riechtest und ein Riechtraining zu machen, sondern auch mit Gewürzen und Obst oder Gemüsen. Alles, was essbar ist, darf man auch probieren, denn der Geruchs- und Geschmackssinn arbeiten zusammen.

Ein wichtiger Aspekt im Zusammenhang mit dem Geruchsinn

ist die Aromatherapie. Sie zeigt, dass ätherische Öle nicht nur unsere Stimmung beeinflussen, sondern auch Kopfschmerzen lindern und Wunden heilen können. Die Aromatherapie gehört nicht zu den alternativen Heilmethoden, sondern ist Bestandteil der klassischen Pflanzenheilkunde, der Phytotherapie. Man weiß, dass frische Düfte wie Zitrone und Bergamotte den Menschen motivieren und ihn für den Alltag stärken, das Öl aus Blüten der Bitterorange wirkt dagegen beruhigend, ebenso Sandelholz. Ätherische Öle aus Muskatellersalbei helfen gegen Stress und Anspannung. Experimente haben ergeben, dass auf Schläfen und Stirn getupftes Pfefferminzöl genauso gut gegen Spannungskopfschmerz hilft wie eine Schmerztablette. Populärer als medizinische Anwendungen ätherischer Öle ist ihr Einsatz in Duftlampen, elektrischen Verneblern und Raumsprays. Fachleute raten, hier die Duftöle niedrig zu dosieren, um die Atemwege nicht zu reizen.

Was schmecken Sie?

1. Wie gut können Sie etwas schmecken?
2. Wie gut können Sie die Geschmacksrichtungen süß, sauer, salzig, bitter und umami erkennen?
3. Welche Kombinationen von Geschmäckern können Sie erkennen und beschreiben?
4. Welche Rolle spielt für Sie die Kombination von Geschmack und Geruch beim Essen und Trinken?
5. Was schmecken Sie am liebsten?
6. Welchen Geschmack versuchen Sie zu vermeiden und warum?
7. Haben Sie Freude daran, neue Geschmacksrichtungen auszuprobieren?
8. Welche Art von Nahrungsmitteln haben Sie bisher noch nie angerührt?
9. Haben Sie schon einmal etwas mit verbundenen Augen gegessen oder in völliger Dunkelheit?

Das Geschmackserlebnis ist auf höchst komplexe Weise mit anderen Sinneswahrnehmungen verbunden. An erster Stelle steht natürlich die Verbindung zum Geruchssinn. Aber auch die Farben unserer Nahrungsmittel beeinflussen unsere Geschmackswahrnehmungen. Zum sogenannten Mouthfeeling gehört nicht nur das, was die Mundschleimhaut ertastet, sondern auch das, was wir beim Kauen hören. Ist etwas knusprig, werden wir das nicht nur fühlen. Und selbst der Schmerzsinn arbeitet beim Geschmack mit, spätestens dann, wenn es sich um scharfe Gewürze handelt. Natürlich spielen auch die Temperaturempfindungen bei der Geschmacksentfaltung eine Rolle.

Für den bereits schon zitierten Geruchsforscher Hanns Hatt spielt das Kauen beim Schmecken die größte Rolle. Er empfiehlt, wer sein Schmecken trainieren möchte, sollte mit dem Kauen beginnen. Dadurch werden nämlich Aromastoffe freigesetzt, die wir sonst gar nicht wahrnehmen würden. Und wenn aus dem Schmecken ein Gefühl des Genusses entsteht, das über das Sättigungsgefühl hinausreicht, werden wir ein Sinneserlebnis haben, das nicht so schnell in Vergessenheit gerät.

Die Welt durch Berührung erleben

1. Was fühlen Sie, wenn Sie etwas berühren, als Erstes?
2. Was fühlen Sie, wenn Sie berührt werden?
3. Wie oft berühren Sie Partner/in, Kinder, Familie und Freunde?
4. Wie gut ist der Tastsinn Ihrer Fingerspitzen und Hände?
5. Was fühlen Sie mit den Füßen?
6. Welche Oberflächen können Sie beim Fühlen wahrnehmen und beschreiben?
7. Welche Wärmeempfindungen sind für Sie angenehm?
8. Wie viel Wärme empfinden Sie als unangenehm?
9. Sind Sie schon einmal über glühende Kohlen gelaufen?
10. Wären Sie bereit, dies im Rahmen eines Seminars oder eines Experiments zu tun?

11. Was empfinden Sie als kalt und wie empfinden Sie Kälte?
12. Würden Sie etwas berühren, was Sie nicht sehen können?

Berührungen haben einen positiven Effekt auf den Körper und die Psyche. Sie drücken nicht nur Emotionen aus, sondern wecken auch bei anderen Menschen, die wir berühren, Gefühle. Dabei ist Streicheln die am stärksten stimulierende Berührung. Berührungen senken den Stress und führen dazu, dass Angst oder Schmerzen weniger stark empfunden werden. Selbst auf das Immunsystem wirken sich Berührungen aus. Wer häufig in den Arm genommen wird, leidet seltener an Infektionen und ist weniger schmerzempfindlich. Der Psychologe und Leiter des Haptik-Forschungslabors am Institut für Hirnforschung der Universität Leipzig, Martin Grunwald, sagt: »Berührungen sind eine Art Apotheke unseres Körpers«. Aber nicht jede Form von Berührung wird als angenehm empfunden, manche sogar als Grenzüberschreitung. Doch gerade innerhalb der Familie sollten Berührungen in ihrer Bedeutung nicht unterschätzt werden.

Um Ansteckungen mit dem Corona-Virus vorzubeugen, wird empfohlen, zu anderen Menschen einen Abstand von 1,5 bis 2 Metern zu halten. Diese physische Distanz wird auch zu einer psychischen führen, deren Folgen noch nicht bekannt sind.

Fragen und Anregungen zu den Sinnen der Körperwahrnehmung

Im Gleichgewicht bleiben

1. Haben Sie manchmal das Gefühl, das Gleichgewicht zu verlieren?
2. Fahren Sie gern mit dem Fahrrad?
3. Sind Sie schon einmal mit einem Einrad gefahren?
4. Können Sie auf einem Seil gehen?
5. Sind Sie schon einmal auf einem Trampolin gesprungen und was haben Sie dabei gefühlt?

6. Macht es Ihnen etwas aus, auf eine Leiter zu steigen?
7. Sind Sie schon einmal auf einem hohen Turm gewesen und haben über Stadt oder Land geblickt?
8. Was passiert, wenn Sie von einem solchen Turm in die Tiefe blicken?

Wenn uns in der Höhe schwindelig wird, hängt das nicht nur mit dem Gleichgewichtssinn zusammen, sondern auch mit der visuellen Wahrnehmung. Die Augen melden in der Höhe an das Gehirn, dass es keinen festen Orientierungspunkt gibt, und diese Information versucht der Gleichgewichtssinn aufzufangen und versetzt uns in eine schwankende Bewegung. Selbst geringe Höhen ab etwa drei Meter und manchmal auch weniger erzeugen Schwindelgefühle. Wer spürt, dass der Höhenschwindel einsetzt, sollte sich hinsetzen oder sogar hinlegen. Gibt es diese Möglichkeit nicht, ist es sinnvoll, sich Objekte in wenigen Metern Entfernung auszusuchen und diese zu fixieren. Das kann zum Beispiel eine andere Person sein oder auch ein Geländer an einer Aussichtsplattform.

In Bewegung bleiben

1. Können Sie sich heute ebenso gut bewegen wie vor zehn Jahren?
2. Sind Sie in Ihren Bewegungen beeinträchtigt?
3. Haben Sie bei bestimmten Bewegungen Schmerzen?
4. Wie sieht Ihr Bewegungsablauf im Laufe eines Tages aus?
5. Haben Sie sich heute schon bewegt?
6. Können Sie alle Bewegungen, die Sie ausführen wollen, tatsächlich zu Ihrer Zufriedenheit ausführen?
7. Welchen Sport treiben Sie?
8. Bereiten Ihnen Bewegungen Freude?
9. Wollen Sie an der heutigen Situation etwas ändern und wie soll das geschehen?

10. Wie schätzen Sie Ihre Beweglichkeit in den kommenden fünf, zehn und fünfzehn Jahren ein?

Die gesündeste Form der Bewegung sind das Spazierengehen oder das Wandern. Dadurch werden automatisch Stresshormone abgebaut und das Gehirn erhält mehr Sauerstoff. Beim Spazierengehen sollte man allerdings nicht nur auf seine Bewegung und Atmung achten, sondern auch auf seine Umgebung. Am besten ist es natürlich, sich in der freien Natur zu bewegen, doch selbst in der Stadt können Sie durch Spaziergänge Ihre Kraft, Ausdauer, Beweglichkeit und Koordination verbessern.

In sich hineinfühlen

1. Wie nehmen Sie Ihren Herzschlag wahr?
2. Spüren Sie manchmal Herzklopfen oder Herzrasen und in welchen Situationen ist das der Fall?
3. Kennen Sie ihre Blutdruckwerte?
4. Können Sie Ihren Puls fühlen und spüren, wie er sich unter Belastung verändert?
5. Wie wissen Sie, wann Sie etwas essen müssen?
6. Wie wissen Sie, wann Sie etwas trinken müssen?
7. Wie fühlt sich Ihre Verdauung an?
8. Müssen Sie manchmal plötzlich zur Toilette und können Sie alles zu Ihrer Zufriedenheit kontrollieren?
9. Haben Sie manchmal das Gefühl, zu viel oder das Falsche gegessen zu haben?
10. Wie ist Ihre Einstellung zum Rauchen?
11. Haben Sie manchmal kalte Füße oder kalte Hände?
12. Haben Sie einen Arzt Ihres Vertrauens?
13. Wann gehen Sie zum Arzt?
14. Wie oft gehen Sie zum Arzt?

15. Fühlen Sie sich manchmal müde und krank und können Sie dafür eine Ursache benennen?
16. Gehen Sie regelmäßig zu Vorsorgeuntersuchungen?

Nicht alles, was als Krankheitssymptom gedeutet wird, muss auch ärztlich behandelt werden. Manchmal reicht es, sich selbst Bettruhe zu verordnen. Achten Sie auf das, was Ihr Körper Ihnen mitteilt. Körpersignale öffnen den Weg zur Intuition, um die Botschaften richtig zu deuten.

Wenn etwas schmerzt

1. Haben Sie zurzeit chronische Schmerzen und wie machen sich diese bemerkbar?
2. Wie behandeln Sie diese Schmerzen, wenn sie vorhanden sind?
3. Haben Sie in bestimmten Situationen akute Schmerzen?
4. Gab es medizinische Eingriffe, die nicht zu Ihrer Zufriedenheit verlaufen sind?
5. Haben Sie häufiger unbeabsichtigte Verletzungen?
6. Wie gehen Sie mit Schmerzen um?
7. Was war der bisher stärkste Schmerz, den Sie erlebt haben?
8. Wofür wären Sie bereit, Schmerzen zu ertragen?

Es fällt Laien oft schwer, harmlose von bedenklichen Schmerzen zu unterscheiden. Nur wenn Sie sich sicher sind, die Ursachen der Schmerzen zu kennen und das Ausmaß von Verletzungen ebenfalls sicher beurteilen können, sollten Sie sich selbst behandeln. Das gilt zum Beispiel für einfache Insektenstiche, bei denen sich die Schwellung und Rötung in wenigen Stunden von selbst zurückbildet. Aber schon bei Zeckenbissen oder bei einer zunehmenden Schwellung oder Rötung ist es besser, einen Arzt zu fragen.

Viele Menschen, die nur einen vermeintlich leichten Unfall hatten oder die Schmerzen haben, die den Verdacht nahelegen, dass die Ursachen schlimmer sind, als sie es sich wünschen, zögern den Gang zum Arzt hinaus. Denn sie haben Angst, vielleicht ein Krankenhaus aufsuchen zu müssen. Solche Ängste sind meist schlechte Ratgeber. Es ist besser, sich zu überwinden und einen Arzt aufzusuchen. Denn später könnten die Konsequenzen noch schlimmer sein. Wer unter chronischen Schmerzen leidet und mehr zu diesem Thema wissen möchte, dem empfehlen wir das Buch von Prof. Dr. Gustav Dobos *Endlich schmerzfrei und wieder gut leben – Die eigenen Heilkräfte stärken mit moderner Naturheilkunde.*

Im Takt des Lebens

1. Schlafen Sie ausreichend?
2. Haben Sie manchmal Schlafprobleme?
3. Fällt es Ihnen leicht, am Morgen aufzustehen, oder sind Sie ein Spätaufsteher?
4. Fällt es Ihnen leicht, am Abend rechtzeitig schlafen zu gehen, und was bedeutet für Sie rechtzeitig?
5. Schlafen Sie die Nacht durch?
6. Gibt es in Ihrem Schlafzimmer Lichtquellen, die die ganze Nacht brennen?
7. Haben Sie tagsüber die Möglichkeit, eine kurze Schlafpause zu machen?
8. Nutzen Sie diese Möglichkeit und wie lange dauert eine solche Pause?
9. Haben Sie das Gefühl, das ganze Jahr über ausreichend Sonnenlicht zu bekommen?
10. Leiden Sie bei Fernreisen unter Jetlag?
11. Haben Sie einen festen Tagesrhythmus?
12. Haben Sie einen festen Essensrhythmus?
13. Gibt es im Laufe eines Tages mehrere Zeitfenster, die Sie nach Ihren eigenen Vorstellungen nutzen können?

14. Gibt es bei Ihnen Situationen, in denen die Zeit schneller oder langsamer vergeht?
15. Wie nehmen Sie die verschiedenen Jahreszeiten wahr?

Wenn die innere Uhr aus dem Takt gebracht wird, kann sich das massiv auf unser Wohlbefinden auswirken. Selbst Zeitumstellungen um nur eine Stunde wie beim Wechsel von der Winterzeit zur Sommerzeit können zu Schlafstörungen führen. Bei manchen Menschen dauert es einige Tage, bis die innere Uhr mit der äußeren wieder synchron läuft. Die inneren Uhren der einzelnen Zellen und der Schlaf beeinflussen sich gegenseitig. Im Prinzip lebt jeder Mensch in einem 24-Stunden-Rhythmus, der sich evolutionär ausgebildet hat.

Die Wahrnehmung der Umwelt, und hier steht der Hell-Dunkel-Rhythmus an erster Stelle, kalibriert die innere Uhr immer wieder neu. Allerdings ist unsere innere Uhr auch in der Lage, falsche äußere Zeitsignale zu erkennen. Jede einzelne Zelle, jedes Organ, aber auch der Gesamtorganismus, verfügt über ein molekulares Uhrwerk. Das spüren wir, wenn der Stoffwechsel, die Muskelspannung, die Nierenfunktion und natürlich auch die geistige Leistungs- und Konzentrationsfähigkeit im Laufe eines Tages schwanken. Bei einem gesunden Menschen koordinieren sich diese verschiedenen Uhrwerke immer wieder von selbst.

Heilkräfte aktivieren

1. Wie nehmen Sie es wahr, wenn Sie sich krank fühlen?
2. Wie nehmen Sie es wahr, wenn Sie sich gesund fühlen?
3. Haben Sie zurzeit Krankheiten und wie nehmen Sie diese wahr?
4. Haben Sie Angst, krank zu werden?
5. Gibt es bestimmte Krankheiten, vor denen Sie Angst haben?
6. Wie gut sorgen Sie für Ihren Körper?
7. Halten Sie diese Fürsorge für ausreichend und warum?

Durch das Sammeln von positiven Wahrnehmungen können Sie schon viel zu einem gesunden Leben beitragen. Hierzu gehören auch Meditationsübungen, Yoga, körperliche Bewegung und die richtige Ernährung. Sich mit Dingen zu beschäftigen, die Sie begeistern oder auch nur beruhigen, fördert ebenfalls die Gesundheit. Heute ist es immer häufiger Stress, der als psychische Ursache zu körperlichen Symptomen führt. Wenn Sie den Verdacht haben, dass es auch in Ihrem Fall so ist, sprechen Sie mit einem Arzt Ihres Vertrauens.

Fragen und Anregungen zu den Sinnen der Inhaltswahrnehmung

Wie erschließen Sie sich die Welt?

1. Wie viel Zeit verbringen Sie pro Tag damit, neue Informationen zu sammeln?
2. Wie sammeln Sie die Informationen?
3. Wie bewerten Sie das, was Ihnen als Information angeboten wird?
4. Verstehen Sie alle Informationen?
5. Was merken Sie sich und was merken Sie sich nicht?
6. Nutzen Sie externe Wissensspeicher, vom Notizbuch bis hin zu elektronischen Speichern auf dem Smartphone oder dem Computer?
7. Wie oft greifen Sie auf solche gespeicherten Informationen zu?
8. Sprechen Sie eine oder mehrere Fremdsprachen?
9. Sammeln Sie auch in diesen Sprachen Informationen?
10. Reden Sie gern mit anderen Menschen?

Unsere Welt wird von den sozialen Medien auf dem Smartphone bestimmt. Die Größe des Bildschirms setzt sowohl der Tiefe der Informationen enge Grenzen als auch der Vielfalt im Sprachgebrauch. Je mehr Informationen wir abrufen können oder automatisch zugeschickt bekommen, desto stärker verarmt unser Denken. Lesen Sie deshalb gedruckte Zeitungen und Bücher und bestimmen Sie so Ihre Wahrnehmungen selbst.

Wie erklären Sie sich die Welt?

1. Denken Sie über bestimmte Themen intensiv nach?
2. Grübeln Sie?
3. Gibt es Ruhezeiten, in denen Ihnen plötzlich neue Ideen durch den Kopf gehen?
4. Sammeln Sie bewusst Erfahrungen?
5. Wie sammeln Sie bewusst Erfahrungen?
6. Wie gut ist Ihr Gedächtnis?
7. Machen Sie Fotos, um sich besser erinnern zu können?
8. Wie oft schauen Sie sich eigene Fotos an?
9. Merken Sie sich Witze?
10. Können Sie gut Witze erzählen?
11. Mögen Sie Nonsensgespräche?
12. Sind Sie ernsthaft?
13. Sind Sie fröhlich?
14. Sind Sie traurig?
15. Gibt es für Sie bestimmte Gründe oder Anlässe, fröhlich oder traurig zu sein?

Denken Sie noch selbst oder googlen Sie nur noch Texte, Bilder und Videos? Leben Sie in der realen Welt statt in der virtuellen! Soziale Medien vermitteln Ihnen keine echten Erfahrungen, sondern nur das, was andere für Sie ausgewählt haben.

Wie nehmen Sie andere Menschen wahr?

1. Können Sie sich gut in andere Menschen einfühlen?
2. Achten Sie bei persönlichen Kontakten auf die Mimik und die Körperhaltung?
3. Ziehen Sie aus der Mimik oder Körperhaltung die richtigen Schlüsse?
4. Sind andere Menschen spontan bereit, Ihnen persönliche Dinge über sich zu erzählen?
5. Lesen Sie Bücher, um etwas über andere Menschen zu erfahren und diese kennenzulernen?
6. Interessiert Sie, was andere Menschen sagen oder denken?
7. Arbeiten Sie in einem Beruf, in dem Sie andere Menschen verstehen müssen oder würden Sie gern in so einem Beruf arbeiten?

Empathie muss man live trainieren. Videokonferenzen ersetzen nicht den persönlichen Kontakt. Das Homeoffice, das Onlineshopping und Computerspiele werden die Welt stärker verändern als das E-Auto.

Von der Rückschau zur Vorschau

1. Schreiben Sie auf, welche Personen, Situationen, Erinnerungen und Erfahrungen Sie bisher am stärksten beeinflusst haben.
2. Schreiben Sie auf, welche Erfahrungen aus der Vergangenheit Sie wiederholen möchten.
3. Schreiben Sie auf, welche neuen Erfahrungen Sie in Zukunft gern machen würden.
4. Schreiben Sie auf, wie, wann und wo Sie diese Erfahrungen machen wollen.
5. Schreiben Sie auf, mit welchen Wahrnehmungen diese Erfahrungen verbunden sein könnten.

Gönnen Sie sich neue Wahrnehmungen und entdecken Sie neue Aspekte in einer Welt, die immer stärker zeitlichen Schwankungen unterworfen ist. Einer Welt voller Unsicherheit, steigender Komplexität und Mehrdeutigkeit. Stärken Sie Ihre Resilienz durch positive Wahrnehmungen. Ersetzen Sie alte Vorstellungen, Wünsche und Gewohnheiten durch neue Wahrnehmungen. Finden Sie sich selbst und verändern Sie sich selbst. Verschieben Sie nicht alles, was Sie tun wollen, in die Zukunft. Erwarten Sie nicht, dass alles wieder so wird, wie Sie es einmal kannten. Setzen Sie mehr auf das Heute als auf das Gestern. Leben Sie mit allen Sinnen jetzt!

Glossar

Default Mode Network

Mit Default Mode Network bezeichnet man den Ruhezustand des menschlichen Gehirns. Es hat keine konkreten Aufgaben zu bewältigen, sondern macht eine Ruhepause. Natürlich hört das Gehirn nicht auf zu arbeiten, sondern beschäftigt sich unbewusst nur mit Aufgaben, die es sich selbst stellt.

Dieser Ruhezustand des Gehirns ist notwendig, um dem Menschen ein reizunabhängiges, unbewusstes Denken zu ermöglichen und kreative Ideen entstehen zu lassen. Wir können diesen Zustand herbeiführen, wenn wir uns vom konkret Wahrnehmbaren loslösen.

Embodiment

Lange Zeit hat die Medizin körperliche und psychische Erkrankungen streng getrennt gesehen und behandelt. Seit einigen Jahren setzt sich aber immer mehr die Erkenntnis durch, dass Body und Mind eine Einheit darstellen. Verschiedene Studien und konkrete Erfahrungen zeigen immer deutlicher, dass nicht nur psychische Erkrankungen wie Depressionen, sondern auch Stress und Konflikte sowie Gefühle körperliche Schmerzen auslösen können. Besonders häufig wurden Rückenschmerzen beobachtet und die Anfälligkeit für Virusinfektionen, aber auch Herzinfarktsymptome können psychisch bedingt sein.

Umgekehrt hat sich erwiesen, dass körperliche Erkrankungen sich auf unsere Gefühle und unsere Psyche auswirken. So können zum Beispiel Diabetes, ein Herzinfarkt, eine Zahnwurzelentzündung sowie eine Unter- oder Überversorgung mit Vitaminen zu Depressionen und anderen psychischen Störungen führen. Heute wissen wir, dass biochemische Vorgänge in den Organen Menschen so emotional aus dem Gleichgewicht bringen können, dass sie psychisch krank werden.

Eine besondere Rolle spielen dabei der Darm und seine Flora. Der Darm wird wegen seiner millionenfachen Nervenzellen oft als zweites Gehirn bezeichnet. Der Darm empfängt nicht nur Signale aus dem Gehirn, sondern sendet auch Informationen dorthin. Neben den Nervenzellen steuern so auch Immunbotenstoffe, Darmhormone und Bakterien unsere Emotionen und unser Verhalten.

Framing

Framing bedeutet, dass unterschiedliche Formulierungen desselben Inhalts die Wahrnehmungen der Realität und damit das Verhalten des Empfängers unterschiedlich beeinflussen. Es kommt immer auf die Perspektive an, aus der man eine Geschichte erzählt. So wird zum Beispiel die Aussage »50 Prozent der Schüler haben die Prüfung bestanden« anders wahrgenommen als »50 Prozent der Schüler sind bei der Prüfung durchgefallen«. Oder »Wer raucht, stirbt früher« anders als »Wer aufhört zu rauchen, lebt länger«.

Es gibt noch keine allgemein anerkannte wissenschaftliche Theorie, die das Framing erklärt, aber zahlreihe empirische Studien. Forscher untersuchen, mit welchem Framing eine bestimmte Aussage am besten bei den Empfängern der Botschaft ankommt. Die Ergebnisse solcher Studien sind vor allem für Werbung und Public Relations, aber auch für die Politik und die Medien relevant.

Locked-in-Syndrom

Das Locked-in-Syndrom, auf Deutsch Eingeschlossensein- bzw. Gefangensein-Syndrom, bezeichnet einen Zustand, in dem ein Mensch zwar bei Bewusstsein ist, jedoch körperlich fast vollständig gelähmt und unfähig ist, sich sprachlich oder durch Körperbewegungen verständlich zu machen. Die Kommunikation nach außen ist nur anhand vereinbarter Signale durch vertikale Augenbewegungen beziehungsweise über den Lidschlag möglich. Einmal blinzeln bedeutet beispielsweise »ja«, zweimal blinzeln »nein«.

Zur Kommunikation können Betroffene eventuell auch das Brain-Computer-Interface-Verfahren nutzen. Durch die elektrischen Hirnaktivitäten kann der Mensch dem Computer Signale geben, die Vorstellungen setzt der Computer in Steuerungsbefehle um. Der wohl bekannteste Locked-in-Syndrom-Patient war der britische Physiker Stephen Hawking. Er litt an der Nervenkrankheit Amyotrophe Lateralsklerose (ALS) und konnte nur durch einen Synthesizer mit seiner Umwelt kommunizieren, den er mit Hilfe seiner Gesichtsmuskulatur kontrollierte.

Milgram-Experiment

Das Milgram-Experiment wurde erstmals 1961 in New Haven von dem US-amerikanischen Psychologen Stanley Milgram durchgeführt. Er wollte beweisen, dass es Autoritätshörigkeit wie bei den Deutschen im Nationalsozialismus in Demokratien wie der USA nicht gab. In seinem Experiment wurde die Testperson von einem Versuchsleiter, der Autoritätsperson, überwacht. Außer den Probanden waren alle Teilnehmer (Schüler und Versuchsleiter) Schauspieler und über das Experiment informiert. Den Probanden wurde erzählt, dass der Zusammenhang von Lernerfolg und Bestrafung getestet würde. Antwortete der Schüler falsch, sollte die Testperson einen elektrischen Schlag auslösen, welcher sich nach jeder falschen Antwort weiter steigerte. Falls eine Testperson Zweifel hatte, ob sie mit den Stromschlägen weitermachen sollte, forderte der Versuchsleiter immer wieder die Fortführung des Experiments.

Von den 40 Testpersonen folgten 65 Prozent der Testpersonen der Anweisung des Versuchsleiters bis zur höchsten Stromstärke von 450 Volt, obwohl sie sich der Auswirkungen (möglicher Tod der Versuchsperson) bewusst waren und oftmals im Konflikt mit ihrem Gewissen handelten. Von den 14 Personen, welche das Experiment vorzeitig beendeten, stoppte niemand bei Stromstärken, die niedriger als 300 Volt waren. Das Milgram-Experiment wurde in verschiedenen Variationen weiter durchgeführt, unter anderem in verschiedenen Kulturen und mit weiblichen Probandinnen, immer mit ähnlichen Ergebnissen. Das heißt, dass fast alle Menschen den Anweisungen einer als Autorität wahrgenommenen Person folgen und nicht dem eigenen Gewissen.

Theory of Mind

Die Theory of Mind ist die Fähigkeit, die Gedanken anderer Menschen zu erahnen und daraus auf ihre Vorhaben, Pläne und Absichten zu schließen. Sie ist eng verbunden mit der Empathie, bei der es darum geht, die Gefühle anderer nicht nur zu erkennen, sondern diese auch nachempfinden zu können. Gemeinsam stellen Theory of Mind und Empathie die Basis für alle Konzepte von Menschlichkeit, Anteilnahme, Mitgefühl oder dem Begriff der Nächstenliebe dar.

Bereits im Alter von eineinhalb bis drei Jahren scheint sich bei Kleinkindern die Theory of Mind zu entwickeln. Die Forschung konzentriert sich aber eher auf Erwachsene, unter anderem mithilfe der funktionellen Magnetresonanztomografie, die über den Sauerstoffgehalt des Blutes die unterschiedliche Aktivität von Hirnrealen erkennbar macht. So hat man herausgefunden, dass es Menschen gibt, die sich zwar sehr gut in andere hineinversetzen können, aber bei denen die Empathie völlig fehlt. Diese Psychopathen nehmen auf die Gefühle anderer keinerlei Rücksicht. Andererseits scheint es Krankheiten zu geben, die zu einer verstärkten Theory-of-Mind-Fähigkeit führen. Schizophreniepatienten etwa zeichnen sich oft durch ein übersteigertes Einfühlungsvermögen aus, fühlen nicht nur mit Menschen mit, sondern in Extremfällen auch mit Bäumen oder Steinen. Und Depressive scheinen das Leiden anderer besonders stark nachzuempfinden, sind also besonders empathisch.

Literaturverzeichnis und weiterführende Literatur

Ariely D.: *Denken hilft zwar, nützt aber nichts. Warum wir immer wieder unvernünftige Entscheidungen treffen*, München 2008.

Asendorpf, Jens B.: *Psychologie der Persönlichkeit. Grundlagen*, Berlin 2004

Bargh, John: *Vor dem Denken. Wie das Unbewusste uns steuert*, München 2018

Bauer, Joachim: *Das Gedächtnis des Körpers. Wie Beziehungen und Lebensstile unsere Gene steuern*, München 2005

Ders.: *Prinzip Menschlichkeit. Warum wir von Natur aus kooperieren*, München 2008.

Becker, A. u. a.(Hrsg.): *Gene, Meme und Gehirne. Geist und Gesellschaft als Natur. Eine Debatte*, Frankfurt/Main 2003

Begley, Sharon: *Neue Gedanken, neues Gehirn. Die Wissenschaft der Neuroplastizität beweist, wie unser Bewusstsein das Gehirn verändert*, München 2010

Belsky, Gary/Giloviche, Thomas: *Why Smart People Make Big Money Mistakes and How to Correct Them. Lessons from the New Science of Behavioral Economics*, New York 2000

Berndt, Christina: *Individuation. Wie wir werden, wer wir sein wollen. Der Weg zu einem erfüllten Ich*, München 2020

Berthoud, Ella/Elderkin, Susan: *Die Romantherapie. 253 Bücher für ein besseres Leben*, Berlin 2013

Birbaumer, Niels/Zittlau, Jörg: *Denken wird überschätzt. Warum unser Gehirn die Leere liebt*, Berlin 2017

Blackmore, Susan: *Die Macht der Meme oder die Evolution von Kultur und Geist*, Heidelberg/Berlin 2000

Brafman Ori/Brafman Rom: *Kopflos: Wie unser Bauchgefühl uns in die Irre führt – und was wir dagegen tun können*, Frankfurt 2008

Braun, Rüdiger: *Unsere 7 Sinne. Die Schlüssel zur Psyche. Wie die Wahrnehmung unsere Emotionen beeinflusst*, München 2019

Brockman, John (Hrsg.): *Die nächsten fünfzig Jahre. Wie die Wissenschaft unser Leben verändert,* München 2002

Ders.: *Wie hat das Internet Ihr Denken verändert? Die führenden Köpfe unserer Zeit über das digitale Dasein*, Frankfurt am Main 2011

Cabanas, Edgar/Illouz, Eva: *Das Glücksdiktat und wie es unser Leben beeinflusst*, Berlin 2019

Calvin, William H.: *Die Sprache des Gehirns. Wie in unserem Bewußtsein Gedanken entstehen*, München, Wien 2000

Carey, Benedict: *Neues Lernen. Warum Faulheit und Ablenkung dabei helfen*, Reinbek 2015

Carroll, Ryder: *Die Bullet-Journal-Methode. Verstehe deine Vergangenheit, ordne deine Gegenwart, gestalte deine Zukunft*, Reinbek 2019

Carter, Rita: *Gehirn und Geist. Eine Entdeckungsreise ins Innere unserer Köpfe*, Heidelberg 2012

Christakis, Nicholas A./ Fowler, James H.: *Connected. The Surprising Power of Our Social Networks and How They Shape Our Lives*, New York 2009

Cialdini, Robert B.: *Die Psychologie des Überzeugens. Ein Lehrbuch für alle, die ihren Mitmenschen und sich selbst auf die Schliche kommen wollen*, Bern 2002

Crick, Francis: *Was die Seele wirklich ist. Die naturwissenschaftliche Erforschung des Bewußtseins*, Reinbek 1997

Damasio, Antonio R.: *Ich fühle, also bin ich. Die Entschlüsselung des Bewusstseins*, München 2002

Ders.: *Descartes' Irrtum*, München 1997

Ders.: *Der Spinoza-Effekt*, München 2003

Davidson, Richard/ Begley, Sharon: *Warum wir fühlen, wie wir fühlen. Wie die Gehirnstruktur unsere Emotionen bestimmt – und wie wir darauf Einfluss nehmen können*, München 2012

Dean, Liz: *Switch Words. Wie du mit nur einem Wort dein Leben veränderst*, München 2017

Degen, Rolf: *Lexikon der Psycho-Irrtümer. Warum der Mensch sich nicht therapieren, erziehen und beeinflussen lässt*, München 2002

Dijksterhuis, Ap: *Das kluge Unbewusste. Denken mit Gefühl und Intuition*, Stuttgart 2010

Dörner, Dietrich: *Die Logik des Mißlingens. Strategisches Denken in komplexen Situationen*, Reinbek 1993

Ders.: *Bauplan für eine Seele*, Reinbek 1999

Domning, Marc/Elger, Christian E./Rasel, André: *Neurokommunikation im Eventmarketing. Wie die Wirkung von Events neurowissenschaftlich planbar wird*, Wiesbaden 2009

Duhigg, Charles: *The Power of Habit ... in 30 minutes*. Berkeley, California 2012

Edelman, Gerald M./ Tononi, Giulio: *Gehirn und Geist. Wie aus Materie Bewusstsein entsteht*, München 2002

Edmüller, Andreas/Wilhelm, Thomas: *Manipulationstechniken. So wehren Sie sich*, Freiburg 2010

Ekman, Paul: *Gefühle lesen. Wie Sie Emotionen erkennen und richtig interpretieren*, München 2007

Ekman, Paul/Friesen, Wallace V.: *Unmasking the Face. A guide to recognizing emotions from facial expressions*, Cambridge MA, 2003

Empl, Monika u. a.: *Introvision bei Kopfschmerzen und Migräne. Die innovative Methode zur Selbsthilfe*, München 2017

Eßing, Gabriele: *Praxis der Neuropsychotherapie. Wie die Psyche das Gehirn formt*, Berlin 2015

Frith, Chris: *Wie unser Gehirn die Welt erschafft*, Heidelberg 2014

Fuchs, Werner T.: *Warum das Gehirn Geschichten liebt. Mit den Erkenntnissen der Neurowissenschaften zu zielgruppenorientiertem Marketing*, München 2009

Gardner, Howard: *Changing Minds. The Art and Science of Changing Our Own and Other People's Minds*, Boston, Massachusetts 2004

Giddens, Anthony: *Soziologie*, Graz 1999

Gigerenzer, Gerd: *Adaptive Thinking. Rationality in the Real World*, New York 2002

Gigerenzer, Gerd/Selten, Reinhard: *Bounded Rationality. The Adaptive Toolbox*, Cambridge/Massachusetts 2002

Gigerenzer, Gerd u. a.: *Simple Heuristics that Make Us Smart*, New York 2001

Gilovich, Thomas u. a.: *Heuristics and Biases. The Psychology of Intuitive Judgement*, New York 2002

Gladwell, Malcolm: *Der Tipping-Point. Wie kleine Dinge Großes bewirken können*, Berlin 2000

Ders.: *Blink! Die Macht des Moments*, Frankfurt 2005

Goldberg, Elkhonon: *Die Regie im Gehirn. Wo wir Pläne schmieden und Entscheidungen treffen*, Kirchzarten bei Freiburg 2002

Goleman, Daniel u. a.: *Kreativität entdecken*, München, Wien 1997

Gregory, Richard L.: *Auge und Gehirn. Zur Psychophysiologie des Sehens*, Frankfurt am Main 1972

Grunwald, Martin: *Homo Hapticus. Warum wir ohne Tastsinn nicht leben können*, München 2017

Hatt, Hanns/Dee, Regine: *Das kleine Buch vom Riechen und Schmecken*, München 2012

Hoffman, Donald D.: *Visuelle Intelligenz. Wie die Welt im Kopf entsteht*, München 2003

Hüther, Gerald: *Die Macht der inneren Bilder. Wie Visionen das Gehirn, den Menschen und die Welt verändern*, Göttingen 2005

Iacoboni, Marco: *Woher wir wissen, was andere denken und fühlen. Die neue Wissenschaft der Spiegelneuronen*, München 2008

Jung, C.G. u. a.: *Der Mensch und seine Symbole*, Olten 1979

Kagan, Jerome: *Die drei Grundirrtümer der Psychologie*, Weinheim 2002

Ders.: *Surprise, Uncertainty and Mental Structures*, Cambridge/Massachusets 2002

Kahneman, Daniel: *Thinking, Fast and Slow*, London 2011

Kahneman, Daniel/Tversky, Amos (Hrsg,): *Choices, Values and Frames*, New York 2002

Katz, Lawrence C./ Rubin, Manning: *Keep Your Brain Alive. 83 Neurobic Exercises to Help Prevent Memory Loss & Increase Mental Fitness*, New York 2014

Kempermann, Gerd: *Die Revolution im Kopf. Wie neue Nervenzellen unser Gehirn ein Leben lang jung halten*, München 2016

Kessler, David: *Das Ende des großen Fressens. Wie die Nahrungsmittelindustrie Sie zu übermäßigem Essen verleitet. Was Sie dagegen tun können*, München 2011

Klein, Gary: *Natürliche Entscheidungsprozesse. Über die »Quellen der Macht«, die unsere Entscheidungen lenken*, Paderborn 2003

Kölsch, Stefan: *Good Vibrations. Die heilende Kraft der Musik*, Berlin 2019

Korte, Martin: *Wir sind Gedächtnis. Wie unsere Erinnerungen bestimmen, wer wir sind*, München 2017

Kretschmar, Thomas/ Tzschaschel, Martin: *Die Kraft der inneren Bilder nutzen. Seelische und körperliche Gesundheit durch Imagination*, München 2014

Lammers, Willem: *Logosynthese. Mit Worten heilen. Praxisbuch für Beratung, Coaching und Psychotherapie*, Kirchzarten bei Freiburg 2014

Langer, Ellen J.: *Counter Clockwise. A Proven Way to Think Yourself Younger and Healthier*, London 2010

Le Bon, Gustave: *Psychologie der Massen*, Stuttgart 1982

Ledoux, Joseph: *Das Netz der Gefühle. Wie Emotionen entstehen*, München 2003

Lee, Ingrid Fetell: *Joyful. Wie Sie Ihre Wohlfühlumgebung gestalten und glücklich leben*, München 2020

Levine, Robert: *Die große Verführung. Psychologie der Manipulation*, München 2004

Lobel, Thalma: *Du denkst nicht mit dem Kopf allein. Vom geheimen Eigenleben der Sinne*, Frankfurt am Main 2015

Markowitsch, Hans J./ Welzer, Harald: *Das autobiographische Gedächtnis. Hirnorganische Grundlagen und biosoziale Entwicklung*, Stuttgart 2006

Marx, Susanne: *Das große Buch der Affirmationen. Für alle Lebenslagen. Mit den neuesten wissenschaftlichen Erkenntnissen*, Kirchzarten bei Freiburg 2015

Mayer, Emeran: *Das zweite Gehirn. Wie der Darm unsere Stimmung, unsere Entscheidungen und unser Wohlbefinden beeinflusst*, München 2016

Medina, John: *Brain Rules. 12 Principles for Surviving and Thriving at Work, Home, and School*, Seattle 2008

Merzenich, Dr. Michael: *Soft-Wired. How the New Science of Brain Plasticity Can Change Your Life*, San Francisco 2013

Milgram, Stanley: *Das Milgram-Experiment. Zur Gehorsamkeitsbereitschaft gegenüber Autorität*, Reinbek 2001

Miller, Alan S./Kanazawa, Satoshi: *Why Beautiful People Have More Daughters. From Dating, Shopping, and Praying to Going to War and Beoming a Billionaire. Two Evolutionary Psychologists Explain Why We Do What We Do*, New York 2008

Moss, Michael: *Salt Sugar Fat. How the Food Giants Hooked Us*, New York 2013

Nörretranders, Tor: *Spüre die Welt. Die Wissenschaft des Bewußtseins*, Reinbek 2000

Obermaier, Pamela/ Täuber, Marcus: *Gewinner grübeln nicht. Richtiges Denken als Schlüssel zum Erfolg*, Berlin 2016

Oettingen, Gabriele: *Die Psychologie des Gelingens*, München 2017

Pennebaker, James W./Smyth, Joshua M.: *Opening Up by Writing It Down. How Expressive Writing Improves Health and Eases Emotional Pain*, New York 2016

Pinker, Steven: *Das unbeschriebene Blatt. Die moderne Leugnung der menschlichen Natur*, Berlin 2003

Popper, Karl R./ Eccles, John C.: *Das Ich und sein Gehirn*, München 2002

Prophet, Isabell: *Wie gut soll ich noch werden? Schluss mit übertriebenen Ansprüchen an uns selbst*, München 2019

Ramachandran, Vilaynur S./Blakeslee, Sandra: *Die blinde Frau, die sehen kann. Rätselhafte Phänomene unseres Bewusstseins*, Reinbek 2002

Rankin, Lissa: *Warum Gedanken stärker sind als Medizin. Wissenschaftliche Beweise für die Selbstheilungskraft*, München 2017

Ridley, Matt: *Nature via nurture. Genes, experience and what makes us human*, London 2004

Rodgers, Vimala: *Ändern Sie Ihre Handschrift und Sie ändern Ihr Leben*, Bielefeld 2015

Rodriguez, Gabriele: *Namen machen Leute. Wie Vornamen unser Leben beeinflussen*, München/Grünwald 2017

Rose, Steven: *Gehirn, Gedächtnis und Bewußtsein. Eine Reise zum Mittelpunkt des Menschseins*, Bergisch Gladbach 2000

Roth, Gerhard: *Das Gehirn und seine Wirklichkeit. Kognitive Neurobiologie und ihre philosophischen Konsequenzen*, Frankfurt am Main 1997

Ders: *Fühlen, Denken, Handeln. Wie das Gehirn unser Verhalten steuert*, Frankfurt am Main 2001

Ders: *Persönlichkeit, Entscheidung und Verhalten. Warum es so schwierig ist, sich und andere zu ändern*, Stuttgart 2011

Ruegg, Johann Caspar: *Mind & Body. Wie Gehirn und Psyche die Gesundheit beeinflussen*, Stuttgart 2017

Ders.: *Die Herz-Hirn-Connection. Wie Emotionen, Denken und Stress unser Herz beeinflussen*, Stuttgart 2013

Sacks, Oliver: *Eine Anthropologin auf dem Mars. Sieben paradoxe Geschichten*, Reinbek 2003

Schacter, Daniel L.: *Wir sind Erinnerung. Gedächtnis und Persönlichkeit*, Reinbek 2001

Scheich, Günter: *Positives Denken macht krank. Vom Schwindel mit gefährlichen Erfolgsversprechen*, Frankfurt am Main 1997

Scheier, Dr. Christian/Held, Dirk: *Was Marken erfolgreich macht. Neuropsychologie in der Markenführung*, Planegg/München 2008

Schröder, Martin: *Wann sind wir wirklich zufrieden? Überraschende Erkenntnisse zu Arbeit, Liebe, Kindern, Geld*, München 2020

Schulte, Günter: *Neuromythen. Das Gehirn als Mind Machine und Versteck des Geistes*, Frankfurt/Main 2001

Schulze, Gerhard: *Die Erlebnisgesellschaft. Kultursoziologie der Gegenwart*, Frankfurt/Main 1993

Schwarz, Friedhelm: *Konzentriert Denken. Wie man die Gehirnleistung mit Neuroplastizität verbessert – für mehr Erfolg in Beruf und Alltag*, München 2018

Ders.: *Verstehen Sie Ihren Verstand? Gehirnforschung für den Alltag*, Freiburg 2010

Ders.: *Der Griff nach dem Gehirn. Wie Neurowissenschaftler unser Leben verändern*, Reinbek 2007

Ders.: *Muster im Kopf. Warum wir denken, was wir denken*, Reinbek 2006

Ders.: *Wenn das Reptil ins Lenkrad greift. Warum Gesellschaft, Wirtschaft und Politik nicht den Regeln der Vernunft gehorchen*, Reinbek 2004.

Schwarz, Friedhelm/Schwarz, Ruth: *Warum am Ende des Geldes noch so viel Monat übrig ist. Kostspielige Denkfehler und wie man sie vermeidet*, München 2013

Seung, Sebastian: *Das Konnektom. Erklärt der Schaltplan des Gehirns unser Ich?* Berlin, Heidelberg 2013

Singer, Wolf/Ricard, Matthieu: *Hirnforschung und Meditation. Ein Dialog.* Frankfurt 2008

Ders.: *Der Beobachter im Gehirn. Essays zur Hirnforschung*, Frankfurt am Main 2002

Ders.: *Ein neues Menschenbild? Gespräche über Hirnforschung*, Frankfurt/Main 2003

Solms, Mark/ Turnbull, Oliver: *Das Gehirn und die innere Welt. Neurowissenschaft und Psychoanalyse*, Düsseldorf 2007

Specht, Jule: *Charakterfrage. Wer wir sind und wie wir uns verändern*, Reinbek 2018

Spitzer, Manfred: *Lernen. Gehirnforschung und die Schule des Lebens*, Heidelberg 2014

Ders.: *Selbstbestimmen. Gehirnforschung und die Frage: Was sollen wir tun?* München 2004

Ders.: *Nervensachen. Perspektiven zu Geist, Gehirn und Gesellschaft*, Stuttgart 2003

Storch, Maja: *Das Geheimnis kluger Entscheidungen*, München 2005

Urban, Martin: *Wie die Welt im Kopf entsteht. Von der Kunst, sich eine Illusion zu machen*, Frankfurt/Main 2002

Vester, Frederic: *Denken, Lernen, Vergessen. Was geht in unserem Kopf vor, wie lernt das Gehirn, und wann läßt es uns im Stich?* München 2014

Wagner, Angelika C. u. a.: *Introvision. Problemen gelassen ins Auge schauen. Eine Einführung*, Stuttgart 2016

Wansink, Brian: *Essen und Trinken ohne Sinn und Verstand. Wie die Lebensmittelindustrie uns manipuliert*, Frankfurt am Main 2008

Watzlawick, Paul (Hrsg.): *Die erfundene Wirklichkeit. Wie wissen wir, was wir zu wissen glauben?* München 1981

Watzlawick, Paul u. a.: *Menschliche Kommunikation. Formen, Störungen, Paradoxien*, Bern 1971

Watzlawick, Paul/Nardone, Giorgio (Hrsg.): *Kurzzeittherapie und Wirklichkeit. Eine Einführung*, München 2003

Wegner, Daniel M.: *The Illusion of Conscious Will*, Cambridge, Massachusetts 2002

Wilber, Ken: *Das Spektrum des Bewußtseins. Eine Synthese östlicher und westlicher Psychologie*, Reinbek 2000

Zaltman, Gerald: *How Costumers Think. Essential Insights into the Mind of the Market*, Boston/Massachusetts 2003

Zimbardo, Philip G./Gerrig, Richard J.: *Psychologie*, Berlin 1999

Zweig, Jason: *Gier. Neuroökonomie: Wie wir ticken, wenn es ums Geld geht*, München 2007

Dank

Wir danken allen Mitarbeiterinnen und Mitarbeitern des Campus Verlags, die durch ihre Anregungen und ihre Mitarbeit zum Gelingen dieses Buchs beigetragen haben. Besonders erwähnen möchten wir Stephanie Walter, Cheflektorat Business und Ratgeber, weil sie sachkundig, geduldig und humorvoll uns beraten und zwischen allen Beteiligten vermittelt hat. Weiter gilt unser besonderer Dank Thierry Wijnberg, der den Kerngedanken des Buchs durch die Titelgestaltung auf den Punkt gebracht hat: »Wir sind, was wir wahrnehmen, und wir können durch unsere Wahrnehmungen auch Superkräfte entwickeln und über uns hinauswachsen.« Dass eine Katze diese Botschaft vermittelt, kommt nicht von ungefähr. Unsere Katzen trainieren täglich unsere Wahrnehmungen, denn sie entwickeln ständig neue Gewohnheiten und ändern diese auch wieder. So sorgen sie dafür, dass wir auch kleine Veränderungen bemerken und stets achtsam bleiben.

Register